民國歷史與文化研究

七　編

第 **1** 冊

《七編》總目

編 輯 部 編

文化比較視域下「五四」新文化運動再思考

穆 允 軍 著

花木蘭文化出版社

國家圖書館出版品預行編目資料

文化比較視域下「五四」新文化運動再思考／穆允軍 著 —
初版 — 新北市：花木蘭文化事業有限公司，2018〔民 107〕
序 8+ 目 2+174 面；19×26 公分
（民國歷史與文化研究 七編；第 1 冊）
ISBN 978-986-485-254-3（精裝）
1. 五四運動
628.08   107001273

ISBN- 978-986-485-254-3

9 789864 852543

民國歷史與文化研究
七 編 第 一 冊   ISBN：978-986-485-254-3

文化比較視域下「五四」新文化運動再思考

作　　者　穆允軍
總 編 輯　杜潔祥
副總編輯　楊嘉樂
編　　輯　許郁翎、王 筑　美術編輯　陳逸婷
出　　版　花木蘭文化事業有限公司
發 行 人　高小娟
聯絡地址　235 新北市中和區中安街七二號十三樓
　　　　　電話：02-2923-1455／傳真：02-2923-1452
網　　址　http://www.huamulan.tw 信箱 hml810518@gmail.com
印　　刷　普羅文化出版廣告事業
初　　版　2018 年 3 月
全書字數　165259 字
定　　價　七編 8 冊（精裝）台幣 15,000 元

《七編》總目

編輯部 編

《民國歷史與文化研究》七編　書目

《民國歷史與文化研究》七編
各書作者簡介・提要・目次

第一冊　文化比較視域下「五四」新文化運動再思考

作者簡介

　　穆允軍，女，1972 年 10 月生，山東肥城人。山東大學博士，現任職於山東大學圖書館，主要從事文化比較、傳統文化、古典文獻等方面的研究。近年來，在《山東社會科學》等專業期刊上發表論文多篇，參加省級及以上科研項目數項。

提　要

　　「五四」新文化運動是中國近現代文化中歷久彌新的命題。本書從文化比較的視域出發，彰顯啓蒙的座標意義，更明晰地呈現「五四」新文化運動的啓蒙特徵與特殊困境，爲反思與超越「五四」努力尋找突破口。

　　從洋務派、維新派到嚴復西化「發現」範式，文化時代性的巨大落差在東西文化比較中日益凸顯，到「五四」新文化運動時期達到高峰。「五四」新文化運動的文化啓蒙意義主要體現在東西文化論戰和「科玄論戰」兩次思想論戰中，表現出科學與民主的泛化趨向，科學視野走向獨斷化導致科學主義的產生。

　　通過對西方啓蒙運動特徵的分析，揭示啓蒙的實質即通過理性發現人的自我。「五四」新文化運動中的啓蒙表現形式，是通過對科學與民主的高揚和對封建綱常名教的批判挺立起人的主體性，從而凸顯人的理性精神。中西啓

蒙運動的共同目標是人的發現，但在文化傳統、啓蒙與傳統關係方面又有所不同。作爲中國語境中的啓蒙事件，「五四」新文化運動蘊含著中國文化啓蒙所特有的糾結。外源性啓蒙、救亡壓倒啓蒙和市民社會的不成熟，構成中國文化啓蒙的獨特表徵。

　　啓蒙存在著理性獨斷化而導致啓蒙精神走向自身反面的悖論。對歷史時代的永恆的批判是對待「啓蒙」應有的態度；早期馬克思主義者尋求回歸傳統與全盤西化之外超階段發展的「第三條道路」，有著重要的啓示意義；反傳統並不是啓蒙的應有之義，我們應跳出二元對立思維模式，從傳統中汲取更多的思想養分；現代新儒家的科學化與馬克思主義哲學的人文化是文化自我反省透顯出理性與價值的整合取向，這是超越「五四」啓蒙心態、進行傳統創造性轉化的契機。

目　次

第二、三冊 民國高等學校招生制度研究

作者簡介

肖黎明，男，江西贛州人，2005 年考入華南師範大學學習教育史；2008

師從袁徵教授學習和研究民國教育史，2012 年獲教育學博士學位。現爲贛南師範大學教育科學學院教師，碩士研究生導師，承擔教育學、小學教育學、學前教育及教育管理等專業本科及研究生專業課程的教學工作。

本人的主要研究興趣爲教育史、傳統文化與教育思想、高校招生制度。發表過《顧炎武教育思想研究綜述》、《顧炎武教育活動考論》等論文，主持或參與研究省級科研課題 3 項。

提　要

本書旨在研究民國時期高等學校招生制度的演變軌跡及其主要內容、基本特徵與歷史效應，並總結經驗教訓，爲當代中國高校招生制度改革提供歷史鏡鑒。

本研究發現：

民國初期，由於深受傳統和貫例的影響，高校招生仍主要依賴政府機構選送，政府在高校招生中仍處於實際的主導和控制地位。新文化運動開始後，在民主、科學與法治的時代潮流中，由於中央政府一般很少直接干預、參與和控制高校內部的具體招生事務，同時，由於各方勢力比較均衡，在高校自主招生、學生自由選擇與政府依法監管調控的良性互動中，在蔡元培等教育家及社會各界的努力下，民國高校開始擺脫對政府機構的依賴，並逐漸開闢了自主招生的新局面，從而使高校招生實現了從政府主導到自主招考的歷史性轉變；與此同時，民國高校還採用合議制與分任制相結合的議事決策和行政制度，建立了民主與效能兼備的高校招生組織人事制度，從而不僅基本實現了教授治校原則指導下的自主招生，還通過民主的議事規則和高效的行政制度，使自主招生兼具民主、高效、科學與法治的特點。這種比較合理的招生制度在南京國民政府時期雖然受到「黨化教育」與計劃統制思潮的影響，但已經建立的民主和法治還是基本上能夠盡力消減各種消極因素對高校自主招生產生的負面影響。

從總的情況來看，在民國時期的高校招生活動中，圍繞著高校入學資格的給予與獲取，高校、學生與政府等有關各方經過長期的互動，逐漸形成了比較寬鬆的招生管理制度，比較民主和高效的組織人事制度，比較公平合理且相對穩定的招考錄取程序以及非常靈活的招生與入學規則，整個高校招生制度表現出民主、科學、法治、公平、靈活、高效等基本特徵。因此，在比較公平與合理的招生制度下，民國高校可以比較自主地招考錄取新生，廣大

學子報考入學的自由選擇機會也比較多，高校與學生積極互動，基本上能夠達到「招所願招」、「教所願教」與「學所願學」的較高境界。這種制度在一定程度上參與改寫了中國現代的歷史進程，其理性精神和合理做法值得學習和借鑒。

目　次

第四、五冊　杜亞泉與中國近代科學教育

作者簡介

　　閻乃勝（1971～），漢族，男，山東省定陶區人，淮北師範大學教育學院特殊教育系系主任，副教授，碩士研究生導師。2011 年 6 月畢業於華東師範大學教育學系（中國教育史專業），獲教育學博士學位，主要研究方向為中國教育思想史。主持全國教育科學規劃和省部級以上科學研究項目多項，在《自然辯證法研究》、《教師教育研究》、《教育發展研究》、《現代大學教育》以及《河北師範大學學報》（教育科學版）等專業核心期刊發表學術論文數十篇。

提　要

　　本研究採用文獻分析、縱橫比較和人物訪談等方法，以中國近代科學教育的核心要素——科學教育價值觀、科學教育目的論、科學教育內容論、科學傳播為切入點，全面、系統、深刻探討「中國科學界的先驅」杜亞泉的科學教育思想和實踐與這些核心要素之間的關係。同時將杜亞泉的科學教育思想和實踐置於整個中國近代科學教育的發展進程中，加以深沉、理智、索隱求賾地剖析，揭櫫其個性特質，使其「局部」特徵在中國近代科學教育史的「整體」中顯現出來，以真實地展現杜亞泉在中國近代科學教育史上的角色地位和貢獻影響以及當代價值。具體內容為：

　　從歷史背景和思想淵源兩個層面來探究影響杜亞泉科學教育觀生成與演變的因素，釐清其科學教育觀的嬗變軌跡；從近代國人論科學教育的社會救亡和思想啓蒙價值的維度來評析杜亞泉的科學教育價值觀；從近代國民改造論的維度來評析杜亞泉的科學教育目的論；從近代國人論科學知識傳授、科

學方法訓練、科學精神培育的維度來評析杜亞泉的科學教育內容論；從中國近代科學傳播史的維度來評析杜亞泉的科學傳播實踐；總覽省思杜亞泉對中國近代科學教育的歷史貢獻及其當代價值，深入發掘其對推進當前我國科學教育事業發展有現實啓迪和借鑒意義的學思資源。

目　次

上　冊

第六冊　京劇知識形成、商業宣傳與演員中心現象——由1917至1938京劇報紙期刊探討京劇之發展

作者簡介

　　李湉茵，現任台灣大學戲劇學系博士後研究人員、清華大學中國文學系兼任助理教授，研究專長爲近現代戲曲、當代戲曲、明清傳奇、《紅樓夢》等。台灣大學中國文學系碩士，清華大學中國文學系博士，博士畢業論文爲《京劇知識形成、商業宣傳與演員中心現象——由 1917 至 1938 京劇報紙期刊探討京劇之發展》。單篇論文〈由私寓歌郎到職業崑伶的表演藝術轉型——朱蓮芬演藝生涯新探〉。

提　要

　　本書大略分四部分：「1917 年前到抗戰前夕新舊劇理論互動論點析辯」、「京劇期刊對京劇知識規模建立的貢獻」、「京劇期刊的商業宣傳活動反映的

京劇演員中心現象」、「四大名旦與京劇報刊」。第一章講述新舊劇理論互動的
發展，特別以《新青年》爲主要討論對象。知識分子如胡適等，以有系統有
邏輯的論述方式，抨擊舊劇在劇詞與臉譜、扮相的落伍與不科學性，這些論
點對後來的京劇界影響甚大，爬梳中國戲劇爲論述基礎的方式，也啓發了支
持舊劇的知識份子可以藉由建構京劇知識系統，彰顯京劇的進步性與民族藝
術代表性之思維。第二章，則爬梳京劇鼎盛期建構京劇知識系統的重要書籍、
期刊，如齊如山《劇學叢書》以及與之差不多同時的大量京劇期刊劇論文章，
這些不同撰著者所作的京劇文獻，討論的京劇元素幾乎都相同，顯示當時劇
論文章的撰著者，對京劇中那些元素屬於基礎知識的一員有共識。第三章轉
向京劇的宣傳效應與商業手法。名伶出現在商品廣告的頻率越高，表示越受
歡迎。戲園廣告的宣傳方式必然直接受觀眾之喜好左右，因此戲園廣告宣傳
伶人重於宣傳劇目，代表觀眾對伶人的注目遠多於劇目，亦即觀眾進戲園要
看的是名伶。第四章則以四大名旦作案例，四大名旦，是由報紙期刊漸進式
建立，證實第三章所論京劇演員地位與報刊宣傳之關係。

目　次

第七、八冊　日本近代篆刻發展的肇基——清末民初中日篆刻交流的考察

作者簡介

黃雅宜

2016 年　台北市紀州庵文學森林館——慈悲喜樂聯展

2014 年　台北市吉林畫廊歲月靜好——篆刻集印展

2013 年　日本東京大東文化大學　コミュニティーギャラリー展

2012 年 品藝術執行總監，專業繪畫指導老師。

2011 年 國立台灣藝術大學 美術學院 書畫藝術學系 碩士畢業

2009 年 日本東京大東文化大學 書道藝術系 國際交換學生

2008 年 國立台灣藝術大學 美術學院 書畫藝術學系 學士畢業

展覽資歷：

台北國父紀念館聯展、台北中正紀念堂聯展、高雄市立文化中心聯展、日本東京聯展、新北市藝文中心聯展、台北惠風堂聯展、國立台灣藝術大學聯展、個展等。

入圍：

礦溪美展、高雄鳳邑美展、全國青年台積電書法篆刻比賽、台灣印社全國大專篆刻比賽、

全國溫世仁水彩水墨寫生比賽、日本全國書道展特優等獎項。

提　要

中國與日本在文化歷史上一直有著密不可分的緊密關係，這之中包括著藝術的影響。中國的篆刻藝術對其影響在隋唐時，日本全面唐化運動之際，於現存日本的官司印鈐本上，已可看出其深入的影響端倪。在日本明治十三年時（1880 年，光緒六年），楊守敬（1839～1915）出使日本，攜帶了約一萬餘本的中國歷代碑帖、拓本到達日本。他對日本書壇的影響，掀起了一股新旋風，為當時篆刻及書法界注入了新的血液。這段歷史成為開啟了日本近代書法及篆刻的舵手。其後接連的劃時代變化，就連現代日本篆刻及書法界都承襲著此遺風，當時中日交流頻繁的盛況也為此段歷史寫下不可缺少的一頁。全文共分為六章節進行探討。

第一章 陳述此論文的研究動機與目的，對於研究的範圍及內容作全面性的初步介紹。

第二章 介紹日本明治前的中日篆刻交流軌跡，透過此章節詳盡的了解此時期日本的篆刻狀況。

第三章 此章節研究開啟日本近代書法發展的重要人物與交流狀況，對於此時期的中日交流書信、筆談等，整理出詳盡的資料分析。

第四章 此章節整理出山本竟山、長尾雨山與河井荃廬在中日篆刻交流上的互動資料與筆談書信，對於其間的雅集活動與對其後日本的近代篆刻的影響，蒐集並分析其歷史資料。

　　第五章 整理以書學研究為中心的書法、篆刻、金石學等交流，探討其時代意義與價值。

　　第六章及第七章 統整分析所蒐集的資料，對當時交流間的概況作條列式的總結及研究心得與未來方向的省思。

目　次

文化比較視域下「五四」新文化運動再思考

穆允軍 著

作者簡介

穆允軍，女，1972年10月生，山東肥城人。山東大學博士，現任職於山東大學圖書館，主要從事文化比較、傳統文化、古典文獻等方面的研究。近年來，在《山東社會科學》等專業期刊上發表論文多篇，參加省級及以上科研項目數項。

提　　要

「五四」新文化運動是中國近現代文化中歷久彌新的命題。本書從文化比較的視域出發，彰顯啓蒙的座標意義，更明晰地呈現「五四」新文化運動的啓蒙特徵與特殊困境，爲反思與超越「五四」努力尋找突破口。

從洋務派、維新派到嚴復西化「發現」範式，文化時代性的巨大落差在東西文化比較中日益凸顯，到「五四」新文化運動時期達到高峰。「五四」新文化運動的文化啓蒙意義主要體現在東西文化論戰和「科玄論戰」兩次思想論戰中，表現出科學與民主的泛化趨向，科學視野走向獨斷化導致科學主義的產生。

通過對西方啓蒙運動特徵的分析，揭示啓蒙的實質即通過理性發現人的自我。「五四」新文化運動中的啓蒙表現形式，是通過對科學與民主的高揚和對封建綱常名教的批判挺立起人的主體性，從而凸顯人的理性精神。中西啓蒙運動的共同目標是人的發現，但在文化傳統、啓蒙與傳統關係方面又有所不同。作爲中國語境中的啓蒙事件，「五四」新文化運動蘊含著中國文化啓蒙所特有的糾結。外源性啓蒙、救亡壓倒啓蒙和市民社會的不成熟，構成中國文化啓蒙的獨特表徵。

啓蒙存在著理性獨斷化而導致啓蒙精神走向自身反面的悖論。對歷史時代的永恆的批判是對待「啓蒙」應有的態度；早期馬克思主義者尋求回歸傳統與全盤西化之外超階段發展的「第三條道路」，有著重要的啓示意義；反傳統並不是啓蒙的應有之義，我們應跳出二元對立思維模式，從傳統中汲取更多的思想養分；現代新儒家的科學化與馬克思主義哲學的人文化是文化自我反省透顯出理性與價值的整合取向，這是超越「五四」啓蒙心態、進行傳統創造性轉化的契機。

序

　　對於中國來說，「五四」是一個永遠都繞不開、也說不盡的話題。它的深刻的象徵意味，值得我們在全然不同的歷史語境下去反覆地咀嚼和釋讀，並從中得到各種各樣可能的啓迪。穆允軍博士的《文化比較視域下「五四」新文化運動再思考》一書，是她在博士論文基礎上修改補充而成的。該書正是這類解讀的一種有益的嘗試和努力，可喜可賀。在這本書即將出版之際，我想藉此機會就「五四」多說幾句話。

　　眾所周知，「五四」可分廣狹兩義。作爲政治事件，1919 年 5 月 4 日那天在北京爆發的一場波及全國許多地方的「學潮」，史稱「五四運動」，帶有某種偶然性。作爲文化事件，20 世紀初葉發生在中國學界的一場影響廣泛而深遠的激進的文化變革，史稱「五四新文化運動」，則是一個被抛入現代化浪潮中的古老的東方民族無法避免的命運了。「五四」的這兩種含義雖密切相關，卻又不能彼此等價。以下更多地是在廣義「五四」亦即新文化運動意義上談論。

　　從某種意義上說，「五四」運動不過是西方現代化壓迫下的中國所做出的一種適應性的反應，但它並不是一個僅僅局限於狹隘地域性的歷史事件。作爲中國文化對東西方相遇這一歷史拐點做出的回應，「五四」還具有世界性和世紀性的標本意義。美國學者斯塔夫里阿諾斯認爲，自 19 世紀以來，民族主義、自由主義、社會主義等三大思潮，「對歐洲歷史和世界歷史的進程產生了最大的影響」〔註 1〕。在一定意義上，「五四」成爲這三者在現代中國匯流的

〔註 1〕〔美〕斯塔夫里阿諾斯：《全球通史——1500 年以後的世界》，吳象嬰、梁赤民譯，上海：上海社會科學院出版社 1992 年版，第 354 頁。

淵藪。當然,「五四」的主流意識形態無疑屬於自由主義的範疇,但也必須承認,它同時爲民族主義和社會主義的表達和選擇提供了必要的歷史機緣。「五四」的歷史容量和文化內蘊何其豐厚與深邃,由此不難窺其一斑。這在很大程度上也是「五四」之所以呈現爲諸多面相的緣由所在。

一般認爲,五四新文化運動具有啓蒙性質,甚至被稱作中國的啓蒙運動。早在 20 世紀 30 年代,國人對於「五四」運動之啓蒙性質的認知,就有著清醒的把握。譬如,博古在爲紀念五四運動 20 週年所撰寫的文章中明確認爲:「五四新文化運動這個思想空前的大變動無疑地是一個資產階級的啓蒙運動,他〔它〕反映著正在發展中的資本主義與舊的生產關係之間的衝突。試看作爲新文化運動綱領……擁護德謨克拉西(民主)和擁護賽因斯(科學)……這兩個要求卻正是發展著的資產階級的要求」〔註2〕。應該承認,這個定位是準確的。再如,還有人曾鮮明地指出:「五四運動,不但是青年學生,出頭注意到國家社會的開始,而且是一面消滅封建勢力(並沒有消滅淨盡)一面建立起初步的資本主義。」〔註3〕當然,對此也不是沒有異議,如余英時先生就不同意這類判斷,然而他過多地看到了現實政治考量對於「五四」的賦義,而忽略了對於五四本身歷史內涵的客觀判斷。在余英時先生看來,「五四」是一個多面體,對它所做的任何一個概括或簡約化都是一種冒險。問題在於,無論是中國還是西方,哪一場里程碑式的歷史運動不是多面體,但這並未妨礙我們對其做出某種可能的概括。而且余英時先生似乎也過份誇大了東西方文化的不可通約性,以至於懷疑以西方爲參照對中國現象做出某種判斷是一種牽強附會的比附〔註4〕。可是,西方文化資源在已經實際地介入並改變著中國歷史進程之後,它還具有這個意義上的外在性嗎?

其實,五四新文化運動的兩大主題,即所謂的「德先生」和「賽先生」,已經鮮明地勾勒出了這場運動的精神實質。民主和科學的背後,是主體性這一啓蒙現代性的基本內核。在人與人的關係維度上,主體性是通過民主的形

〔註 2〕 博古:《五四運動——中國現代史研究之一》(1939 年 5 月 4 日),吳葆樸、李志英、朱墨鵬編:《博古文集・年譜》,北京:當代中國出版社 1997 年版,第 280 頁。

〔註 3〕 蕙若:《蔡元培先生印象記》,《人言週刊》1934 年第 1 卷第 18 期,第 359 頁。

〔註 4〕 參見余英時:《文藝復興乎?啓蒙運動乎?——一個史學家對五四運動的反思》,余英時等:《五四新論:既非文藝復興,亦非啓蒙運動——「五四」八十週年紀念論文集》,臺北:聯經出版事業公司 1999 年版,第 1～32 頁。

式得以建構和實現的；在人與自然的關係維度上，主體性則是通過科學的形式得以建構和實現的。通過理性實現的啓蒙意義上的「人的發現」，正是貫穿五四新文化運動的主旋律。因此，「五四」精神的核心和實質，是科學和民主訴求所代表的啓蒙現代性。

有一種影響頗大的觀點認為，五四的啓蒙性質與其救亡使命之間存在著某種緊張——例如李澤厚先生、舒衡哲（Vera Schwarcz）女士等提出的有關看法——這一點被視作「五四」啓蒙運動的特殊性之表現。事實上，就具體目標而言，啓蒙與救亡的確存在著不相侔，例如救亡需要突出整體的優先性，而啓蒙則旨在強調人的個性張揚。但也不能否認，它們也有其總體上的一致性，因為從中國近現代歷史的長時段看，救亡喚醒了啓蒙，啓蒙也是為了救亡。「五四」啓蒙運動的真正特殊性，其最典型的表現並不在這裡，而是在別的方面。

在 20 世紀初葉的中國這一特定歷史語境中，啓蒙現代性顯得既超前又滯後，帶有強烈的悖論色彩。這一悖結的實質是中國苦於資本主義雖有一定發展但又發展得很不充分。這就決定了「五四」時期的主流文化思潮，亦即表徵「五四」精神傾向和獨特氣質的觀點，面臨著特有的尷尬。相對於前現代的經濟基礎來說，它過於激進和超前；相對於後現代的馬克思主義及其所召喚的社會願景而言，它又過於保守和滯後。這種尷尬，恰恰構成整個五四新文化運動的一個悖結。迄今為止，我們依然無法繞開這種困擾，還不得不正視和面對它。它在一定意義上造成了五四「後遺症」：一是文化決定論；一是機械決定論。因為激進的一面意味著過份誇大了文化的作用，滯後的一面則意味著忽視了歷史選擇的能動性，特別是在「世界歷史」已經出現之時。

誠如周策縱先生所言：「新思想運動的一個重要假設是：倫理和思想意識的改革對於建設一個新的中國文明具有根本的重要性。」〔註5〕林毓生先生同樣指出，「五四」運動的領袖們所達成的共識是：「以全盤拒斥中國過去為基礎的思想革命和文化革命，是現代社會和政治變革的根本前提。」〔註6〕這一認知，明顯地帶有文化決定論的色彩。但它其實也是歷史本身的演進逼迫出

〔註5〕〔美〕周策縱：《五四運動：現代中國的思想革命》，周子平等譯，南京：江蘇人民出版社 1999 年版，第 369 頁。

〔註6〕〔美〕林毓生：《中國意識的危機——「五四」時期激烈的反傳統主義》，穆善培譯，貴陽：貴州人民出版社 1988 年版，第 10 頁。

來的一個結論，有其歷史的合理性。晚清以來，在西方文化的強勁壓迫之下，中國先後做出了一系列自我拯救的重大努力，諸如從洋務運動、戊戌維新、辛亥革命，直到五四新文化運動，其中隱含著一條基本脈絡，即沿著經濟、政治、文化依次展開、逐步深化。很顯然，五四新文化運動所做的嘗試，成為這一脈絡的一種終極的指向。被譽為「五四運動總司令」的陳獨秀，就說過：「倫理的覺悟，為吾人最後覺悟之最後覺悟。」〔註7〕他所謂的「倫理的覺悟」，實則是指倫理觀念的變革，其實質在於道德意識。這顯然涉及的是一個狹義的文化問題了。

關於清朝中晚期的經濟狀況，有學者做出了較為保守和審慎的估計，雖然「18 至 19 世紀，中國的傳統手工業相當發達」，但「從組織形式上來說，資本主義生產關係的萌芽還未出現」，因為「直到 19 世紀，中國的整個經濟環境還是一種非商業環境」〔註8〕。顯然，作為「五四」歷史前提的那個時代，現代性的歷史基礎遠不充分。在此意義上，可以說「五四」啟蒙現代性是「先天不足」的。馮友蘭先生在一篇文章中就曾明確地指出：「到了五四，認為西洋不只有物質文明，而且精神文明亦高，而且精神文明是基本，故須從精神文明下手。今日照我們說的工業化，是物質文明也有，精神文明也有，而以物質為根據。如有了某一種的物質文明，則某一種的精神文明不叫自來。」〔註9〕他在其《新事論》第 10 篇「釋繼開」中，就清末民初經濟基礎的落後對於政治和文化的變革的消極約束，做了雖初步卻富有啟發性的分析〔註10〕。對於中國來說，缺乏市民社會（civil society）的支撐，乃是資本主義精神貧弱的歷史原因。從西方啟蒙思想史的線索看，它蘊含著一條相當清晰的因果鏈條：商品經濟→市民社會→資本主義。與此相應地，存在著一個權利的歷史演進脈絡：產權→法權→人權。強調人權，強調個性，強調利益，強調自由……所有這些，都構成啟蒙精神的重要質素。

可見，「五四」的激進性質，最直觀地表現為它所採取的激烈的反傳統姿

〔註 7〕陳獨秀：《吾人最後之覺悟》（1916 年 2 月 15 日），《陳獨秀著作選》（第 1 卷），上海：上海人民出版社 1993 年版，第 179 頁。

〔註 8〕許紀霖、陳達凱主編：《中國現代化史（1800～1949）》（第 1 卷），上海：上海三聯書店 1995 年版，第 35～36 頁。

〔註 9〕馮友蘭：《中國現代民族運動之總動向》（1936 年 8 月），《三松堂全集》（第 14 卷），鄭州：河南人民出版社 2001 年版，第 270 頁。

〔註10〕參見馮友蘭：《新事論》（1938～1939 年），《三松堂全集》（第 4 卷），鄭州：河南人民出版社 2001 年版，第 300～309 頁。

態（林毓生先生稱之爲「全盤性反傳統主義」），但絕不僅僅止於此，更深刻地在於它賴以發生的內在歷史基礎的薄弱，關鍵是缺乏充分的經濟基礎。「五四」更多地是在外部環境逼迫下所做出的應激反應，這使得文化革命先行地進行，以至於脫離了社會經濟基礎。這在當時是有它的某種合理性的。因爲救亡圖存刻不容緩，而救亡圖存的出路似乎就在於文化變革、觀念更新。從內在理路上說，五四新文化運動也是一步一步被逼出來的。中國回應西方的挑戰，也並非一上來就拿文化「開刀」，而是在先後經歷了經濟的和政治的嘗試均告失敗之後，才把文化變革提上日程。但這一軌跡恰恰同唯物史觀所指示的路徑正相反對。其中的緣由頗耐人尋味。在經過了一個「輪迴」之後，人們驀然發現，文化變革又歸根到底受制於經濟基礎的成熟。不然的話，文化上的激進姿態往往不過是歷史的「虛火上升」。其實不獨「五四」，自晚清以來中國社會的歷次大的變革嘗試，都或多或少地帶有類似的局限。這當然有其深刻的歷史原因。無論是經濟的、政治的，抑或是文化的變革，都是爲了應對外部挑戰所做出的迫不得已的倉促反應。這種被動性使我們無暇顧及並考量其內在基礎的成熟與否。因此，它們的建構性總是特別強烈。從一定意義上說，這也是特定的歷史語境所造成的無奈。

　　在李大釗變成一個馬克思主義者之後，他就有了一種清醒的自覺，即意識到了「經濟組織一經改造，一切精神上的現象都跟著改造」〔註 11〕；認爲「凡是精神上的構造，都是隨著經濟的構造變化而變化」〔註 12〕。在隨後的幾篇文章中他都重申了這一觀點，諸如《物質變動與道德變動》和《由經濟上解釋中國近代思想變動的原因》等。當然，由於對馬克思主義的瞭解和掌握畢竟尚屬初步，此時的李大釗只是強調物質基礎的決定作用，卻忽視了觀念層面的能動作用。當李大釗宣佈說物質變動決定道德變動，即所謂「物質若是開新，道德亦必跟著開新」〔註 13〕，他是否在內心意識到了這同當年陳獨秀所吶喊的「倫理的覺悟爲吾人最後覺悟之最後覺悟」相背反呢？

　　在回眸沉重的歷史、反省激進造成的「虛脫」之時，有人甚至提出要「告

〔註 11〕李大釗：《我的馬克思主義觀》（1919 年 5 月、11 月），《李大釗選集》，北京：人民出版社 1959 年版，第 175 頁。

〔註 12〕李大釗：《我的馬克思主義觀》（1919 年 5 月、11 月），《李大釗選集》，北京：人民出版社 1959 年版，第 185～186 頁。

〔註 13〕李大釗：《物質變動與道德變動》（1919 年 12 月 1 日），《李大釗選集》，北京：人民出版社 1959 年版，第 273 頁。

別革命」，主張改良主義。其實，這又陷入了另一種偏至，即因為囿於單線進化模式的狹隘視野，而無視全球史觀的新語境。由是觀之，這種改良主義方案又是一種滯後和落伍。因為它仍然滯留在「五四」精神的啓蒙現代性維度，以一種刻舟求劍式的靜態的思維定勢去考慮問題。這種狹隘的啓蒙情結，未曾理解並正視「世界歷史」的崛起對於中國未來道路的選擇所具有的特殊意義。倘若對啓蒙缺乏足夠的反思精神和反思能力，就難免被桎梏在啓蒙現代性的狹隘語境中難以自拔。

馬克思提出的「歷史向世界歷史的轉變」，為全球史觀的建構提供了學理支持。在全球史觀的視野中，中國不再是一個同西方互為外在地並列的單一存在，而是在與西方形成的非加和關係中所建構起來的系統整體的一個有機組成部份。這正是馬克思所提示的「歷史向世界歷史的轉變」實現後，所應確立的新「中國觀」和新「世界觀」。在「五四」時代，也有一股影響頗大的所謂「世界主義」（cosmopolitanism）思潮，胡適當年就以「世界主義」相標榜，但問題是他所講的「世界主義」，究竟是普遍主義的還是整體主義的？「世界主義」來自西方，最初可以追溯到古希臘，不過影響中國的則主要是西方強調普遍性的理性精神拒斥浪漫主義捍衛民族精神取向的理論策略，它所針對的是民族主義立場。需要強調的是，「五四」領袖們當然有「世界眼光」，主張世界主義正是其重要表現，但它是普遍主義的而非整體主義的，是「co-」而非「inter-」。這種普遍主義的信念，恰恰是啓蒙精神的偏好，即強調抽象普遍性的至上性。對於中國而言，這一偏好為引進西方現代性先行地提供了適宜的架構預設。按照普遍適用的西方模式，非西方國家只有重演西方發展之路才有拯救的希望。當然，陳獨秀後來意識到了整體主義的「中國觀」，可以說這既是他接受馬克思主義的結果，也是他之所以接受它的原因。

中國早期的馬克思主義者，已經開始在自覺的層面上超越啓蒙情結，有了一種全球史觀意義上的清醒，對於中國社會未來的選擇不再拘泥於進化論所蘊含的狹隘的線性模式，完全無保留地認同和接受現代性路徑。以陳獨秀為例，當他接受了馬克思主義之後，就開始游離自己原先孜孜以求的啓蒙現代性。譬如，他在 1921 年所做的一次關於「社會主義」的演講中就說：「一定又有人說：資本主義在歐美是要崩潰的了，是可以講社會主義了；我們中國資本制度並不甚發達，更沒有到崩潰的地步，如何能講社會主義呢？像這種似是而非的話，恐怕很有許多人相信，其實他最大的缺點，是忘記了現代

人類底經濟關係乃國際的而非國別的了。……因爲交通便利，需要複雜底緣故，有許多事都漸漸逃不了國際化，經濟制度更是顯著。」〔註14〕按照樸素的進化論邏輯，傳統社會的前景只能是資本主義，那麼爲什麼陳獨秀卻又轉而主張社會主義了呢？從內在理路上說，這在很大程度上是由此時他所秉持的全球史觀決定的。此時的陳獨秀讀到過英文版《共產黨宣言》，包括《宣言》的俄文版序言〔註15〕，其中馬克思的「世界歷史」思想會啓示他著眼於全球格局來考慮中國未來的前途。

馬克思的「世界歷史」思想、東方社會理論和他的晚年提出的跨越「資本主義卡夫丁峽谷」設想，爲俄國和中國選擇社會主義提供了合法性。在某種意義上，可以說，俄國和中國走上社會主義道路，不過是執行了馬克思晚年「政治遺囑」的結果。後來的歷史實踐表明，馬克思給予俄國的建議，並未完全被貫徹和體現，因爲馬克思1881年在給俄國女革命家查蘇利奇的覆信（初稿）中反覆強調的在跨越「卡夫丁峽谷」時必須吸收資本主義制度的「一切肯定成果」〔註16〕。馬克思曾以其先知般的智慧警告說：「如果取消貨幣（它代表的是商品經濟——引者注），那麼人們或者會倒退到生產的較低的階段（和這一階段相適應的，是起附帶作用的物物交換），或者前進到更高的階段，在這個階段上，交換價值已經不再是商品的首要規定，因爲以交換價值爲代表的一般勞動，不再表現爲只是間接地取得共同性的私人勞動。」〔註17〕在馬克思看來，如果人爲地限制以至取消商品經濟，就難免走向「粗陋的共產主義」；只有通過商品經濟本身的充分發展，才能眞正歷史地揚棄並超越商品經濟，從而使社會發展獲得堅實的歷史基礎。回顧以往歷史的經驗和教訓，我們不得不欽佩馬克思的睿智。

如果說李大釗關於經濟基礎決定文化觀念的新見識，矯正的是「五四」時期流行的文化決定論觀念；那麼陳獨秀基於「世界歷史」的全球史觀，矯正的則是線性進化模式所體現的機械決定論觀念。經濟決定論加上全球史

〔註14〕陳獨秀：《社會主義批評》（1921年1月15日），《陳獨秀著作選》（第2卷），上海：上海人民出版社1993年版，第249頁。

〔註15〕一個重要的細節是，陳望道在1920年翻譯《共產黨宣言》時，陳獨秀曾爲他提供過《宣言》的英文版以供其參考。

〔註16〕參見《馬克思恩格斯全集》（第19卷），北京：人民出版社1963年版，第430～441頁。

〔註17〕《馬克思恩格斯全集》（第46卷上卷），北京：人民出版社1979年版，第165頁。

觀，恰好爲東方國家選擇社會主義歷史路徑提供了學理依據。這在很大程度上規定了中國社會後來事實上所要走的路。當然，強調「路徑依賴」並非陷入歷史宿命論，而是說歷史的選擇、建構，乃至創造，都必須基於那個無可逃避的原初基礎。它可以而且必須被揚棄、被超越，但卻會作爲一個永遠無法剔除的重要變量參與未來歷史的展現和演進。正是在這個有限的意義上，我們只能正視歷史前提的決定作用。即使到了今天，我們在籌劃未來道路和模式的時候，也不能無視歷史的「路徑依賴」帶給我們的某種先行的制約。這種約束性，正是我們不得不回眸「五四」的一個重要原因。

　　穆允軍博士的《文化比較視域下「五四」新文化運動再思考》這本著作，除引論外共分四章，從古今中外文化比較視角出發，著力揭示五四新文化運動的啓蒙精神在特定時空座標下所顯示出來的特殊面相，做出了一些富有啓發價值的闡釋，爲我們在當代語境中反芻「五四」提供了一種新思路，值得肯定。從全球史觀視野出發審視五四新文化運動，一方面可以深入發掘五四新文化運動的「世界歷史」意義，一方面也可以廣泛考察全球格局中的五四新文化運動本身的含義，其中就包括它在東西方文化比較中的豐富意蘊。誠然，現在也有不少人懷疑這種「二分法」的眞實性，認爲它不過是一種人爲臆造的外在地強加給歷史和思想史本身的虛幻不實的先驗框架。其實，這種看法是不正確的。中西古今之爭不是虛構，它首先是一個事實，正是它塑造了中國近現代史的基本語境，爲我們把握問題的來龍去脈及其實質，提供了一個必要的座標系。《再思考》一書試圖從啓蒙精神的內在悖論引申出它的自我解構性，並以此爲視角來考察中國社會選擇「第三條道路」的內在理由。應該說，這一角度及其所得出的結論，是富有新穎性的，也有其啓示價值。另外，該書還注意到了中國近現代時期市民社會生長的遲緩，以及由此帶來的啓蒙精神之歷史基礎的薄弱。這一分析思路也體現了馬克思唯物史觀的方法論特點，具有相當的說服力。希望穆允軍博士能夠在已經取得的成績基礎上，繼續就相關主題做進一步深入探討，並獲得新的更多的研究成果。

　　是爲序。

何中華

2018 年 1 月 9 日於山東大學

目

次

引　論

　　「五四」新文化運動作爲一場震古爍今的文化運動，一直是學術界討論的熱點問題，它在中國近現代文化嬗變中呈現出極其豐富的歷史和文化意蘊。在中西碰撞、古今更替的時代背景下，在國家和民族面臨救亡圖存之時，「五四」新文化運動高舉「德」「賽」兩面旗幟，發揮了重大的文化啓蒙作用，得到了學界的肯定和讚揚。這場新文化運動中爆發的東西文化論戰規模廣、歷時長，其影響至深至遠，成爲中國文化現代轉型期的一個頗具象徵性的事件，深刻影響了 20 世紀中國文化和哲學發展的走向。其中新文化派、文化保守主義者等所持的不同文化比較視野的衝突與互補，至今仍透顯著深刻的文化內涵和無窮的啓示意義。在文化領域中，人們對「五四」新文化運動的反思從來沒有停止過，如啓蒙與革命、傳統與變革、傳統與現代、傳統與後現代、文化保守主義的興起、中國哲學合法性的討論等時代課題的深層思索，都無法迴避對「五四」新文化運動的追溯和反芻。不瞭解這一活水源頭，就不可能充分理解中國現代文化的基本精神、內在秉性和歷史走向。從某種意義上也許可以說，中國現代文化的發展隱含著一條對「五四」新文化運動的反思之路，是對「五四」文化命題的不斷解讀與創新性詮釋。

　　「五四」新文化運動作爲中國近現代文化轉型的「分水嶺」、關鍵性文化事件，它所引發的東西文化論戰的問題一直困擾著每一位愛國學人。著名史學家錢穆先生在回顧自己一生心路歷程時曾說：「東西文化孰得孰失，孰優孰劣，此一問題圍困住近一百年來之全中國人，余之一生亦被困在此一問題內。而年方十齡，伯圭師即耳提面命，揭示此一問題，如巨雷轟頂，使我全心震撼。從此七十四年來，腦中所疑，心中所計，全屬此一問題。余之用心，亦

全在此一問題上。」〔註1〕可以說，在救亡圖存的大歷史背景下，「五四」新文化運動中揭櫫的東西文化關係與比較問題一直是中國近現代志士仁人苦苦求索的時代命題。在中西文化融合匯通真正完成之前，文化比較命題就不會過時，它將隨著時代的變遷而呈現出不同的詮釋方式。

作為中國的啓蒙運動，「五四」新文化運動包含著豐富的中西文化比較的學理價值。湯一介先生曾將複雜的文化問題歸納爲五個主要方面，即文化的定義、文化之間的交流、文化的民族性與時代性、文化思想的詮釋、強勢文化與弱勢文化的關係等〔註2〕。在西方啓蒙的文明權威與中國傳統文化的碰撞中，「五四」新文化運動形成了反傳統的主流思想特徵，極大地促成了國人的思想解放，使得中國文化迅速從悠遠而滯重的傳統中覺醒，走上了現代轉型之路。這集中體現在對傳統文化的反思與批判、東西文化及其關係的討論、新舊學之爭等諸方面，幾乎涵蓋了文化問題的各個方面，包含著豐富的文化意蘊，從而成爲極富象徵意味的文化比較範例。尤其是20世紀80年代末「五四」新文化運動研究熱潮以來，研究成果大量問世。國外學者林毓生先生提出「五四」新文化運動爲「全盤反傳統」、余英時先生論定百年來中國思想不斷激進化，他們對「五四」新文化運動的反思，加之當代西方後現代主義對啓蒙價值的解構，也提供了不同於現代性的思維向度。在文化比較的視域中，認真梳理這些研究成果，著眼於中國文化傳統的現代轉型這一基本歷史座標，對「五四」新文化運動中的文化問題進行不同文化形態之間的深層的比較和反思，從而提供一種多視角的研究，對於更深刻地把握「五四」新文化運動的精神實質、加深認識文化轉型中傳統與現代、理性與價值、文化的時代性與民族性關係等，無疑具有極大的理論意義，對於我們把握當前的文化問題，建設未來文化，也具有重要的啓示意義。

「五四」新文化運動中的思想家們滿懷信心地認爲，西方文化是指引文化發展的方向，只要向西方文化那樣擁有了科學與民主，就能國富民強，西方的科學與理性可以解決文化信仰，科學可以代替傳統的人生觀。東西文化論戰中科學與民主作爲西方文化的偉大成果聲名鵲起，即使是呵護傳統的文化保守主義者也不得不正視兩者的價值。「科玄論戰」中科學派的勝利證明了

〔註1〕轉引自〔美〕余英時：《錢穆與中國文化》，上海：上海遠東出版社1994年版，第37頁。
〔註2〕參見湯一介：《關於文化問題的幾點思考》，《學術月刊》2002年第9期。

科學視野的獨斷化造成的科學主義已蔚然成風。然而,「五四」新文化運動轟轟烈烈的文化啓蒙並沒有如人所願,在短短幾十年中能濃縮西方啓蒙運動的成果,真正實現科學和民主。與西方啓蒙運動相比,「五四」新文化運動的啓蒙究竟發生了怎樣的變化?「五四」新文化運動在使中國文化走向現代轉型之後,遲遲不能真正實現科學與民主,一次次的文化反思似乎一遍又一遍地回到「五四」新文化運動的思想原點,中國文化啓蒙到底遇到了哪些特殊的困境?這正是我們再反思「五四」新文化運動必須面對的問題,這些問題讓我們如此沉重而又清楚地認識到思想啓蒙與文化建設、民族命運如此密切地聯繫在一起,讓我們清醒地看到而又困惑於中西古今之間的盤根錯節的關係。把「五四」新文化運動置於中西文化比較視域加以再思考,不僅是對當時中西古今爭論得失的回顧和考量,也是對當代及未來中國文化建設的探索和昭示。

一、「『五四』新文化運動」概念釐定

「五四」新文化運動是一個內涵豐富、意義寬泛的概念。如何界定「五四」新文化運動的涵義,意味著究竟是從文化啓蒙,還是從文學革命、政治革命等視野或學科分類角度對它進行解讀;或者說對「五四」新文化運動的定義,隱含著定義者不同視野或不同學科的預設,這也是在「五四」新文化運動的研究中引起歧義的原因之一。美國「五四」運動史知名學者周策縱先生在其名著《五四運動:現代中國的思想革命》中曾較全面地揭示過「五四」新文化運動的這種歧義性,認爲「它是一種複雜的現象,包括新思潮、文學革命、學生運動、工商界的罷市罷工、抵制日貨以及新式知識分子的種種社會和政治活動。」〔註3〕在古今更替、中西交會的歷史變遷中,在救亡圖存的時代背景下,「五四」新文化運動被賦予了遠遠超出其字面意義的豐富內涵,從最初特指發生在 1919 年 5 月 4 日前後的學生愛國主義運動的含義,逐漸擴展至延續十餘年的新文化運動,蘊含著多種涵義。

在文化領域中,「五四」新文化運動大致可分爲廣、狹兩義。狹義指 1919 年的學生愛國主義運動,廣義則包括以《新青年》創刊爲起始標誌的東西文化論戰,在 1923 年的「科玄論戰」中形成高潮,直到 1927 年落幕的新文化

〔註3〕〔美〕周策縱:《五四運動:現代中國的思想革命》,南京:江蘇人民出版社 2005 年版,第 5 頁。

運動，兩種涵義既相互獨立，又密切相聯。新文化運動對學生愛國主義運動有著思想啓蒙的作用，學生愛國運動又反過來促進了新文化運動。20 世紀 80 年代的「救亡壓倒啓蒙」說與 90 年代的反啓蒙中斷論，以救亡與啓蒙極端分裂的形式凸顯出兩種涵義迥然不同的歷史使命與學理價值，彰顯出兩者的不同與關聯。廣義的「五四」新文化運動以其對中國文化深遠而持久的影響顯示出更爲深刻和豐富的文化意蘊，因此也成爲重要的文化論題。受論述視角和學識淺顯的限定，本文所謂的「五四」新文化運動除特別說明外，均指廣義的「五四」新文化運動。

二、「五四」新文化運動起訖時限界定

「五四」新文化運動起止時間的界定，在學界並不十分統一。20 世紀 30 年代「新啓蒙運動」的領導人之一何乾之在其代表著作《近代中國啓蒙運動史》中認爲，「五四」新文化運動肇始於《新青年》創刊，終止於科學與人生觀的論戰，即從 1915 年到 1923 年。〔註4〕美籍學者周策縱在《五四運動：現代中國的思想革命》中認爲，「五四」新文化運動主要是指 1917 年到 1921 年這段時間，同時又認爲新思想的萌發與中西文明對立的爭論、科學與玄學的爭論都屬於「五四」範圍之內。〔註5〕在「五四」新文化運動研究領域頗有影響的《五四前後東西文化問題論戰文選》一書認爲，東西文化的論戰從 1915 年起延續了 10 餘年，到 1927 年因爭辯的焦點轉移到社會性質問題上結束。〔註6〕20 世紀 80 年代曾在國內引起廣泛反響的美籍學者林毓生先生所著《中國意識的危機——五四時期激烈的反傳統主義》一書，同樣認爲「五四」新文化運動時代爲 1915～1927 年。〔註7〕美籍學者余英時先生則認爲，胡適發表在《新青年》1917 年 1 月號的《文學改良芻議》揭開了「新文化運動」的序幕，將「五四」新文化運動的上限界定爲 1917 年的文學革

〔註4〕參見何乾之：《近代中國啓蒙運動史》，《何乾之文集》，北京：中國人民大學出版社 1989 年版，第 370 頁。

〔註5〕參見〔美〕周策縱：《五四運動：現代中國的思想革命》，南京：江蘇人民出版社 2005 年版，第 6 頁。

〔註6〕參見陳崧編：《五四前後東西文化問題論戰文選》編輯說明，北京：中國社會科學出版社 1985 年版。

〔註7〕參見〔美〕林毓生：《中國意識的危機——五四時期激烈的反傳統主義》，穆善培譯，貴陽：貴州人民出版社 1988 年版，第 2 頁。

命。〔註8〕

　　從以上界定看，學者們基本上都是從 20 世紀初思想、文化發展的角度來界定這場新文化運動的起止時間，這一點已達成共識。若以胡適的《文學改良芻議》作為「五四」新文化運動的始點，勢必會將《新青年》創刊等思想啓蒙貢獻排除在外，這顯然是不合適的。終止時間是 1923 年的「科玄論戰」還是 1927 年中國社會史問題論戰的開始？關於西方的啓蒙運動，恩斯特・卡西爾在《啓蒙哲學》序言中指出：「它不是自足的，它瞻前顧後，超越了自己的範圍。它只不過是整個思想發展的一部份，是近代哲學思想在形成其特有的自信和自我意識的過程中所經歷的一個特殊階段」〔註9〕。按照這樣的理解，我們也可以說「五四」新文化運動同樣是在中國文化轉型關鍵時期發生的思想啓蒙運動，它與近代以來的文化變遷和「五四」新文化運動以後文化的發展環環相連，是整個文化轉型過程中的最重要的文化事件，近現代文化的「分水嶺」，因此，用文化、思想發展的大時段來界定較為合理。基於以上考慮，本文所謂的「五四」新文化運動，在時間上是指 1915 年至 1927 年發生的文化啓蒙運動；若以事件作為界限，則始於《新青年》的創刊，終於 1927 年中國社會史問題論戰的開始。

三、研究文獻綜述

　　「五四」新文化運動發生在中西古今的更替之時，是中國文化轉型的關鍵環節，是中國現代文化最重要的思想資源和解讀不盡的文化命題。近百年來，對「五四」新文化運動的研究可謂「汗牛充棟」，涉及的內容廣泛，主要集中在文化、思想、歷史等領域。在中國現代文化仍未完成轉型期的今天，「五四」新文化運動蘊涵的「中西古今」文化之爭，依然有著值得不斷加以反思的價值。毋庸置疑，激烈的反傳統主流思潮，是它區別於其他學術思潮的一個最鮮明的特點。東西文化的碰撞與衝突在新文化運動中也表現得最為強烈、最為典型。中西文化比較緣何由事實判斷置換為價值判斷？如何看待傳統？如何才能眞正實現傳統的創造性轉化，從而建設一種融舊鑄新的新文

〔註8〕參見〔美〕余英時：《重尋胡適歷程：胡適生平與思想再認識》，桂林：廣西師範大學出版社 2004 年版，第 3 頁；〔美〕余英時：《中國思想傳統的現代詮釋》，南京：江蘇人民出版社 1989 年版，第 357 頁。

〔註9〕〔德〕E・卡西爾：《啓蒙哲學》序言，顧偉銘等譯，濟南：山東人民出版社 2007 年版。

化？可以說，「五四」新文化運動提出的命題拷問著每一位文化的探尋者，學者們也不斷地從「五四」文化論戰中汲取養分。這些問題始終是人們實踐和反思的主題，且隨著時間的推移不斷地打上時代的烙印。在揭示文化選擇的層層迷靄中，「五四」新文化運動的研究不斷向縱深方向發展，取得了頗爲豐富的成果。不論是對「五四」新文化運動與學生愛國主義運動概念的辨析，對新文化運動思想啓蒙內涵的詮釋，還是對新文化運動思想流派的梳理、傳統在後現代中的意義等方面，都有了新的進展。

　　按照學術界的研究和闡釋，從橫向講，「五四」新文化運動的衝突被詮釋爲文化激進主義、文化自由主義和文化保守主義之間的激蕩與分歧；從縱向講，「五四」新文化運動及其研究本身又經歷了由一元到多元的轉變。這是由於新文化運動作爲一個十分複雜的歷史—文化事件，它具有多重面相、多種意義；也由於隨著時代主題的變化，作爲反思對象的「五四」新文化運動凸顯出不同的意義，學者們由於立足點不同而做出新的詮釋。總起來說，大概有「愛國主義運動」、「思想啓蒙運動」、「中國的文藝復興」、「全盤性的反傳統主義」幾類代表性的詮釋模式。〔註10〕在思想文化領域，「五四」新文化運動常被拿來與西方的啓蒙運動相類比，被稱爲「中國的啓蒙運動」。

　　將「五四」新文化運動比附爲「中國的文藝復興」也曾流行一時，最有代表性的人物便是新文化派的健將、自由主義的先驅胡適。他將自己提倡的新文學改良運動比作歐洲文藝復興運動中的土語文學的崛起，其赴國外講學，也是多次以「中國的文藝復興」爲題。在 1933 年，他曾列舉「五四」新文化運動與歐洲文藝復興運動的類似特徵：以人民日用語書寫的新文學取代舊式的古典文學；反對傳統文化理念與制度，提倡個人解放，理性對抗傳統、自由對抗權威；以現代史學的新方法整理文化遺產。正如余英時先生所言，胡適之所以堅持文藝復興的比附，與他將西方現代性視爲隨文藝復興而來的直線性進展有關。〔註11〕此外，這也符合胡適推動新文學改良運動的主觀意願。「五四」新文化運動時期，由北京大學學生傅斯年、羅家倫等創辦的《新潮》月刊，其英文副題即爲「The Renaissance」（「文藝復興」），這顯然是受到

〔註10〕參見李少兵：《愛國、啓蒙和文藝復興》，《北京師範大學學報》（社會科學版）2005 年第 3 期。但李文中只提到前面三種定性，沒有提及在 20 世紀 80 年代有很大影響的林毓生的「全盤性的反傳統主義」觀點。

〔註11〕參見〔美〕余英時：《重尋胡適歷程：胡適生平與思想再認識》，桂林：廣西師範大學出版社 2004 年版，第 244～245 頁。

了《新潮》顧問胡適的影響。梁漱溟曾在《東西文化及其哲學》中批駁道：「有人以五四而來的新文化運動為中國的文藝復興，其實這新運動只是西洋化在中國的興起，怎能算得中國的文藝復興？」〔註12〕此說可謂一語中的，揭示了胡適西方化主張的實質。胡適的文藝復興說也是有意誇大新文化運動思想啟蒙意義與政治革命意義的區別，其晚年關於政治運動干擾文化運動的觀點更是將兩方面意義看作勢不兩立。

華北事變後，民族危機日益加重，陳伯達、艾思奇、何乾之、張申府等左翼文化人士倡議開展「新啟蒙運動」，何乾之的《近代中國啟蒙運動史》可謂是代表作。該書認為，鴉片戰爭後的洋務運動、維新變法、辛亥革命、「五四」新文化運動等都可視為中國的啟蒙運動，這顯然是對啟蒙運動做了較為寬泛的理解。該書還認為近代中國啟蒙運動與歐洲啟蒙運動的不同在於它的實質是啟「救亡」之蒙。新啟蒙運動以繼承和發揚「五四」精神為己任，凸顯的是「五四」新文化運動的思想啟蒙意義。隨著中國革命的發展，「五四」新文化運動被放在政治革命的大框架中定位和解讀，形成了「五四」新文化運動是新民主主義革命開端的權威論斷。其實，文化激進主義與自由主義的分歧在新文化運動中的「問題與主義」辯論那裡就已初顯端倪，在瞿秋白反對「五四式自由主義」中有所強化。20世紀30年代末40年代初，毛澤東在《五四運動》、《新民主主義論》等文章中把「五四」新文化運動定性為反帝反封建的文化革命，舊民主主義與新民主主義的分界線，形成了權威闡釋，當然這種闡釋包含了「五四」新文化運動的啟蒙涵義，只是更突出強調了革命思想意義上的啟蒙而已。

建國後，鞏固社會主義制度，防止國內資本主義復辟，反對以美國為首的資本主義陣營的和平演變是新中國的主要任務，在文化戰線上實行「階級鬥爭為綱」的思想路線。受「階級鬥爭為綱」極左思潮的影響，「五四」新文化運動的研究片面強化了革命意義。以艾思奇為代表，研究主要集中在李大釗等早期馬克思主義者如何實現無產階級世界觀的轉變以及無產階級與資產階級、馬克思主義與非馬克思主義之間的思想鬥爭方面。五四啟蒙意義被理解為資產階級的個人解放而受到排斥，五四精神被理解為批判的革命精神，「五四」新文化運動甚至被曲解為「文化大革命」的先河。「五四」新文化運

〔註12〕梁漱溟：《東西文化及其哲學》，《梁漱溟全集》（第一卷），濟南：山東人民出版社2005年版，第539頁。

動的研究越來越單一化，革命的意義成為研究的主題。不可否認，這些研究十分重要，同樣對探索中國現代化道路有著重大的意義，但「五四」新文化運動文化啟蒙的意義尚未得到充分地展現。

改革開放後，伴隨著思想解放的歷史潮流，國內興起「文化熱」。在傳統與現代化關係時代命題的追索中，「五四」新文化運動作為一場極富象徵意味的文化啟蒙運動，它的研究也迎來了一個嶄新的發展階段，「五四」新文化運動成為學界的熱點問題，尤其在 20 世紀 80 年代後期達到了一個高峰。真理標準問題的大討論對思想的解放和人們對現代化的熱切追求，使得「五四」新文化運動的文化啟蒙意義再次成為關注的焦點，對「科學」與「民主」的重新呼喚體現了人們對現代化的嚮往和解除思想禁錮後的心聲。國內各地紛紛開展紀念活動，舉辦「五四」新文化運動學術研討會議，出版大量的論文、論著。同時，海外學者關於「五四」新文化運動的研究成果也不斷地為國內學界熟知。學術界對「五四」新文化運動的啟蒙意義進行了多角度、多層面的研究和反思，其中李澤厚的「救亡壓倒啟蒙」說與海外學者林毓生的「全盤性反傳統主義」論產生了較大影響。

20 世紀 80 年代，學術界進一步釐清了「五四」新文化運動廣狹義之間的聯繫與區別，將狹義的、政治革命意義上的學生愛國主義運動與廣義的、思想啟蒙意義的「五四」新文化運動區分開來，從而使得「五四」新文化運動豐富深邃的思想啟蒙意義得到了彰顯。最早做出這種區分的美籍華裔學者周策縱也因此而在國內聞名遐邇。人們在呼喚「五四」啟蒙時，它的結局自然是關注的問題之一，李澤厚先生的「救亡壓倒啟蒙」說在這方面頗有影響。李澤厚先生認為中國近代歷史總是表現為啟蒙主題與救亡、愛國主題的碰撞、糾纏、同步，「五四時期啟蒙與救亡並行不悖相得益彰的局面並沒有延續多久，時代的危亡局勢和劇烈的現實鬥爭，迫使政治救亡的主題又一次全面壓倒了思想啟蒙的主題」〔註 13〕。他的論斷突出表現了「五四」新文化運動兩種涵義的不同價值取向和發展方向，救亡與啟蒙的關係一時成為「五四」新文化運動研究的熱點問題，學者張立文、蕭萐父、楊春時、美國學者薇娜·舒衡哲等都認同啟蒙中斷的觀點〔註 14〕，臺灣自稱「五四後期人物」的殷海

〔註 13〕李澤厚：《中國現代思想史論》，北京：生活·讀書·新知三聯書店 2008 年版，第 29 頁。

〔註 14〕參見張立文：《現代化的文化啟蒙》，《復旦學報》1989 年第 3 期；萬雍：《關於傳統文化與現代化之間歷史接合點的探尋——蕭萐父教授訪問記》，《天津

光也曾用「對極性」、其弟子張灝用「兩歧性」表述了「五四」理性與情感、救亡與啓蒙的衝突。胡適晚年的「政治干擾說」也再次受到關注。20世紀90年代初，出現了反對啓蒙中斷論的救亡與啓蒙並行論，這種論斷強調救亡與啓蒙是相輔相成，認爲救亡喚醒了啓蒙，啓蒙促進了救亡，新中國的建立完成了救亡與啓蒙的統一，認爲將啓蒙視爲超現實超歷史的觀念不符合文化史的發展實際。救亡與啓蒙並行論注意到了文化啓蒙的歷史現實因素，更突出了「五四」新文化運動愛國救亡的現實意義。〔註15〕

海外學者，尤其是一批華裔學者，多年來從思想史、文化史等不同角度對「五四」新文化運動進行了深入探索，改革開放後他們的研究成果越來越多地被國內學界所瞭解，極大地擴寬了研究的學術視野。隨著林毓生的《中國意識的危機：五四時代的激烈反傳統主義》等書的翻譯出版，「五四全盤性反傳統主義」說在國內引起激烈論爭。林毓生認爲「五四」新文化運動受中國傳統有機整體論的思維模式的影響，企圖借文化思想以解決問題，全盤性的反傳統主義導致了全盤西化。社會和文化的變遷無需將傳統和現代置於對立的地位，在有利的歷史條件下，傳統的符號和價值系統會成爲有利於變遷的「種子」〔註16〕。林毓生的「五四」反傳統主義的論斷和傳統的「創造性轉化」的主張，得到許多海外新一代文化保守主義者的贊同，「五四」新文化運動被冠以「反傳統」這種極爲鮮明的特徵。美國華裔著名史學家余英時認爲中國百餘年思想不斷激進化，「作爲一種文化運動，『五四』的根本毛病在於有『破』無『立』」，「中國文化重建的問題事實上可以歸結爲中國傳統的基本價值與中心觀念在現代化的要求之下如何調整與轉化問題」〔註17〕。成中英認爲「五四」精英採取了「將嬰兒與浴湯一起倒出去」的做法，「任何影響到現代化的傳統形式都會遭到反對」〔註18〕。

社會科學》1988年第4期；楊春時：《五四精神的命運》，《學習與探索》1989年第3期；〔美〕舒衡哲：《中國啓蒙運動——知識分子與「五四」遺產》，劉京建譯，北京：新星出版社2007版等。

〔註15〕 參見李平生、劉京希：《山東大學紀念五四運動70週年學術討論會紀要》，《文史哲》1989年第3期等。

〔註16〕 參見〔美〕林毓生：《中國意識的危機——五四時期激烈的反傳統主義》，穆善培譯，貴陽：貴州人民出版社1988年版；〔美〕林毓生：《中國傳統的創造性轉化》，北京：生活·讀書·新知三聯書店1988年版。

〔註17〕 〔美〕余英時《論中國文化的重建》，王躍、高力克編：《五四：文化的闡釋與評價——西方學者論五四》，太原：山西人民出版社1989年版，第207頁。

〔註18〕 轉引自徐勝萍：《海外與港臺「五四」運動史研究綜述，《東北師大學報》（哲

　　20 世紀 80 年代中國改革開放的實踐，再度凸顯了傳統與現代化之間的緊張。關於文化建設問題，學界出現了三種有代表的看法：以杜維明、余英時、成中英等爲代表的「儒學復興」說，主張重新估價中國文化價值；以甘陽、金觀濤等爲代表的「根本的改造與徹底的重建傳統」理論，認爲反傳統是繼承傳統的最強勁的手段；介於兩者之間的以李澤厚爲代表的「西體中用」說〔註 19〕。從中不難看出，從中西文化比較的意義上對「五四」新文化運動命題的深化與延伸。

　　20 世紀 90 年代初，「國學熱」興起，同時出現西方後現代思潮對啓蒙價值的解構，90 年代中期發生了「人文精神」的大討論以及「國學」與馬克思主義、儒家文化與基督教文化關係的討論，自由主義派與「新左派」的激烈爭論和對「現代性」的思考等等，呈現出多元的文化格局。中國學術思潮的這種轉變，有學者稱之爲「思想淡出，學術凸顯」。這與「五四」新文化運動思想啓蒙後學術向現代轉型的過程有幾分相似，這也許可以看作思想啓蒙促進學術發展的又一次歷史見證。思想界對「五四」新文化運動激進主義的主流思潮進行了批判性的反思，文化保守主義的價值再次凸顯，出現了新一輪的反思熱潮，「五四」新文化運動啓蒙思想的部份內容受到質疑，出現了以「重估」爲主的多元化闡釋方式。

　　「重估」主要表現在兩個方面：首先是對「五四」新文化運動評估尺度由思想轉向學術。隨著學術凸顯的風向轉變，「五四」新文化運動的研究興趣也從思想啓蒙轉向了學術成就，對「五四」新文化運動中的思想派別，尤其是文化保守主義者的思想資源進行了重新挖掘，對「五四」新文化運動的思想框架有了更精細、更全面的認識。對文化保守主義有了重新認識和評價，除梁漱溟、梁啓超、張君勱、杜亞泉等文化保守主義者的人物研究外，對以梅光迪、吳宓、胡先驌等爲代表的學衡派的文化觀及與新人文主義、激進主義的關係等有了更爲系統的梳理，王國維、陳寅恪等原視爲舊營壘中的學術人物和學術成果也進入研究視野，並揭示了文化保守主義作爲與文化激進主義反傳統主流思潮相抗衡的一種學術思潮對文化傳統的守持和對西方文化弊端的揭露所具有的積極意義。余英時認爲：「現在，似乎愈來愈有必要在陳獨

學社會科學版），1994 年第 2 期。

〔註 19〕參見郭齊勇：《現代化與中國傳統文化芻議》，《武漢大學學報》（人文科學版）1986 年第 5 期。

秀與魯迅的激進主義和胡適的自由主義之外，將梅光迪和吳宓的文化保守主
義，置於與五四新文化的同一論述結構之中。」〔註 20〕湯一介則提出正是由
於有激進主義、自由主義和保守主義三種力量的張力與搏擊，學術文化才得
以發展。〔註 21〕一批學者重提自由主義的話題，開發「五四」精神中的自由
主義資源，例如著名學者王元化認為「獨立之精神，自由之思想」是「五四」
新文化運動重要的文化精神，新自由主義者殷海光的思想及其晚年對傳統文
化態度的轉變也受到極大的關注。「五四」新文化運動後期整理國故運動的學
術成就重新得到肯定，胡適、顧頡剛、古史辨派等人物、學派及其爭辯的疑
古與釋古等話題再次引起學術界的爭論。

　　其次，對「五四」新文化運動的「民主」與「科學」精神進行了重估，
在西方後現代主義對現代性批判的啟發下，對科學主義的影響進行了反思，
提出超越「五四」啟蒙心態的命題。有學者對科學視野獨斷化導致的科學主
義從學理、傳統、歷史契機等方面作了深刻分析，認為「五四」新文化運動
前後不斷泛化的科學提升為一種主義，在相當程度上已超越了實證研究之域
而規定為一種普遍的價值——信仰體系。也有日本學者認為「五四」新文化
運動時期科學主義的特色為解構主義，「以美育代替宗教」和多元化的現代性
理論〔註 22〕。何中華先生認為科學所蘊含的理性的抽象普遍性規定鼓勵了理
性的僭越，科學主義在學理上陷入兩個誤區：視野上混淆了能指與所指，方
法上選擇了還原論模式〔註 23〕。學者在對現代性的反省中提出超越「五四」
啟蒙心態。杜維明先生認為：「『啟蒙心態』只是理性精神的突出表現而已，
其中因反對神學本體論而導致的人類中心主義（anthropocentrism）和因強調
工具理性而產生的科學主義（scientism）都帶有複雜的心理情結，常常暴露出
侵略和征服的意圖」〔註 24〕。王元化先生也提出：「今天仍須繼承五四的啟蒙
任務；但是五四以來（不是『五四』時才有）的啟蒙心態，卻需要克服。我

〔註 20〕〔美〕余英時：《重尋胡適歷程：胡適生平與思想再認識》，桂林：廣西師範
　　　　大學出版社 2004 年版，第 266 頁。
〔註 21〕湯一介：《略論百年來中國文化上的中西古今之爭》，《中國文化研究》2001
　　　　年第 2 期。
〔註 22〕參見歐陽哲生、金安平：《五四運動與二十世紀的中國——北京大學紀念五四
　　　　運動 80 週年國際學術討論會綜述》，《中國社會科學》1999 年第 4 期。
〔註 23〕何中華：《「科玄論戰」與 20 世紀中國哲學走向》，《文史哲》1998 年第 2 期。
〔註 24〕〔美〕杜維明：《化解啟蒙心態》，《杜維明文集》，武漢：武漢出版社 2002 年
　　　　版，第 261 頁。

所說的啓蒙心態是指對於人的力量和理性的能力的過份信賴。」〔註25〕

　　經歷了 20 世紀 80 年代的文化熱和 90 年代的文化保守主義思潮，近年來「五四」新文化運動的研究出現一個趨於平和、尋求融合的時期，人們不再拘泥於啓蒙與反啓蒙的論爭，而是以開放的文化心態，突破「五四」新文化運動以來的學術範式，在回應時代課題的基礎上綜合創新。有學者認為 20 世紀 90 年代是啓蒙後，而非後啓蒙時代，啓蒙者和反啓蒙這都無法放棄對思想啓蒙的言說，「啓蒙死了，啓蒙萬歲。死去的是啓蒙傳統中各種絕對主義的元話語，而永恆的將是啓蒙思想中的交往理性和批判精神」〔註26〕。「五四」新文化運動作為一種思想努力永遠沒有終結，告別激情燃燒的歲月，啓蒙由一種激進的情緒轉化為一種日常智慧〔註27〕。2007 年 7 月，「開放文化觀念——紀念新文化運動 90 週年國際學術研討會」在北京召開，這是學術界第一次明確以紀念新文化運動而舉辦的學術會議，有學者認為直至新文化運動時期，中國人的文化開放觀念才逐步成熟起來，其領袖人物開始把加強中國與世界文化的相互溝通，努力建立中國與世界文化更加密接的關係作為自覺努力的方向，〔註28〕史學界頗有新意的「開放的文化觀念」的研究思路擴展了研究的視角。

　　在哲學界，立足現實，淡化爭論，綜合創新也得到共識。作為一門「五四」新文化運動後建立的現代學科，中國哲學史學科的開創者胡適和馮友蘭對中國傳統哲學實用主義的裁剪與新實在論的闡釋，不可避免地帶上了「五四」新文化運動反傳統的烙印。21 世紀初「中國哲學」合法性的大討論可以看作這種依傍西方哲學範式隱患的大爆發，學者們開始懷疑以西方哲學為基準思維模式的正當性，使得「以西釋中」的模式得到徹底的追問與清算，人們開始超越中西對峙、非此即彼的思維方式，東西哲學的比較與會通逐漸成為思考前提和理論背景。經過 20 世紀 80 年代的新儒學復興說與重構說，90 年代的新一輪東化與西化之爭，方克立先生提出：「希望在二十一世紀能夠

〔註25〕 王元化：《對於「五四」的再認識答客問》，《九十年代反思錄》，上海：上海古籍出版社 2000 年版，第 143 頁。

〔註26〕 許紀霖等著：《啓蒙的自我瓦解：1990 年代以來中國思想文化界重大論爭研究》，長春：吉林出版集團有限責任公司 2007 年版，第 42 頁。

〔註27〕 丁國強：《啓蒙死了，啓蒙萬歲——近年來關於思想啓蒙的圖書掃描》，《社會科學論壇》（學術評論卷）2008 年第 3 期。

〔註28〕 參見王代莉：《開放的文化觀念——紀念新文化運動 90 週年國際學術研討會綜述》，《近代史研究》2008 年第 1 期。

淡化東化與西化之爭。有什麼辦法呢？我的想法很簡單：一是用比較平實的東西文化交流會通、綜合創新的觀點來消解『東化』與『西化』的尖銳對立；二是力圖在東化論與西化論之間找到某些共同點，求同存異……用『亦此亦彼』、『共存』範疇來解決多元化與一體化、世界性與民族性的關係問題。」〔註29〕無獨有偶，湯一介先生也認爲，中國百多年來的文化發展史上，「古今中西」之爭常常表現爲把「啓蒙」、「救亡」與「學術」分割開來，而中國學術文化的發展不僅需要「啓蒙」，而且必須關注現實社會問題和國家民族的命運，同時也應允許「爲學術而學術」、「爲藝術而藝術」。目前文化發展正處於由兩種文化的矛盾衝突轉向本土文化消化外來文化的階段，我們應走出「中西古今」之爭，把握融會「中西古今」之學的方向。〔註30〕何中華先生則從20世紀馬克思主義哲學的人文化和現代新儒家的科學化的趨勢，揭示了人類學本體論意義上理性與價值的整合取向。〔註31〕可以看出，中國哲學在超越了合法性問題與東西古今之爭後，正在由封閉、對峙轉向開放、融合。

　　從以上綜述可見，對「五四」新文化運動的研究在廣度和深度上都取得了很大的成果，有些成果或多或少涉及文化比較視域下的探討。不論是「五四」新文化運動本身，還是受其影響的中國現代文化、哲學的走向，文化的抉擇其實都隱含著一個啓蒙塑造的現代性的評價座標，在「五四」新文化運動中表現爲不同文化主張的論爭，在現代文化歷程中表現爲啓蒙意義的時隱時現。從某種意義上說，西方啓蒙運動構成西方由傳統社會向現代社會轉型的文化條件。同西方啓蒙運動一樣，「五四」新文化運動也充當了中國由傳統社會向現代社會轉型的文化條件。這場運動所標舉的「科學」和「民主」兩大旗幟及其所代表的現代理性精神，對於處在現代性參照下彰顯出來的傳統社會及其文化的蒙昧主義所具有的解構作用，使其獲得了啓蒙的性質。正是在這個意義上，「五四」新文化運動被稱爲中國的啓蒙運動，從而對「五四」新文化運動的再思考就意味著對「五四」啓蒙的再思考。由文化比較的視域出發，彰顯啓蒙的歷史——文化座標意義，對「五四」新文化運動的啓蒙特

〔註29〕方克立：《二十一世紀，能否淡化東化與西化之爭？》，《中國社會科學院研究生院學報》1999 年第 2 期。

〔註30〕湯一介：《略論百年來中國文化上的中西古今之爭》，《中國文化研究》2001年第 2 期；湯一介：《走出「中西古今」之爭，融會「中西古今」之學》，《學術月刊》2004 年第 7 期。

〔註31〕何中華：《「科玄論戰」與 20 世紀中國哲學走向》，《文史哲》1998 年第 2 期。

徵與特殊困境有更明晰的呈現，爲反思與超越「五四」尋找到突破口，即是本書努力的方向。

四、「五四」新文化運動再思考的意義

有學者認爲，「今天，我們在社會改革過程中碰到了一系列難以解開的『節扣』，難以迴避的『怪圈』；而這些『節扣』和『怪圈』大多在五四時期似曾相見。」〔註32〕這種相似性正是「五四」新文化運動超越時代限域之永恆價值的一種證明。作爲由傳統到現代的轉型標誌，「五四」新文化運動無疑是當代文化建設的思想原點，它所揭櫫的「民主」與「科學」旗幟和人的解放的文化啓蒙意義，中西文化論戰中中西文化差異的事實判斷到新舊價值判斷的演變與反傳統主流思潮的形成，「科玄論戰」科學派的勝利到科學主義的盛行，現代性話語中的啓蒙精神與後現代思潮對啓蒙的解構等等，無不影響著中國文化的建設與將來的發展走向。正如人類文化會一次次回到「軸心時代」汲取思想的營養，重溫先哲提出的問題，「五四」新文化運動包含著豐富的思想文化資源和幾乎現代以來所有的問題域，使得我們不得不一次次重返「五四」。當然這不僅僅是歷史的回顧，更是問題的深化與發展。從某種程度上說，「五四」新文化運動的文化啓蒙意義不僅僅在於給我們留下的說不盡的反傳統思想資源，更重要的是提出了現代性語境中中國文化何去何從這樣一個歷史性命題。從上述研究綜述中可以看出，「五四」新文化運動的研究取得了極大的成果，人們對這場文化運動的啓蒙意義有了較清晰、全面的認識，對其得失也有較公允的評價，但在問題的解決上並沒有走出多遠。「百多年來的『中西古今』之爭，實際上也就是所謂『全盤西化』和『本位文化』之爭。」〔註33〕雖然隨著時代的變遷，持論更顯精緻，但仍脫不出「五四」新文化運動對峙兩方的思維框架。

近年來這種非此即彼的思維模式有所淡化，人們似乎是厭倦了沒有結果的爭論，學術界更傾向於從東西文化會通的基礎上進行理論的建構與創新，這也應當說是一種合乎時代要求的正確選擇。那麼，對 90 年前文化啓蒙運

〔註32〕李華興：《民主與近代中國》，上海：上海社會科學院出版社 2006 年版，第 9 頁。

〔註33〕湯一介：《走出「中西古今」之爭，融會「中西古今」之學》，《學術月刊》2004 年第 7 期。

動的探索是否就是一個落伍的話題呢？回答是否定的。首先，在中西文化的比較與融會成爲文化的自覺之時，對「五四」新文化運動中西文化的比較由事實判斷如何置換成了價值判斷進行追問，才可能避免重蹈「五四」啓蒙的覆轍。近代以來在古今更替與中西碰撞的歷史際遇中，西方列強逼迫我們打開了國門，救亡圖存成爲時代的主題。由洋務運動的「師夷長技」，到維新運動、辛亥革命制度變革的謀求，再到「五四」新文化運動國人「倫理的覺悟」，中西文明的碰撞與衝突也由器物、制度深入到文化層面。新文化派健將在文化取向上主張反傳統，全盤西化，固然對「三千年未有之變局」有著振聾發聵的啓蒙意義，但也造成了文化傳統的某種斷裂。近代以來以「夷」、「敵」爲「師」的無奈，決定了中國文化的難解情結，中西文化的比較在「五四」新文化運動中表現爲新舊的衝突，文化民族性維度的喪失最爲典型、突出。找出其中的學理癥結，才能眞正超越非此即彼二元對立的思維模式，眞正有助於文化的比較研究。其次，在現代性的反思與後現代的解構中，反思「五四」新文化運動所倡導的科學走向科學主義的原因及其影響對當代文化建設具有指導意義。現代性作爲世界歷史的引領方向，將進步、發展視爲永無止境的追求目標，科學的工具理性無限膨脹，從人的發現走向人的剝奪都根植於同一啓蒙精神。「五四」新文化運動高揚的「民主」與「科學」正是現代性的重要表徵方式。新文化健將對西化的推崇基於將現代性作爲一種自明的眞理，他們與文化保守主義對自身文化傳統的守持截然不同的立場也隱含著對啓蒙精神認識的分歧。美國學者沃勒斯坦認爲：「普遍主義是強者給弱者的一種禮物，它以雙重的約束出現在後者面前：拒絕這種禮物是失敗；接受這種禮物也是失敗。弱者唯一可行的反應，是既不拒絕也不接受，或既拒絕也接受——簡言之，弱者這種看似不合理的（既是文化上的，又是政治上的）東奔西走，成了十九世紀特別是二十世紀歷史的大多數歷史時期的特徵。」〔註34〕暫不談這種判斷是否準確，卻頗能表達弱勢文化面對強勢文化時的尷尬。作爲一種後啓蒙，中國文化啓蒙注定無法逃避文化民族性的維度，再思科學主義的形成及影響，有助於我們找到啓蒙精神與自身文化傳統的接榫點。隨著技術理性的擴張，西方文化開始反思現代性的追求爲何使人

〔註34〕〔美〕沃勒斯坦：《作爲一種文明的近現代世界體系》，《國外社會學》1991年第5期。

「墮落到一種新的野蠻狀態」（霍克海默語），後現代主義則以零散、平面、多元、去中心化來消解現代性。從第一次世界大戰後「科學萬能夢」的破產到後現代的解構，對現代性的批判與消解也使人們在文化選擇上面臨重重迷霧，是在線性進化中把對現代性的反思懸置為未來遙遠的話題？還是將其作為守持傳統的理由？如何解決現代性與後現代的悖結，「五四」新文化運動無疑有著豐厚的資源。

中西古今文化碰撞的歷史際遇造就了「五四」新文化運動，它深刻影響了 20 世紀中國文化與社會發展的走向，具有典型的文化比較意義。在文化的融合成為一種自覺的同時，對在何種意義上融合也必須保持清醒的認識，因為任何融合都是在一定理論預設下進行的，不去談不等於沒有，只有躍出「五四」新文化運動文化比較的時代局限，在平等基礎上進行文化的融合，超越「五四」，超越啟蒙心態才不至於流於一句響亮的口號。

第一章 「五四」新文化運動前文化比較思想概述

　　在中國文化發展史上，歷來有中國文化與外來文化的關係問題。公元 1 世紀以來傳入的印度佛教經過格義、矛盾、衝突、融合諸多過程，最終融會於中國文化之中，形成了新儒學，促進了文化傳統的發展與更新，成爲中國文化對外來文化高度融攝、涵化的典範。西方文化是中國文化遇到的第二種外來文化，起初也並沒有引起軒然大波。在明朝萬曆年間，耶穌會士來華傳教，口稱陪臣，傳播的天文、曆法等自然科學和技術皆求與中國古法相符，迎合傳統意趣的做法極易爲時人接受，有學者稱這種試圖解釋中國文化的理論框架爲「遷就主義的範式」〔註 1〕。將東方文化與西方文化作爲對峙的兩大體系來比較、判別、論辯，始於近代鴉片戰爭之後。「五四」新文化運動以對傳統的批判著名，此種被學者林毓生稱爲「全盤性反傳統」的文化比較模式是如何產生的呢？當時的思想界亟待解決的問題是什麼？東西文化在近代的碰撞與衝突注定了文化啓蒙運動的發生和文化論戰的不可避免。追溯「五四」新文化運動以前文化比較思想的來龍去脈是首要的內容。

第一節 中西學割裂的「中西之爭」

　　「在近代中國，涉及到文化變革的歷史性論爭有三次：一是洋務時期的『中西之爭』，二是維新時期的『新舊之爭』，三是五四時期的『新舊文化之

<hr>

〔註 1〕〔美〕顧明棟：《對中西比較研究中一些文化理論問題的思考》，《江蘇社會科學》2007 年第 3 期。

爭』。」〔註2〕三次論爭的焦點不同，其中卻有著發展方向上的一致性和發展階段上的遞進性。鴉片戰爭後，尤其是洋務運動興起後，學人們試圖從傳統文化的框架中給予中西文化關係一個適切的認識。「中體西用」是中國近代對中西文化比較的主要描述形式，已然隱含了中西文化會通可能性的理論預設。

根據學者研究，「從 1861 年到 1894 年的三十餘年間，洋務政治家和思想家在論及中學與西學關係時，曾有過『中本西輔』、『中體西用』、『中道西器』、『中道西藝』等等不同提法。但是，在大多數情況下，他們是用『本』『末』這對概念來表述中學與西學的關係的。」〔註3〕也就是說，在中日甲午戰爭之前，「中本西末」是中西文化比較的主要闡釋模式，但在中國傳統哲學中，道器、體用、本末等意義可以說是基本相同，在處理西學在中學中的作用、功能時，洋務派思想家之間並沒有太大的差異。

《易傳・繫辭》曰：「形而上者謂之道，形而下者謂之器。」程頤曰：「至微者理也，至著者象也，體用一源，顯微無間」〔註4〕。在道器、體用、本末等成對的範疇中，前者是根本性的、決定性的，後者是外在的、具體的表現；前者雖然寓於後者之中，但具有邏輯優先性，爲首要、基礎、本源。當道器、體用等用於對中西文化關係的討論時，已不完全是在傳統哲學的內涵與意蘊上使用了。對此，張岱年先生有清晰的闡述，他說：「文化觀上的體用與本體論上的體用是不盡相同的。本體論中的體用指永恆的基礎與外在的表現，而文化觀上的體用則指基本原理與原理的實際運用，前者爲哲學、倫理學，後者爲政治、軍事、農田水利、天文曆算等等。」〔註5〕道器論、體用論、本末論等都是在不改變中國傳統文化核心地位的前提下中學應對中西學關係問題的嘗試與探索。在這種比較框架中，中學傳統居於整個文化體系中的哲學、倫理學核心層，西學處於政治、軍事等外層，此時的中學和西學之間是相互割裂的。

鴉片戰爭後，西方列強的堅船利炮使得魏源、林則徐等有志之士不得不

〔註2〕王先明：《近代新學：中國傳統學術文化的嬗變與重構》，北京：商務印書館 2000 年版，第 27 頁。

〔註3〕戚其章：《從「中本西末」到「中體西用」》，《中國社會科學》1995 年第 1 期。

〔註4〕程顥、程頤：《二程集・易傳序》，北京：中華書局 1981 年版。

〔註5〕張岱年、程宜山：《中國文化與文化論爭》，北京：中國人民大學出版社 1990 年版，第 322 頁。

「以夷爲師」，魏源提出了「師夷長技以制夷」，西學在他們眼中尚停留在「技」、「器」的層面，其內容則是戰艦、火器與養兵練兵之法，興國的根本仍寄望於「平人心之疾患」，尚未改變形而上之「體」的內涵。洋務派代表人物李鴻章也同樣認爲「中國文武制度，事事遠出西人之上，獨火器萬不能及」〔註6〕。在他看來，能夠向西方學習的僅限於具體的器物而已。

　　1861 年，馮桂芬在《採西學議》中把林則徐、魏源的「師夷技」提升到「採西學」的高度，將西學擴大到算學等自然科學與工程技術的範圍，並倡導「以中國之倫常名教爲原本，輔以諸國富強之術」〔註7〕。有學者指出，「正是從馮桂芬開始，『本』的『位置』下移了，它脫離了原先意義上的形上之『道』所應當擁有的地位，而帶有了向形下踐履之用靠攏了的傾向。」〔註8〕原來處於「用」之層面的倫理綱常，開始提升到「體」的層面，對於倫理綱常這種提升的學理根據，我們可以從梁漱溟先生的《東西文化及其哲學》中受到啓發。他從哲學（又分形上、知識、人生三部）與宗教兩方面對中西印思想進行了分析，認爲中國哲學中的形上部份自成一種，勢力甚普，且一成不變，人生哲學部份最盛且微妙，與形上部份相連，占中國哲學的全部〔註9〕。或許可以這樣理解，倫理綱常作爲社會人生領域具體的「道」，與傳統形而上學密切相連，受清初以來掃除宋明「空談性理」，倡導「經世致用」學術風氣的影響，逐漸升入「本體」的層面。這無疑是學術風氣轉變在本體論上的顯現。

　　馮桂芬提出的「中本西輔」，是洋務派「中體西用」論的濫觴。19 世紀70 年代至 90 年代初，隨著西方機器、艦炮的引入和聲光化電書籍的譯介，洋務運動全面展開，國人對「洋務」的認識也不斷深化，其代表人物王韜、薛福成、郭嵩燾、馬建忠、鄭觀應等在主張「變器」的同時，仍堅信「道不變」的思想界限，不變之「道」即指儒家的修齊治平之道。如王韜強調「蓋萬世而不變者，孔子之道也。孔子之道，儒道也，亦人道也」〔註10〕；薛福

〔註6〕《籌辦夷務始末》（同治朝），卷25，北京：中華書局 2008 年版，第 1088 頁。

〔註7〕馮桂芬：《採西學議》，《校邠廬抗議》，上海：上海書店出版社 2002 年版，第57 頁。

〔註8〕路新生：《論「體」「用」在中國近代的「錯位」》，《華東師範大學學報》（哲學社會科學版）1999 年第 5 期。

〔註9〕梁漱溟：《東西文化及其哲學》，《梁漱溟全集》（第一卷），濟南：山東人民出版社 2005 年版，第 396 頁。

〔註10〕王韜：《易言原跋》，《鄭觀應集》上冊，上海：上海人民出版社 1982 年版，

成則主張「取西人之器數之學，以衛我堯、舜、禹、湯、文、武、周、孔之道」〔註11〕。

張之洞的《勸學篇》是洋務派「中體西用」主張的集大成者。他提出，「四書、五經、中國史事、政書、地圖爲舊學；西政、西藝、西史爲新學。舊學爲體，新學爲用，不使偏廢。」〔註12〕文中所謂的「西政」並不指西方政治，不過是學習西方的新式學校，賦稅管理和通商辦法等等。此文雖然發表在戊戌變法後，但與維新派有很大的不同。張之洞恪守洋務派「器變道不變」的原則，將中學與西學看成是兩種完全不同的文化，認爲「夫不可變者，倫紀也，非法制也；聖道也，非器械也；心術也，非工藝也」〔註13〕，主張「擇西學之可以補吾闕者用之，西政之可以起吾疾者取之」〔註14〕。在張之洞看來，中學西學雖可相互補缺，但不可相互會通。

鄭觀應也堅持中學之道不可變的思想，指出：「道爲本，器爲末，器可變，道不可變，庶知所變者富強之權術，非孔孟之常經也。」〔註15〕這種道器關係應用到中學與西學的關係上，就是「中學其本也；西學其末也。主以中學，輔以西學。」〔註16〕他有《道器》一文專門從「道器」角度辨析中西學的關係，「蓋我務其本，彼逐其末；我晰其精，彼得其粗；我窮事物之理，彼研萬物之質……於是我墮於虛，彼證諸實。不知虛中有實，實者道也；實中有虛，虛者器也。合之則本末兼賅，分之乃放卷無具。」〔註17〕鄭觀應批評中西學如同道器的分離，各墮於一偏，實道虛器的見解又透露出對西方格致之學與道相溝通的肯定。鄭觀應根據自己的涉洋經歷，進一步意識到西學

第 167 頁。

〔註11〕薛福成：《籌洋芻議·變法》，《薛福成選集》，上海：上海人民出版社 1987 年版，第 556 頁。

〔註12〕張之洞：《勸學篇》，《張文襄公全集》卷 203，北京：中國書店 1990 年版，第 570 頁。

〔註13〕張之洞：《勸學篇》，《張文襄公全集》卷 203，北京：中國書店 1990 年版，第 575 頁。

〔註14〕張之洞：《勸學篇》，《張文襄公全集》卷 202，北京：中國書店 1990 年版，第 559 頁。

〔註15〕鄭觀應：《盛世危言·凡例》，《鄭觀應集》上冊，上海：上海人民出版社 1982 年版，第 240 頁。

〔註16〕鄭觀應：《盛世危言·西學》，《鄭觀應集》上冊，上海：上海人民出版社 1982 年版，第 276 頁。

〔註17〕鄭觀應：《盛世危言·道器》，《鄭觀應集》上冊，上海：上海人民出版社 1982 年版，第 242～243 頁。

如同中學，也有體有用，「西人立國之本，體用兼備。育才於書院，論政於議院，君民一體，上下同心，此其體；練兵、製器械、鐵路、電線等事，此其用。中國遺其體效其用，所以事多扞格，難臻富強」〔註18〕。西方「治亂之源，富強之本，不盡在船堅炮利，而在議院上下同心，教養得法」〔註19〕。他指出洋務派的失誤在於「遺其體」而「求其用」。郭嵩燾也同樣意識到西方政教在西學中的重要地位，認為「西洋立國有本有末，其本在朝廷政教，其末在商賈，造船、製器，相輔以益其強，又末中之一節」〔註20〕。

　　將西學看作與中學一樣有體有用的系統，使其擺脫了器、輔、末的依附地位，從而為突破中體西用的框架奠定了基礎。既然西學亦有體有用，西方富強的根本在其體的方面，按照傳統「知所先後，則近道矣」和「體用一源」的古訓，對西學的汲取當然包括西學之體，且應將其放在首位。這就為突破洋務派變器不變道的思想限度提供了學理依據。在意識到船堅炮利只是西學之末之後，時人對西學之體的論述大多集中於政治制度層面。如何在中學之中安置西體的問題便成為國人亟待解決的難題，中學之體正統的至上地位開始受到質疑與威脅。

第二節 「新舊之爭」基礎上的中西會通論

　　梁啟超曾言，「甲午喪師，舉國震動，年少氣盛之士，疾首扼腕言『惟新變法』，而疆吏若李鴻章、張之洞輩，亦稍稍和之。而其流行語，則有所謂『中學為體，西學為用』者，張之洞最樂道之，而舉國以為至言。」〔註21〕「中體西用」是甲午之後整合中西文化的基本模式，也是中國文化回應西方文化挑戰的一種過渡的文化模式。與洋務派後期健將張之洞的「中體西用」論不同，康有為與梁啟超為代表的維新派在中西學的關係上雖也堅持「中體西用」，但兩者的學理基礎、內涵與著眼點已大相徑庭。洋務派著重於以西學「補

〔註18〕鄭觀應：《南遊日記》，《鄭觀應集》上冊，上海：上海人民出版社1982年版，第967頁。

〔註19〕鄭觀應：《〈盛世危言〉自序》，《鄭觀應集》上冊，上海：上海人民出版社1982年版，第233頁。

〔註20〕郭嵩燾：《條陳海防事宜》，《郭嵩燾奏稿》，長沙：嶽麓書社1983年版，第345頁。

〔註21〕梁啟超：《清代學術概論》，《飲冰室合集》專集三十四，北京：中華書局1936年版，第71頁。

救」中學之缺失,維新派則著眼於中學與西學的「會通」。〔註22〕

1898 年 6 月,在康有為授意下,梁啟超代擬的《奏請經濟歲舉歸併正科並各省歲科試迅即改試策論析》,將中國人才的衰弱歸因於中西兩學不能會通,認為「由科舉出身者,於西學輒無所聞知,有學堂出身者,於中學亦茫然不解。夫中學體也,西學用也。無體不立,無用不行,二者相需,缺一不可……泯中西之界限,化新舊之門戶,庶體用並舉,人多通才」〔註23〕。可見,維新派是在相互會通的前提下來討論中西學的,從而在一定意義上消除了體用框架中文化價值判斷的偏見。

康有為試圖將中學裡面的經世之學和春秋公羊學同西學相會通,創建了一種「不中不西,即中即西」的「新學」〔註24〕。他在《新學偽經考》和《孔子改制考》中大膽地提出,兩千年來的古文經是劉歆佐莽篡漢而偽造的,孔子是「託古改制」的先秦諸子中的一家。這就打破了傳統的正統思想和定孔子為一尊的權威,對「中體」的內涵進行了創新,賦予它以變革、進化的內容。這正是為「舊學」派所深惡痛絕的。「正是在這個『新學』與『新政』的基本支點上,維新派與洋務派之間劃出了文化觀念的分界線。一個對西方文化具有了新認識,從而建立起新的文化觀念的新學派,應運而生了。」〔註25〕「新學」是維新派「中體西用」的學理基礎,它區別於洋務派的「舊學」基礎。

據《「萬木草堂」回憶》稱,康有為講學的內容「是以孔學、佛學、宋明理學(陸王心學)為體,以史學、西學為用。他講學重『今文學』……每論一學、論一事,必上下古今,以究其沿革得失,並引歐美事例以作比較證明」

〔註22〕 參見戚其章:《從「中本西末」到「中體西用」》,《中國社會科學》1995 年第 1 期。

〔註23〕 康有為:《康有為政論集》上冊,湯志鈞編,北京:中華書局 1981 年版,第 294~295 頁。

〔註24〕 張之洞將新學視為西學是當時的一種見解,據今人王先明的研究,新學是指稱對象不斷變化的一種過渡性學術文化體系,大略可以說是中國傳統舊學汲取西學成分後的一種學術轉型,以汲取西學為特徵,但不等同於西學,本質上仍是中學的移行換步。王先明認為戊戌「新學」標誌著近代「新學」的初步形成,詳見王先明:《近代新學:中國傳統學術文化的嬗變與重構》,北京:商務印書館 2000 年版。

〔註25〕 丁偉志、陳崧:《中西體用之間》,北京:中國社會科學出版社 1995 年版,第 187 頁。

〔註 26〕。康有爲將「西學」的外延擴大到歐美的新政、新法、新學、新器等方面，包括政治、法律、社會諸多內容，且認爲「泰西之強」在於「政體之善」。雖然維新變法失敗了，但「新學」的傳播已是不可逆轉的時代潮流。清政府「興學堂」、「廢科舉」的教育改革進一步使得「新學」有了制度化的保障。

「隨著西學之『用』對中學之『體』的一點一滴的侵蝕，西學之『用』本身也經歷了一個由『形下』往『形上』走的自身發育的過程，它的位置不斷『上移』，恰與中學之『體』位置的『下移』形成鮮明的對照。到了甲午戰敗以後，西學本身已經走過了一條由器物到學校教育到政治制度的逐漸『上升』的路程，它現在正在向著思想觀念形態的領域內滲透，——西學的『形上學』到了這時已經初具形樣了。」〔註 27〕康有爲將「發現」僞裝成「解釋」自然是一種策略。當時的翹楚之才既具有深厚的國學根柢，又汲取了「西學」，故能立足於世界學術的高度、思想文化的深度上尋求「中學」與「西學」的關係，從而超越了洋務派的時代局限。

第三節　嚴復的西化「發現」範式

余英時先生曾把 20 世紀初思想激進過程描述爲從「解釋」到「發現」的戰略轉移，本文借用「發現」範式來概括西學代替原有中學框架的文化主張。嚴復是當時譯介「西學」的第一人，眞正瞭解中西文化的特點與本質，他直接用西學作爲文化比較的標準，把西學作爲「發現」的另一種「道」。他批評「中體西用」說是違反「公例通理」，譏之爲「牛體馬用」，認爲「中學有中學之體用，西學有西學之體用，分之則並立，合之則兩亡」〔註 28〕。對於「中學」的考據、義理、詞章等工夫，他鄙之爲「無用」、「無實」，「其爲禍也，始於學術，終於國家」〔註 29〕。在救亡圖存的近代中國，將學術與國家命運

〔註 26〕梁啓勳：《「萬木草堂」回憶》，夏曉虹編：《追憶康有爲》，北京：生活‧讀書‧新知三聯書店 2009 版，第 189 頁。

〔註 27〕路新生：《論「體」「用」在中國近代的「錯位」》，《華東師範大學學報》（哲學社會科學版）1999 年第 5 期。

〔註 28〕嚴復：《與〈外交報〉主人書》，《嚴復集》第 3 冊，北京：中華書局 1986 年版，第 559 頁。

〔註 29〕嚴復：《救亡決論》，《嚴復集》第 1 冊，北京：中華書局 1986 年版，第 45 頁。

聯繫起來，就凸出了學術作爲富國強民手段的現實意義。對西方啓蒙精神孕育出的富強之果，他同樣深究到思想、價值領域，認爲「西學」的命脈不在於汽機兵械、天算格致，「苟扼要而談，不外於學術則黜僞而崇眞，於刑政則屈私以爲公而已」〔註30〕。李澤厚先生在其《中國近代思想史論》中曾指出，嚴復將「黜僞而崇眞」的自然科學方法和「屈私以爲公」的民主政治制度作爲西方社會的根本，「其實也就是五四提出來的賽先生與德先生——科學與民主」〔註31〕。

作爲「五四」新文化運動「民主」與「科學」兩大旗幟的先聲，嚴復的思考並未止步於此，「斯二者，與中國理道初無異也，顧彼行之而常通，吾行之而常病者，則自由不自由異耳。夫自由一言，眞中國歷古聖賢之所深畏，而從未嘗立以爲教者也」〔註32〕。他提出「以自由爲體，以民主爲用」，打破了「體」「用」的文化比較框架，在認同中西文化的同一性的前提下將自由作爲文化、學術的根基，並認爲自由與否是中西文化本質上的不同，是西方富強的根源。他在《原強》中指出，「夫所謂富強云者，質而言之，不外利民云爾。然政欲利民，必自民各能自利始。民各能自利，又必自皆得自由始。」〔註33〕在這裡，「民主」也不過是「自由」政治層面的表徵。嚴復受英國自由主義思想影響，他所謂的「自由」主要指個人自由。正因如此，與康有爲、梁啓超要求改革政治制度不同，嚴復將「鼓民力」、「開民智」、「新民德」作爲變法改革的根本。自由思想也正是構成西方啓蒙精神一個重要維度，體現了西方政治哲學的根本。但在亡國危機的歷史關頭，個人自由、自強與國家的獨立、富強難免構成一種內在的矛盾。

嚴復不僅在對西方認識的深度上，比同時代學者更深刻、更敏銳，在譯介西方典籍的影響上更是無人能比，從中確立起「五四」新文化派與「科玄論戰」中的科學派的基本前提，何中華先生將基本前提概括爲實證原則、進化原則和邏輯原則。〔註34〕。

〔註30〕嚴復：《論世變之亟》，《嚴復集》第 1 冊，北京：中華書局 1986 年版，第 2 頁。

〔註31〕李澤厚：《中國近代思想史論》，北京：生活・讀書・新知三聯書店 2008 年版，第 285 頁。

〔註32〕嚴復：《論世變之亟》，《嚴復集》第 1 冊，北京：中華書局 1986 年版，第 2 ～3 頁。

〔註33〕嚴復：《原強》，《嚴復集》第 1 冊，北京：中華書局 1986 年版，第 27 頁。

〔註34〕參見何中華：《「科玄論戰」與 20 世紀中國哲學走向》，《文史哲》1998 年第 2 期。

　　蔡元培曾評價道，「五十年來，介紹西洋哲學，要推侯官嚴復爲第一。」
〔註35〕嚴復譯作中影響最大的當推《天演論》。嚴復不同意赫胥黎進化論與倫
理學相區別的觀點，《天演論》只取了赫胥黎原書《進化論與倫理學》的前一
半。他批評赫胥黎關於人類社會的形成源自人「善相感通」的論斷是「倒果
爲因」，認爲人起始與禽獸相同，之所以能「有散入群」，不是有高於動物的
本性，而是處於對自己安危的考慮，人獸分野正是「天演」的結果。嚴復以
爲赫胥黎的觀點不及斯賓塞，認同斯賓塞自然界與人類社會都遵循優勝劣
汰、普遍進化的觀念，所以書中多處用斯賓塞的普遍進化的觀念來反駁赫胥
黎。但他又在情感上不滿意斯賓塞「任天爲治」的強權邏輯，這種邏輯在中
國無疑等於對侵略者的讚譽與亡國滅種的認同。他試圖用赫胥黎「與天爭勝」
的價值取向補救斯賓塞的「流末之失」。嚴復在《天演論》自序中說，「赫胥
黎氏此書之旨，本以救斯賓塞任天爲治之末流，……且於自強保種之事，反
覆三致意焉。」〔註36〕《天演論》物競天擇的進化論以大量的自然科學事實
給予當時國人前所未有的震撼與激勵，爲苦於找不到文化出路的人們提供了
新的世界觀與普遍進化的歷史觀。當時學人曾指出：「自嚴氏之書出，而物競
天擇之理，驀然於人心，中國民氣爲之一變。」〔註37〕進化原則深入人心，
以至於「五四」新文化派的代表人物胡適在他的《四十自述》中說：「《天演
論》出版之後，不上幾年，並風行全國，竟做了中學生的讀物了。讀這書的
人，很少能瞭解赫胥黎在科學史和思想史上的貢獻。他們能瞭解的只是那『優
勝劣敗』的公式在國際政治上的意義。在中國屢次戰敗之後，在庚子辛丑大
恥辱之後，這個『優勝劣敗，適者生存』的公式確是一種當頭棒喝，給了無
數人一種絕大的刺激。幾年之中，這種思想像野火一樣，延燒著許多少年人
的心和血。『天演』、『物競』、『淘汰』、『天擇』等等術語都漸漸成了報紙文章
的熟語，漸漸成了一班愛國志士的『口頭禪』。還有許多人愛用這種名詞做自
己或兒女的名字。……我自己的名字也是這種風氣底下的紀念品。」〔註38〕

〔註35〕蔡元培：《五十年來中國之哲學》，高平叔編：《蔡元培全集》（第四卷），北京：
　　　　中華書局 1984 年版，第 351 頁。

〔註36〕嚴復：《天演論》自序，《嚴復集》第 5 冊，北京：中華書局 1986 年版，第 1321
　　　　頁。

〔註37〕胡漢民：《述侯官嚴復最近政見》，《辛亥革命前十年間時論選集》第 2 卷（上
　　　　冊），北京：生活・讀書・新知三聯書店 1963 年版，第 146 頁。

〔註38〕胡適：《四十自述》，歐陽哲生編，《胡適文集》第 1 冊，北京：北京大學出版
　　　　社 1998 年版，第 70 頁。

在西方，啓蒙的科學觀念經歷了笛卡爾的演繹方法論到培根、洛克經驗方法論的轉變，自然科學的巨大成功使得強調認識來源於感覺經驗的思想成爲近代認識論的主流。嚴復正是抓住了西方經驗主義與近代科學繁榮的內在聯繫，推崇近代經驗論，稱其創始人培根爲「近世之聖人」。他將「科學」作爲西方政治的基礎，「以科學爲藝，則西藝實西政之本」〔註39〕，主張學習「西學」中窮究物理的「格物」精神，認爲「其爲事也，一一皆本諸學術，其爲學術也，一一皆本於即物實測，層累階級，以造於至精至大之塗」〔註40〕。「及觀其治生理財之多術，然後知其悉歸功於亞丹斯密之一書，此泰西有識之公論也。是以製器之備，可求其本於奈端；舟車之神，可推其原於瓦德；用電之利，則法拉第之功也；民生之壽，則哈爾斐之業也。而二百年學運昌明，則又不得不以柏庚氏之摧陷廓清之功爲稱首。」〔註41〕嚴復把西方的富強歸因於自然科學的發展，又將自然科學的發展歸結爲培根經驗論的功勞，對西方文化的見解確實深刻、獨到。正因此，與康梁對陸王心學的推崇不同，他從經驗論的角度對陸王心學進行了批判，「夫陸王之學，質而言之，則直師心自用而已。自以爲不出戶可以知天下，而天下事與其所謂知者，果相合否？不徑庭否？」〔註42〕他強調知識的感覺經驗來源，認爲「萬物本體雖不可知，而可知者至於感覺」〔註43〕。在他看來，不僅是陸王心學，一切「舊學」都是「多誣」、「無用」、「無實」，均宜束之高閣。

嚴復還敏銳地覺察到西方邏輯學在西方文化發展中的重要作用。蔡元培曾指出，「嚴氏覺得名學是革新中國學術最重要的關鍵。」〔註44〕嚴復翻譯出版了《穆勒名學》與《名學淺說》兩部邏輯學著作，系統地介紹了西方邏輯學，尤其強調歸納邏輯的重要作用。他在《穆勒名學》中指出邏輯學作爲一門學科獨特的價值，「之所以稱邏輯者，以如貝根言，是學爲一切法之法，一切學之學，明其爲體之尊，爲用之廣」〔註45〕。嚴復將邏輯學作爲西方

〔註39〕嚴復：《與〈外交報〉主人書》，《嚴復集》第 3 冊，北京：中華書局 1986 年版，第 559 頁。

〔註40〕嚴復：《原強》，《嚴復集》第 1 冊，北京：中華書局 1986 年版，第 23 頁。

〔註41〕嚴復：《原強》，《嚴復集》第 1 冊，北京：中華書局 1986 年版，第 29 頁。

〔註42〕嚴復：《救亡決論》，《嚴復集》第 1 冊，北京：中華書局 1986 年版，第 44 頁。

〔註43〕嚴復：《穆勒名學》按語，《嚴復集》第 4 冊，北京：中華書局 1986 年版，第 1036 頁。

〔註44〕蔡元培：《五十年來中國之哲學》，高平叔編：《蔡元培全集》（第四卷），北京：中華書局 1984 年版，第 352 頁。

〔註45〕嚴復：《穆勒名學》按語，《嚴復集》第 4 冊，北京：中華書局 1986 年版，第

科學的基礎與研究方法，「觀其次第，惟以名學入門爲有當」〔註46〕。穆勒的名學是歸納法的集大成者，力主「凡耳目所不及而吾欲揣其事之是非者，大抵先爲內籀，而繼之以外籀」〔註47〕。這也契合了嚴復對經驗論的認同，雖然他指出西人新理出自「內籀」與「外籀」兩途，但他同穆勒一樣認爲，演繹公例最初仍是由歸納法得來的知識。用歸納邏輯替代邏輯不同類型的後果就是對一切超驗觀念的否定。嚴復以此爲武器對傳統舊學進行批判。他在翻譯《穆勒名學》之際，曾致信張元濟，「《名學》年內可盡其半，中間道理眞如牛毛繭絲。此書一出，其力能使中國舊理什九盡廢，而人心得所用力之端」〔註48〕。他認爲「舊學」的病根在於不從經驗出發，又不去作事後的驗證，「事先無觀察之術，事後於古書成訓又無印證之勤」。「舊學」的演繹推理起於「心成之說」，不是來源於實測，所以「多誣」。「舊學之所以多無補者，其外籀非不爲也，爲之又未嘗不如法也，第其所本者大抵心成之說，持之似有故，言之似有理，媛姝者從古訓而嚴之，初何嘗取其公例而一考其所推概者之誠妄乎？此學術之所以多誣，而國計民生之所以病也。中國九流之學，如堪輿、如醫藥、如星卜，若從其緒而觀之，莫不順序；第若窮其最初之所據，若五行支干之所支配，若九星吉凶之各有主，則雖極思，有不能言其所以然者矣。無他，其例之立根於臆造，而非實測之所會通故也。」〔註49〕

　　嚴復引入西學的進化、實證、邏輯原則，西學以一種「道」的身份進入傳統的批判之中，使中西文化的差異得以清晰的呈現。然而，在以西學爲師的同時，嚴復並沒有對西學保持應有的審愼態度。他把西學作爲自明眞理的態度影響了「五四」新文化運動新文化派的文化比較取向。從某種意義上，嚴復西化的「發現」範式可以說是東西文化碰撞中文化時代性不斷凸顯的一種折射。

　　　　1028 頁。

〔註46〕嚴復：《原富》按語，《嚴復集》第 4 冊，北京：中華書局 1986 年版，第 905 頁。

〔註47〕〔英〕約翰・穆勒：《穆勒名學》，嚴復譯，北京：商務印書館 1981 年版，第 187 頁。

〔註48〕嚴復：《與張元濟書》，《嚴復集》第 3 冊，北京：中華書局 1986 年版，第 546 頁。

〔註49〕嚴復：《穆勒名學》按語，《嚴復集》第 4 冊，北京：中華書局 1986 年版，第 1047 頁。

第四節 文化時代性的凸顯

文化的時代性和民族性的統一雖然在邏輯上達到了辯證法的「合題」,但在文化的歷史變遷過程中並不像人們所期望的那樣完美,而是展現爲一種動態的變化。在「五四」新文化運動前夜,東西方文化無處不在昭示著文化時代性的巨大落差。在這一歷史背景下,中國文化的時代性要求充分地凸現出來,成爲文化發展的主導因素。正是從這一文化意義上,「五四」新文化派強調學習西方文化,順應了時代的要求,成爲那一時代的弄潮兒,具有一定的歷史合理性。然而,新文化派的「全盤西化」的主張只關注文化時代性,無視中西文化特質的根本差異,造成了文化時代性對民族性的遮蔽,最終導致文化的虛無主義。

文化時代性的凸顯在「五四」新文化運動之前的思想界已初見端倪,可粗略地歸於兩種表現:一是某些「世界主義」傾向的形成,一是「變」的思想的激進化。

與救亡圖存的時代主題相應,民族主義常被用作中國近代文化的一種表述。但美國學者唐·普賴斯認爲康有爲、譚嗣同等轉變一代的思想家帶有某些「世界主義」的取向和思想,而這種取向與思想無法用民族主義來進行解釋。學者張灝更進一步指出,轉變一代處於民族主義和「世界主義」兩極之間,且明顯被吸引到「世界主義」這一極〔註50〕。汪榮祖則以薛福成將「西學」視爲「天地間公共之道」爲例,認爲「此種超越國界地域的文化觀點,在晚清變法人士中相當普遍」〔註51〕。那麼,這種「世界主義」傾向在哲學和文化領域都有哪些表現呢?

在西方文明衝擊下,尤其是以生物進化論、細胞學說和能量守恆與轉化定律三大發現爲標誌的西方近代自然科學的系列成果對文化界產生了巨大的刺激,向來關注社會人生領域的中國文化也開始加強了對自然科學的引進和研究,先進的思想家紛紛利用剛剛從西方學到的「以太」、「星雲」、「細胞」、「原子」等自然科學概念來重釋、改進傳統哲學中的本體論架構,試圖用這些增添的最新的代表時代精神的概念來充實舊的形式,呈現出機械唯物觀的新形態。康有爲用康德的「星雲」說闡釋「元氣」,認爲天體是「瓦斯之一大

〔註50〕 〔美〕張灝:《危機中的知識分子——尋求秩序與意義》,高力克、王躍譯,太原:山西人民出版社1988年版,第3頁。

〔註51〕 〔美〕汪榮祖:《康章合論》,北京:新星出版社2005年版,第27頁。

塊」；譚嗣同以「以太」釋「氣」，作爲「原質之原」，「仁之體」；嚴復認爲「氣」就是「以太」，像星雲一樣充滿太虛；章太炎提出「以太」實質是「阿屯」（原子）；孫中山則將「以太」譯爲「太極」，「太極」動而生電子，電子凝爲元素，元素合成「物質」，如此等等。在一定意義上，這些闡釋都是中國思想家們「世界主義」傾向在本體論上的表現，而在傳統哲學中居於本體地位的「道」、「理」、「仁」不見了蹤影或改變了內涵，傳統的具有物質性氣質的「氣」一元論的本體學說得到了新的發展，來自西學的科學成就成爲了這些思想家構建形而上學的素材，也使得這些自然科學概念在傳統的哲學框架中打上了形而上學傾向的烙印。

在文化比較領域，「世界主義」傾向表現得更爲典型而突出。不僅是西方的自然科學，西方的社會科學和哲學的新知識也對中國知識界產生了重要影響。例如，康有爲接受西方的社會進化論、議會制和君主立憲制，嚴復接受社會進化論、經驗論和邏輯原則，章太炎接受西方民主共和制，王國維則更注重汲取康德、叔本華哲學。如果說康梁側重於中西學的會通，嚴復便是站在世界學術的高度，提出「自由爲體，民主爲用」，以此體用涵攝中西學。王國維的「學無中西」說也頗具新意。王國維認爲，「何以言學無中西也？世界學問，不出科學、史學、文學。故中國之學，西國類皆有之；西國之學，我國亦類皆有之，所異者，廣狹疏密耳」〔註52〕。在他看來，學問之事，即指涉學術的不同分類，不可有中西界限，「異日發明光大我國之學術者，必在兼通世界學術之人，而不在一孔之陋儒固可決也」〔註53〕。王國維從世界學問的高度來看待中學的發展，思維開闊、深邃。章太炎批評嚴復「知總相而不知別相」，但他在堅持六經皆史，中國歷史不能與西學相通之外，也贊同「蓋凡百學術，如哲學、如政治、如科學，無不可與人相通」〔註54〕。這種「世界主義」的傾向顯現了當時學人合乎歷史演進方向的時代意識和中國文化時代性要求，同時也是對現代性認識的濫觴。章太炎對嚴復的批評不在於是不是要認知總相，而在於強調能不能就別相開出具體的路數來，他意識到東西

〔註52〕王國維：《觀堂別集卷四》，《王國維遺書》，第4冊，上海：上海古籍書店1983年版，第8頁。
〔註53〕王國維：《靜庵文集續編》，《王國維遺書》，第5冊，上海：上海古籍書店1983年版，第39頁。
〔註54〕章太炎：《論經史儒之分合》，《章太炎文集》，北京：線裝書局2009年版，第148頁。

文化兩者的區別。可以說,嚴、章二人的思想,分別爲「五四」新文化運動中的新文化派和文化保守主義者提供了重要的思想資源。

鴉片戰爭後如何救亡圖存無疑是洋務派、維新派、革命派等人士文化思考的共同起點,對「西學」的汲取都有民族主義取向,不論是國家的民族主義,還是章太炎式種族的民族主義,都表達了這一主題。但超越國界地域,從世界文化的高度來看待中西學,文化的座標擴大到世界的時空中,這種「世界主義」傾向是「五四」新文化運動前夜的思想家在中國文化古今中外的碰撞中具有的時代特徵。這種傾向折射出清末民初學人對他們尚不可名狀歷史潮流的初淺意識,這種不可逆轉的潮流在哲學層面上來講就是西方啓蒙塑造的現代性的擴張。救亡圖存的現實迫使中國文化走出自我中心的框架,在世界文化的參照系中反省自身。在中西文化的比較中,如果說洋務派是維護「中學」,「西學」只起補救作用的「中體西用」,康梁是側重於中西學相互會通的「中體西用」;到了嚴復那裡,中西文化比較則表現出兩方面的轉變:作爲兩種不同的文化,「西學」已然取得了與「中學」同樣的地位,二者均有體有用;在兩種文化的比較視域中,「西學」之「本」從器物到西政到西藝(科學),與「中學」傳統倫理綱常之「體」在價值領域中遭遇,兩種不同文化體系的衝突已無法避免。

「變」的思想的激進發展具體表現爲對傳統的懷疑與批判,質疑傳統之「道」的合法性。如前所述,19 世紀 90 年代之前,改良派主張的是「變器衛道」、「器變道不變」,中國傳統文化作爲「道」體毋庸置疑,西人的器數只是「道」的補充。到嚴復之時,他在《闢韓》中將君主視爲「竊國大盜」,懷疑儒家政治秩序的合法性,隱約表達了西方民主制度更符合中國傳統之「道」的思想。康有爲儘管採取「託古改制」解釋經典的形式,但其「全變」思想意味著對傳統之「道」整體的否定,隱藏在質疑背後的則是對西學「形上學」地位的認可,他一改「道不可變」的思想局限,提出「蓋變者,天道也」〔註 55〕,將傳統「變易」思想與西方進化論相結合,主張「全變」,認爲「變法而強,守舊而亡……觀萬國之勢,能變則全,不變則亡,全變則強,小變仍亡」〔註 56〕,爲變法維新張目。他甚至樂觀地認爲,「變法三年,可

〔註55〕康有爲:《進呈俄羅斯大彼得變政記序》,湯志鈞編,《康有爲政論集》上冊,北京:中華書局 1981 年版,第 225 頁。

〔註56〕康有爲:《上清帝第六書》,湯志鈞編,《康有爲政論集》上冊,北京:中華書

以自立，此後則蒸蒸日上，富強可駕萬國」〔註57〕。康有爲的「全變」思想無疑加深了中學之體的搖搖欲墜的危機。《新學僞經考》和《孔子改制考》等表現出的對傳統正統思想和孔子權威的質疑前所未有。正如同余英時先生所指出的，康有爲是把「發現」僞裝成了「解釋」，他的「發現」是基於對西方文化的公式化理解〔註58〕。譚嗣同吸取西方近代自然科學的成果，形成「以太＝仁」的泛仁論哲學思想，痛斥「二千年來之政，秦政也，皆大盜也；二千年來之學，荀學也，皆鄉愿也」〔註59〕。他發出了「衝決網羅」的疾呼，求變之激烈可謂震天動地。

局 1981 年版，第 211 頁。

〔註57〕康有爲：《康南海自編年譜》，樓宇烈整理，北京：中華書局 1992 年版，第 42 頁。

〔註58〕參見〔美〕余英時：《20 世紀中國的激進化》，《人文與理性的中國》，上海：上海古籍出版社 2007 年版。

〔註59〕譚嗣同：《仁學》，《譚嗣同全集》（下冊），北京：中華書局 1981 版，第 337 頁。

第二章 「五四」新文化運動與「德」「賽」兩先生

　　鴉片戰爭的爆發，標誌著中國社會面臨一個歷史拐點，使中國文化眞正遇到了一個「他者」。西方文明在經濟、軍事、政治各方面的強勢地位，使得東西文化在一開始就處於不對等地位。「西學東漸」的文化傳播歷程，體現的是文化比較的不平衡性。從魏源的「師夷長技以制夷」開始，在「救亡圖存」的時代主題下，文化比較指向中西文化的差異。梁啓超曾在其《五十年中國進化概論》中，將中國近代思想進化分爲器物、制度和文化上感覺不足等三個階段，與此相應的歷史事件分別是洋務運動、戊戌維新運動和「五四」新文化運動。這種文化具體內容的分類頗能代表時人的看法，對現代學者的影響甚大。從文化比較的視域看，「感覺不足」的層面依次深入、遞進，正是文化比較中「中學」在「西學」面前步步退卻的寫照，到了文化和觀念層面的「感覺不足」幾乎涵括了傳統文化的全部，「西學」在「中學」中取得了絕對的優勢地位，儼然取得了作爲文化之「體」的歷史合理性。在線性進化思維模式支配下，「五四」新文化運動時期的文化論戰將東西文化置於「傳統—現代」兩端，文化的民族性隱而不彰，西方啓蒙精神孕育的現代性被作爲人類文化的發展方向而受到熱情的推崇。

　　「五四」新文化運動自 1915 年起延續了 10 餘年，直到思想爭辯的焦點轉移到中國社會史論戰方面才告結束，其中包含了諸多相互獨立而又有密切聯繫的新思想、新思潮，如文學革命、疑古思潮、評孔思潮等等。郭湛波所著《近五十年中國思想史》中，《五十年來中國思想論戰》一章即包含了「五

四」新文化運動時期的「孔教」與「文體論戰」、「東西文化」論戰、「科學與人生觀」論戰和「五四」新文化運動後的「中國社會史」論戰、「中國本位文化」論戰。另一部「五四」研究名著即周策縱的《五四運動：現代中國的思想革命》認爲，隨新思想運動的發展，破除偶像和批判精神雖然仍是新知識分子主流，但思想集中於爭議更大的幾個問題：對古代史的研究、對民族遺產的重新評價和改造、反宗教運動以及對東西方文明和對科學與人生觀的爭論。〔註1〕可見，二者都包含了東西文化論戰與「科玄論戰」這兩次對中國文化影響重大的思想史事件，這也正是文化比較視域中極具文化啓蒙意義的思想論戰。鑒於筆者學識的淺陋與所論的重點，本文「五四」新文化運動思想論爭也以這兩次論戰爲主來展開。

　　就文化啓蒙意義而言，「五四」新文化運動主要體現在東西文化論戰和「科玄論戰」兩次思想論戰中。這兩次思想論戰在時間上和思想發展邏輯上都有密切的聯繫。從時間上來說，「科玄論戰」「戰雲彌漫，短兵相接；血戰數次，以決勝負」，「仍由『東西文化』的論戰而來」〔註2〕，是新文化主流派與非主流派在哲學領域的大衝突。結局雖然是新文化主流派取得了勝利，如美國學者傅樂詩所說科學派取得了「宣傳上的勝利」，但其中早期馬克思主義者與自由主義者的分裂已見端倪。從思想發展的邏輯上看，「民主」與「科學」作爲東西文化的論戰中「倫理上的覺悟」，成爲國人欣然接受的兩面旗幟，從而奠定了科學走向科學主義的基礎，是東西文化論戰深入哲學層面的展開，科學派的勝利完成了科學對哲學的僭越，科學主義也似乎具備了學理上、現實上的合法性。

第一節　東西文化論戰與「德」「賽」兩先生

　　甲午戰後，帝國主義鯨吞蠶食，開始了瓜分中國的狂潮，亡國之禍迫在眉睫。袁世凱篡奪辛亥革命的果實，簽訂賣國求榮的「二十一條」，軍閥長期混戰，康有爲的「孔教運動」逆歷史潮流，與復辟活動遙相呼應，內憂外患的中國面臨民族存亡的緊急關頭。志在「掃除數千年種種專制政體」的辛亥

〔註1〕參見〔美〕周策縱：《五四運動：現代中國的思想革命》，南京：江蘇人民出版社2005年版，第317頁。

〔註2〕郭湛波：《近五十年中國思想史》，濟南：山東人民出版社1997年版，第235～236頁。

革命推翻了清王朝，爲什麼共和國體下卻備受專制政治之痛苦？知識分子思考由政治制度轉向國民的覺悟。嚴復的「鼓民力，開民智，新民德」，梁啓超的「新民」可以說都是這方面的努力。正如陳獨秀在《吾人最後之覺悟》中所說的：「自西洋文明輸入吾國，最初促吾人之覺悟者爲學術，相形見絀，舉國所知矣；其次爲政治，年來政象所證明，已有不克守缺抱殘之勢，繼今以往，國人所懷疑莫決者，當爲倫理問題。此而不能覺悟，則前之所謂覺悟者非徹底之覺悟，蓋猶在惝恍迷離之境。」〔註3〕從洋務運動、戊戌變法、辛亥革命，到「五四」新文化運動，由器物層面的圖強到政治制度的變革，再到思想文化領域的覺悟，已然包含了廣義文化的各個層面，爲東方文化與西方文化的論戰在歷史與邏輯的雙重意義上提供了前提。

「五四」新文化運動是繼中西之爭、新舊之爭等之後的又一次論戰高峰，論戰規模之大、時間之長、影響之深，都是前所未有的，構成了中國近現代文化的分水嶺。新文化運動的基本口號是「民主」和「科學」，是中國近代史上未曾有過的思想解放運動，具有重大的文化啓蒙意義。

一、東西文化論戰概述

1915 年 9 月，陳獨秀在上海創辦《青年》（1916 年起改名爲《新青年》），標誌著新文化運動的興起。《新青年》與《東方雜誌》就東西文化問題展開討論，論戰延續十餘年，參與者數百人，內容豐富，問題廣泛，集中於中西文化比較問題。文化論戰大體分爲三個階段：1915 年《新青年》創刊到 1919 年「五四」學生愛國運動的爆發是興起時期，主要比較東西文明的優劣；第二階段由討論東西文化能否調和發展到探討新文化與舊文化的關係問題；第三階段以梁啓超《歐遊心影錄》的發表和梁漱溟《東西文化及其哲學》的出版爲標誌形成論戰的高潮。〔註4〕

陳獨秀將倫理上的覺悟視作國人的最後的覺悟，他說：「吾敢斷言曰：倫理的覺悟，爲吾人最後覺悟之最後覺悟。」〔註5〕陳獨秀所謂的倫理覺悟集中

〔註3〕陳獨秀：《吾人最後之覺悟》，《獨秀文存》，合肥：安徽人民出版社 1987 年版，第 41 頁。

〔註4〕參見陳崧編：《五四前後東西文化問題論戰文選》編輯說明，北京：中國社會科學出版社 1985 年版。

〔註5〕陳獨秀：《吾人最後之覺悟》，《獨秀文存》，合肥：安徽人民出版社 1987 年版，第 41 頁。

體現在《青年》發刊詞中的「科學與人權並重」，後來他在《〈新青年〉罪案之答辯書》中又生動地將「民主」與「科學」稱之爲「德先生」與「賽先生」。《東方雜誌》主編杜亞泉以「傖父」爲筆名，發表了一系列論述文化差異的文章，與陳獨秀等人展開論戰。他認爲中國是「靜」的社會，西洋是「動」的社會，故東西文明是一靜和一動的文明，西方文明自陷於混亂，希望借西方文明救濟，如同問道於盲，他指責新文化造成了人心迷亂、國是喪失、精神破產，主張以儒家思想爲「國是」、「國基」，認爲中國固有文明的特長在於「統整」，強調傳統在文明整合中的主體地位。所謂「救濟之道，在統整吾固有之文明，其本有系統者則明瞭之，其間有錯出者則修整之。一面盡力輸入西洋學說，使其融合於吾固有文明之中。西洋之斷片的文明如滿地散錢，以吾國固有文明爲繩索，一以貫之。」〔註6〕由第一次世界大戰可證西洋文明問題比東方嚴重得多，不要受其物質文明的「眩惑」，「吾人當確信吾社會中固有之道德觀念，爲最純粹最中正者」〔註7〕。《東方雜誌》創刊於1914年，是當時很有影響的大型雜誌，杜亞泉本人又對自然科學和西方文化深有瞭解，新文化派對其議論非常重視。1918年7月，李大釗發表《東西文明根本之異點》，與杜亞泉一樣，他也把東西文明的特性概括爲「靜的文明」和「動的文明」，並由此推演出幾十項東西文明的差異，但他的結論卻與杜亞泉正好相反，他認爲「中國文明之疾病已達炎熱最高之度，中國民族之運命，已臻奄奄垂死之期」，「吾人之靜的文明，精神的生活已處於屈敗之勢。彼西洋之動的文明，物質的生活，雖就其自身之重累而言，不無趨於自殺之傾向，而以臨於吾儕，則實居優越之域」〔註8〕。靜的精神與物質的生活相矛盾，但物質生活又不能摒絕，「除此矛盾者，亦惟以徹底之覺悟，將從來之靜止的觀念、怠惰的態度根本掃蕩，期於彼西洋之動的世界觀相近，與物質的生活相適應」。因而應當「竭力以受西洋文明之特長，以濟吾靜止文明之窮」〔註9〕。

在東西文明的調和方面，杜亞泉認爲西洋的道德思想與東洋的社會道德思想有接近之觀，李大釗則提出「東洋文明與西洋文明，實爲世界進步之二

〔註6〕傖父：《迷亂之現代人心》，《東方雜誌》第15卷第4號，1918年4月。
〔註7〕傖父：《戰後東西文明之調和》，《東方雜誌》第14卷第4號，1917年4月。
〔註8〕李大釗：《東西文明根本之異點》，《李大釗文集》（上），北京：人民出版社1984年版，第562頁。
〔註9〕李大釗：《東西文明根本之異點》，《李大釗文集》（上），北京：人民出版社1984年版，第563頁。

大機軸,正如車之兩輪、鳥之雙翼,缺一不可」〔註10〕,並提出俄羅斯文明可充當東西媒介的初步設想。在此問題上,陳獨秀則以水火冰炭來形容兩者的不相容,認為「若是決計革新,一切都應該採用西洋的新法子,不必拿什麼國粹,什麼國情的鬼話來搗亂」〔註11〕。

陳獨秀敏銳地把杜亞泉對「君道臣節名教綱常」的維護與復辟帝制、反對共和聯繫起來,發表了《孔子之道與現代生活》、《憲法與孔教》、《復辟與尊孔》等文章,攻擊孔子之道與現代生活不合,對傳統文化進行了猛烈的抨擊,「吾人倘以為中國之法,孔子之道,足以組織吾之國家,支配吾之社會,使適於今日競爭世界之生存,則不徒共和憲法為可廢,凡十餘年來之變法維新、流血革命,設國會,改法律,及一切新政治、新教育無一非多事,且無一非謬誤,應悉廢罷,仍守舊法,以免濫費吾人之財力。萬一不安本分,妄欲建設西洋式之新國家,組織西洋式之新社會,以求適今世之生存,則根本問題,不可不首先輸入西洋式社會國家之基礎,所謂平等人權之新信仰,對於與此新社會、新國家、新信仰不可相容之孔教,不可不有徹底之覺悟,猛勇之決心,否則不塞不流,不止不行!」〔註12〕新文化派明確提出新文化即西洋文化,舊文化即中國固有文化,「所謂新者無他,即外來之西洋文化也;所謂舊者無他,即中國固有之文化也。」〔註13〕陳獨秀把新文化的精神實質明確地概括為:「民主」與「科學」(即「德先生」與「賽先生」),認為「現在認定只有這兩位先生,可以救治中國政治上道德上學術上思想上一切的黑暗」〔註14〕。

「五四」學生愛國運動之後,由討論東西文明的優劣問題開始逐漸發展到探討新文化與舊文化差別及其相互關係問題。章士釗在上海、廣州等地宣揚新舊調和之說,認為「宇宙之進化,如兩圓合體,逐漸分離,乃移行的而非超越的」,所以不論進化到何種階段,都是「新舊雜糅」,即「調和」,「調

〔註10〕 李大釗:《東西文明根本之異點》,《李大釗文集》(上),北京:人民出版社 1984 年版,第 560 頁。

〔註11〕 陳獨秀:《今日中國之政治問題》,《獨秀文存》,合肥:安徽人民出版社 1987 年版,第 152 頁。

〔註12〕 陳獨秀:《憲法與孔教》,《獨秀文存》,合肥:安徽人民出版社 1987 年版,第 79 頁。

〔註13〕 汪淑潛:《新舊問題》,《青年雜誌》第 1 卷第 1 期,1915 年 9 月。

〔註14〕 陳獨秀:《〈新青年〉罪案之答辯書》,《獨秀文存》,合肥:安徽人民出版社 1987 年版,第 243 頁。

和者，社會進化至精之義也」〔註 15〕。杜亞泉、陳嘉異等文化保守派人紛紛應和。杜亞泉批評新思想者「惟一之主張，爲推到一切舊習慣」〔註 16〕，看不到「新舊思想之差異，就表著者言之，不過程度分量之問題，非極端反對者」。同時，他認爲中國固有文明雖然不可直接應用於未來世界，「關於人類生活上之經驗與理想，頗有足以證明西洋現代文明之錯誤，爲世界未來文明之指導者」〔註 17〕。文化保守主義者強調固然可以吸取西方的物質文明，中國固有文明更應當發揚光大。「國故」猶「敗布」，「歐化」猶「破紙」，都可以來造新文明的「新紙」，蔑視「國故」是沒有世界眼光〔註 18〕。「物質上開新之局，或急於復舊，而道德上復舊之必要，必甚於開新。」「凡欲前進，必先自立根基。舊者根基也。不有舊，決不有新，不善於保舊，絕不能迎新；不迎新之弊，止於不進化，不善保舊之弊，則幾於自殺。」〔註 19〕西洋文化與國粹有互相發明之處，應「擷精取粹」、「鎔鑄一爐，以爲吾國新社會群治之基」。〔註 20〕文化保守主義派認爲新舊文化不可對立分割，著眼於新舊文化的承續性，批評新文化派對傳統的批判和對西方文化一味的推崇。

新文化派就新舊文化的差異作出積極回應。除《新青年》外，《新潮》、《民鐸》、《每周評論》、《覺悟》等宣傳新文化的雜誌應時而出，張東蓀、蔣夢麟、常乃惪、毛子水等人發表文章應戰。他們的主要論點有：社會的進化「只有突變與潛變，而沒有移行」〔註 21〕。新舊「雜存」只是新舊「共存」，「新的逐漸增加，舊的逐漸汰除，這便是新舊不調和的明證」〔註 22〕。認爲國故是過去已死的東西，歐化是正在生長的東西，歐化實際上就是「國新」，〔註 23〕世界上只有古代文明和近世文明的不同，沒有東方文明和西方文明的區別。「現代西洋的文明，是世界的，不是一民族的；是進化線上必經的，不是東洋人便不適用的；是精神物質都發達的，不是偏枯的；是科學的，不是非科學的。」〔註 24〕陳獨秀認爲新舊雜糅是由人的惰性造成的自

〔註 15〕 章行嚴：《新時代之青年》，《東方雜誌》第 16 卷第 11 號，1919 年 11 月。
〔註 16〕 傖父：《何謂新思想》，《東方雜誌》第 16 卷第 11 號，1919 年 11 月。
〔註 17〕 傖父：《新舊思想之折衷》，《東方雜誌》第 16 卷第 9 號，1919 年 9 月。
〔註 18〕 張煊：《駁〈新潮〉〈國故和科學的精神〉篇》，《國故》第 3 期，1919 年 5 月。
〔註 19〕 章行嚴：《新時代之青年》，《東方雜誌》第 16 卷第 11 號，1919 年 11 月。
〔註 20〕 吳宓：《論新文化運動》，《學衡》第 4 期，1922 年 4 月。
〔註 21〕 張東蓀：《突變與潛變》，《時事新報》，1919 年 10 月 1 日。
〔註 22〕 張東蓀：《答章行嚴君》，《時事新報》，1919 年 10 月 12 日。
〔註 23〕 毛子水：《國故和科學的精神》，《新潮》第 1 卷第 5 號，1919 年 5 月。
〔註 24〕 常乃惪：《東方文明與西方文明》，《國民》第 2 卷第 3 號，1920 年 10 月 1 日。

然現象，指責調和論用這種現象來混淆新舊文化實質上的是與非。李大釗則用唯物史觀對新文化運動發生的必然性作出解釋，認為物質變動決定道德變動，「物質若是開新，道德亦必跟著開新，物質若是復舊，道德亦必跟著復舊」〔註25〕。在西洋工業經濟的壓迫下，中國農業經濟組織、社會的基礎構造——大家族制度便首先崩頹粉碎了，孔子主義也不能不跟著崩頹粉碎〔註26〕。

　　第一次世界大戰和「十月革命」，是構成新文化運動歷史背景和影響其發展走向的兩大世界歷史事件。世界大戰給人類帶來的災難將西方文明的弊端暴露無遺，柏格森、羅素等許多西方學者寄希望於東方文明，俄國「十月革命」的勝利開闢了人類歷史的新紀元，也使人們看到了新的曙光。此時再一味鼓吹西方文明已缺少了說服力。1920 年，遊歷歐洲回來的梁啓超發表了《歐遊心影錄》，宣稱「西方文明已經破產」，造成破產的原因便是新文化派擁護的「賽先生」，「好像沙漠中失路的旅人，遠遠望見個大黑影，拼命往前趕，以為可以靠他嚮導，那知趕上幾程，影子卻不見了，因此無限悽惶失望。影子是誰？就是這位『科學先生』。歐洲人做了一場科學萬能的大夢，到如今卻叫起科學破產來」〔註27〕。1920 年，梁漱溟出版了《東西文化及其哲學》，他不同於守舊人士對中國傳統文化的固執而無力的辯護，而是對東西文化進行了深入的比較，提出「文化三路向說」和「世界文化三期重現說」，對新文化派進行了理論上的清算，立時在當時的文化論戰中掀起軒然大波，成為論戰的扛鼎之作。根據「意欲」趨向的不同，他認為西中印分別為意欲向前、意欲自為調和和意欲反身向後的文化，三種文化是三種完全不同的路向。就世界文化而言，西中印又代表著世界文化的三個階段。西方文化弊端畢露，「世界未來文化就是中國文化之復興」〔註28〕。梁漱溟的文化哲學觀立即受到文化保守主義派的熱烈響應，被人讚為「繼絕學，開太平」的大發明〔註29〕。《學

〔註25〕李大釗：《物質變動與道德變動》，《李大釗文集》（下），北京：人民出版社 1984 年版，第 151 頁。

〔註26〕李大釗：《由經濟上解釋中國近代思想變動的原因》，《李大釗文集》（下），北京：人民出版社 1984 年版。

〔註27〕梁啓超：《歐遊心影錄》，《飲冰室合集》專集二十三，北京：中華書局 1936 年版，第 12 頁。

〔註28〕梁漱溟：《東西文化及其哲學》，《梁漱溟全集》（第一卷），濟南：山東人民出版社 2005 年版，第 525 頁。

〔註29〕惡石：《評〈東西文化及其哲學〉》，《民國日報》副刊《覺悟》，1922 年 3 月 28 日。

衡》創刊於 1922 年，作者群大都是留美人士，受美國白璧德新人文主義的影響，以「昌明國粹，融化新知」爲宗旨，是文化保守主義陣營中學術色彩濃厚的派別。主編吳宓提出：「孔孟之人本主義，原係吾國道德學術之根本，今取以與柏拉圖、亞力士多德以下之學說相比較，融會貫通，擷精取粹，再加以西洋歷代名儒鉅子之所論述，鎔鑄一爐，以爲吾國新社會群治之基，如是則國粹不失，歐化亦成，所謂造成新文化融合東西兩大文明之奇功，或可企致。」〔註 30〕梅光迪批評新文化者「非思想家乃詭辯家」，「非學問家乃功名之士」〔註 31〕。湯用彤也批評道，「現在時髦之西方文化，均僅取一偏，失其大體」〔註 32〕。劉伯明更是稱中國文化應當西被去救濟西人。〔註 33〕新文化派不同意文化三路向說，認爲東西文化的異點即是古今文化的異點，〔註 34〕胡適則批評梁漱溟用「整齊好玩的公式」來規範複雜的文化現象，認爲結果只能是以偏概全的「閉眼瞎說」。

二、新文化派與文化保守主義者的論戰焦點

從東西文化論戰的簡要回顧中可以看出新文化派和文化保守主義者之間在東西文化的差異、新舊文化的理解、世界文化未來走向等方面有不同的見解與主張。

東西文化存在著根本性的差異，是新文化派與文化保守主義者都承認的事實，但對這種差異性質的判斷大相逕庭。新文化派認爲是「古今之別」，文化保守主義者則認爲是「東西之異」。陳獨秀將近代文明的特徵歸納爲：人權說、生物進化論和社會主義，認爲中國和印度文明「未能脫古代文明之窠臼，名爲近世，其實猶古之遺也。可稱曰近世文明者，乃歐羅巴人所獨有，即西洋文明也」〔註 35〕。胡適也認爲各民族都是「在『生活本來的路』上走，不過因環境有難易，問題有緩急，所以走的路有遲速的不同，到的時候有先後

〔註 30〕吳宓：《論新文化運動》，《學衡》第 4 期，1922 年 4 月。
〔註 31〕梅光迪：《評提倡新文化者》，《學衡》第 1 期，1922 年 1 月。
〔註 32〕湯用彤：《評近人之文化研究》，《學衡》第 12 期，1922 年 12 月。
〔註 33〕柳詒徵：《中國文化西被之商榷》，《學衡》第 27 期，1924 年 3 月。
〔註 34〕常乃惪：《東西文化問題質胡適之先生》，《現代評論》第 4 卷第 90、91 期，1926 年 8、9 月。
〔註 35〕陳獨秀：《法蘭西人與近世文明》，《獨秀文存》，合肥：安徽人民出版社 1987 年版，第 10 頁。

的不同」〔註36〕。常乃惪則根本不認同東西文明的提法，認爲「世界上只有古代文明和近世文明，沒有東方文明和西方文明的區別」。他還認爲之所以有這種誤用，「在誤以近代文明的特質當作西方文明的特質。因而也就誤以爲古代文明的特質當作東方文明的特質」〔註37〕。受社會進化論的影響，東西文明在新文化派單向線性進化觀念中被納入同一個進化模式，東西文化是一古一今，得出了西方文化優於東方文化的結論，鮮明地昭示出文化的時代性，體現著一種理性視野。

　　文化保守主義者杜亞泉顯然不贊成新文化派的認識，他提出「西洋文明與吾國固有之文明，乃性質之異，而非程度之差」〔註38〕，立足於民族性維度，堅持中國固有文化的獨特價值。梁漱溟作爲現代新儒學的開創者上承孔子之「仁」，對儒學的內在精神做了創造性的詮釋，他的「文化路向」說將中西印文化看作三種根本精神不同的文化，代表文化的三種不同類型，體現了不同文化民族性的不可通約性，展現了價值尺度的視野。他的世界文化三期說又用這三種文化來代表世界文化不同時期的趨向。有人對此提出質疑，認爲「梁漱溟在《東西文化及其哲學》一書前半部份提出『文化三路向說』時，是以空間爲理論座標的，強調的是這三種文化的獨異性，本質上持文化多元論。然而，當他在該書後半部份提出『世界文化三期重現說』，將這三種文化簡單地納入一個線性進化公式時，又是以時間爲理論座標的，主張文化一元論，其實質在於說明中國文化在價值取向上優於西方文化。這樣，就使梁漱溟不由自主地陷入了文化多元論與文化一元論相衝突的理論矛盾之中。」〔註39〕如果不囿於文化時代性或民族性的一偏，應當看到這正是梁漱溟的立場兼顧了文化的時代性和民族性的表現。梁漱溟特別強調，「我們講未來文化，並不是主張世界未來應當用某種文化，只指示現在的情形正朝著某方面去走」〔註40〕。世界文化的三期設想是指世界文化作爲一個整體呈現的發展趨向。

〔註36〕胡適：《讀梁漱溟先生的〈東西文化及其哲學〉》，歐陽哲生編，《胡適文集》第3冊，北京：北京大學出版社1998年版，第195頁。
〔註37〕常乃惪：《東方文明與西方文明》，《國民》第2卷第3號，1920年10月1日。
〔註38〕傖父：《靜的文明與動的文明》，《東方雜誌》第13卷第10號，1916年10月。
〔註39〕熊呂茂：《梁漱溟與中國現代化的兩難》，《嶺南學刊》（哲學社會科學版）1999年第6期。
〔註40〕梁漱溟：《東西文化及其哲學》，《梁漱溟全集》（第一卷），濟南：山東人民出版社2005年版，第488頁。

　　新文化運動中，對何謂「新文化」並沒有一致的看法，這在第二階段中表現得尤爲明顯。在新文化派看來，新文化就是西方文化。新者，「即外來之西洋文化」；舊者，「即中國固有之文化」〔註41〕東方文化與西方文化是一古一今，亦是一舊一新。陳獨秀把新文化概括爲「民主」與「科學」。他們強調新舊文化之間的斷裂性，用「突變」、「水火冰炭」來形容新舊文化之間的不相容。文化保守主義則反對將新文化與西方文化、舊文化與東方文化之間簡單地畫上了等號，更強調文化發展的承續性，他們認同的新文化內涵也迥然不同於新文化派，更注重新舊文化的前後承續關係，新必從舊中出。如杜亞泉認爲，戊戌時期新舊意義單純，「即以主張仿傚西洋文明者爲新，而以主張固守中國習慣者爲舊。」然而時勢變遷，世界大戰表明西洋文明將失其效用，「不能不以主張創造未來文明爲新，而以主張維持現代文明爲舊」。中國對世界未來文明宜有所貢獻，「以時代關係言之，則不能不以主張刷新中國固有文明貢獻於世界者爲新，而以主張革除中國固有文明同化於西洋者爲舊」〔註42〕。以此標準來看，新文化派主張爲舊，文化保守主義思想爲新。杜亞泉批評新文化派「今日之主張推到一切舊習慣者，實因其心意中並未發生新思想之故」〔註43〕。梁漱溟同樣詬病新文化派，以爲毛病在於「新運動只是西洋化在中國的興起」〔註44〕。在新文化運動接近尾聲時形成的學衡派駁斥新文化派對西方文化缺乏眞正的瞭解和恰當的擇取，「新文化運動之所主張，實專取一家之邪說，於西洋之文化，未示其涯略，未取其精髓，萬不足代表西洋文化全體之眞相」〔註45〕，「現在時髦之西方文化，均僅取一偏，失其大體」〔註46〕，「今欲造成中國之新文化，自當兼取中西文明之精華，而鎔鑄之，貫通之。吾國古今之學術、德教、文藝、典章，皆當研究之，保存之，昌明之，發揮而廣大」〔註47〕，主張「昌明國粹，融化新知」，使文化保守主義向理性範疇推進一步。

　　新文化派與文化保守主義對新文化的不同主張和對世界未來文化的看法

〔註41〕汪叔潛：《新舊問題》，《青年雜誌》第 1 卷第 1 期，1915 年 9 月。

〔註42〕傖父：《新舊思想之折衷》，《東方雜誌》第 16 卷第 9 號，1919 年 9 月。

〔註43〕傖父：《何謂新思想》，《東方雜誌》第 16 卷第 11 號，1919 年 11 月。

〔註44〕梁漱溟：《東西文化及其哲學》，《梁漱溟全集》（第一卷），濟南：山東人民出版社 2005 年版，第 539 頁。

〔註45〕吳宓：《論新文化運動》，《學衡》第 4 期，1922 年 4 月。

〔註46〕湯用彤：《評近人之文化研究》，《學衡》第 12 期，1922 年 12 月。

〔註47〕吳宓：《論新文化運動》，《學衡》第 4 期，1922 年 4 月。

涉及到對第一次世界大戰後西方文明和俄國十月革命後社會主義的判斷。在
對待西方文明的危機上，新文化派與文化保守主義表現出兩種截然相反的選
擇。新文化派的邏輯是我們現在趕不上西方，批評西方是奢談。文化保守主
義派的邏輯是西方文化本身也是有問題的，所以我們要求助於自己的文化傳
統。文化保守主義者對世界大戰給人類帶來的巨大災難深感失望，並歸結爲
西方文明的失敗，對「十月革命」大多抱有樂觀、肯定的態度。梁啓超的科
學破產論是最爲熟知的事例，梁啓超以他遊歷歐洲的耳聞目睹斷定西方文明
已是窮途末路，號召青年人立正、開步走，去超拔大海對岸人類。首倡調和
論的章士釗也預言，戰後科學方面，物質及經濟方面必發生絕大變化。杜亞
泉認爲東西文明均呈病態，從經濟上說，東方社會是全體的貧血症，西方社
會是局部的充血症；從道德上說，東方社會爲精神薄弱、麻痺狀態，西方社
會爲精神錯亂、狂躁狀態。西方文明的病症比東方文明嚴重得多，不足崇信，
且認爲「今日種種新思想，大有輻輳而集中於社會主義之趨勢」〔註 48〕。李
大釗和杜亞泉一樣，把東西方文明概括爲「靜的文明」與「動的文明」，但認
爲西方文明「臨於吾儕則實居優越之域」，「爲救世界之危機非有第三新文明
之崛起不足以渡此危崖。俄羅斯之文明誠足以當媒介東西之任」〔註 49〕。

　　上一章曾提到的「世界主義」傾向在新文化派和文化保守主義中都表現
出文化比較中世界文化參照系的建立，但對於「世界文化」的理解並不一致。
以梁漱溟和胡適爲例，梁漱溟認爲「一家民族的文化原是有趨往的活東西，
不是擺在那裡的死東西。……從已往到未來，人類全體的文化是一個整東西，
現在一家民族的文化，便是這全文化中占一個位置的。所以我的說法在一句
很簡單的答案中已經把一家文化在文化中的地位、關係、前途、希望統通表
定了」〔註 50〕。可見，他想給出的東西文化定義是既要能體現在世界文化座
標中的位置，又要能顯現文化自身的特點和不同文化之間的關係。他將中西
印文化的不同歸爲意欲方向的不同，認爲東方文化必須成爲一種世界文化，
才能翻身。胡適則不同意梁的觀點，批駁道，「就一種生活或制度的抽象的可
能性上看來，幾乎沒有一件不能成爲世界化的。再從反面去看，若明白了民

〔註 48〕傖父：《何謂新思想》，《東方雜誌》第 16 卷第 11 號，1919 年 11 月。

〔註 49〕李大釗：《東西文明根本之異點》，《李大釗文集》（上），北京：人民出版社 1984
　　　　年版，第 560 頁。

〔註 50〕梁漱溟：《東西文化及其哲學》，《梁漱溟全集》（第一卷），濟南：山東人民出
　　　　版社 2005 年版，第 353 頁。

族生活的時間和空間的區別，那麼，一種文化不必須成為世界文化，而自有他存在的餘地……梁先生的出發點就犯了攏統毛病，攏統的斷定一種文化若不能成為世界文化，便根本不配存在；籠統的斷定一種文化若能存在，必須翻身成為世界文化。」〔註51〕對「世界文化」的理解，如果說梁漱溟體現是一種學理的價值方面的視野，胡適則體現了一種經驗的事實層面的判斷，這種不同還表現在兩人對文化內涵的理解方面。梁漱溟在《東西文化及其哲學》中提出，「文化是什麼東西呢？不過是那一民族生活的樣法罷了。生活又是什麼呢？生活就是沒盡的意欲（Will）——此所謂『意欲』與叔本華所謂『意欲』略相近，——和那不斷的滿足與不滿足罷了。」〔註52〕在梁漱溟那裡，他將生活分為物質生活、社會生活和精神生活，相應地「意欲」一詞也應有物質、社會和精神層面的區別。意欲方向的不同轉出不同的文化精神。胡適用梁漱溟的文化定義對他進行批評，認為「文化是民族生活的樣法，而民族生活的樣法是根本大同小異的。為什麼呢？因為生活只是生物對環境的適應，而人類的生理的構造根本上大致相同，故在大同小異的問題之下，解決的方法，也不出那大同小異的幾種。這個道理叫做『有限的可能說』（the principle of limited possibilities）」〔註53〕。這裡涉及到對人性的假設，胡適用人的生理構造來說明文化之間不存在根本性差異，用還原法把東西文化之間的根本不同置換為人的生理上的相似。新文化派高揚的「科學」與「民主」即是他們所認為的代表世界文化方向的兩大內核。

第二節　「民主」與「科學」的泛化

　　立足於當下中國文化與現代性的研究，回顧九十多年前東西文化論戰，新文化運動以最典型的形式揭櫫了現代性語境中中國文化的何去何從的歷史命題，其文化啟蒙意義彰明較著。正如余英時先生在《余英時文集》序言中所說的，自己多年來思考和研究的問題，也是清末特別是「五四」新文化運

〔註51〕 胡適：《讀梁漱溟先生的〈東西文化及其哲學〉》，歐陽哲生編，《胡適文集》
　　　　 第 3 冊，北京：北京大學出版社 1998 年版，第 185 頁。
〔註52〕 梁漱溟：《東西文化及其哲學》，《梁漱溟全集》（第一卷），濟南：山東人民出
　　　　 版社 2005 年版，第 352 頁。
〔註53〕 胡適：《讀梁漱溟先生的〈東西文化及其哲學〉》，歐陽哲生編，《胡適文集》
　　　　 第 3 冊，北京：北京大學出版社 1998 年版，第 193 頁。

動以來，中國知識人的共同問題，即「中國文化傳統怎樣在西方現代文化挑戰之下重新建立自己的現代身份（modern identity）」〔註54〕。與其師錢穆先生心繫東西文化問題所見略同。「五四」新文化運動中的知識分子把維新變法和辛亥革命以來的政治變革推進到文化的核心層面，其「倫理的覺悟」即是高揚起民主與科學的旗幟，「認定只有這兩位先生，可以救治中國政治上道德上學術上思想上一切的黑暗」〔註55〕，從而引導中國社會走上現代化道路。那麼，「民主」與「科學」在「五四」新文化運動中有哪些表現和特點呢？

一、「五四」新文化運動中的民主思想及其特點

「民主」概念發源於古希臘，在西方政治思想發展的很長時間裏並不像現在一樣被認為是「好東西」，在 18 世紀中葉以後才受到西方一致的認可。從形式說，民主分為直接民主與間接民主，前者的典型是希臘雅典城邦，後者又叫代議制民主，英國內閣制和美國總統制是其代表。從內容上看，民主有個人自由、容忍、討論、平等與博愛、實驗的等含義。〔註56〕張灝先生根據民主思想和傳統的不同，把民主分為高調的與低調的兩種。〔註57〕高調的民主觀認為民主是為實現一種道德理想而產生的制度，往往帶有集體主義與烏托邦思想傾向，以盧梭和馬克思為代表，盧梭在其名著《社會契約論》中突出主權在民的思想，認為一個理想的社會應該建立於人與人之間而非人與政府之間的契約關係之上，由人民的「公共意志」（公意）所控制。盧梭的民主觀念基於人的自由對自然的自由的取代。低調的民主觀認為民主是基於人性的有限而構想的一種制度，以個人的自由和權利為中心，把民主看作自由的一種手段、工具，以洛克、孟德斯鴻為代表。從兩種民主觀可以看到歐洲大陸唯理論傳統與英美經驗論傳統在民主思想中的折射。無獨有偶，德國哲學家哈貝馬斯在《民主的三種規範模式》在對西方傳統民主模式調和的基礎

〔註54〕〔美〕余英時：《余英時文集》序，《民主制度與近代文明》，桂林：廣西師範大學出版社 2006 年版。

〔註55〕陳獨秀：《〈新青年〉罪案之答辯書》，《獨秀文存》，合肥：安徽人民出版社 1987年版，第 243 頁。

〔註56〕參見〔美〕余英時：《民主制度與近代文明》，桂林：廣西師範大學出版社 2006年版，第 4～9 頁。

〔註57〕參見〔美〕張灝：《中國近代轉型時期的民主觀念》，許紀霖編：《二十世紀中國思想史論》（上），上海：東方出版中心 2006 年版。

之上提出了協商民主理論,他對民主傳統作了盧梭式共和主義民主與洛克式自由主義民主的區分,與高調民主、低調民主的分類相似。「五四」新文化運動中的民主思想也有類似的不同,當然這裡不是規範意義上的,而是比較意義上的類似。高調的、共和主義式的民主思想主要代表是陳獨秀與李大釗,低調、自由主義式民主的典型是胡適。

在中國歷史上,「民主」一詞最早出現在《尚書》中的「天惟時求民主」,但此處的「民主」是治民之主之意,與西方的「民主」(Democracy)含義相悖。中國傳統政治思想中,與西文「民主」最為接近的是民本思想,如《尚書》中有「民惟邦本,本固邦寧」,《孟子‧盡心下》中有「民為貴,君為輕,社稷次之」。但民本思想是在認可和維護君主專制統治的前提下的貴民親民,與西方「民主」的人民做主的內涵仍有很大不同。明末清初黃宗羲痛斥「為天下之大害者,君而已矣」,一語戳穿所謂「天生蒸民而立之君」之類的神話。鴉片戰爭後西方民主思想逐漸傳入國內,康有為、梁啓超等維新志士借鑒西方民主思想及日本明治維新的經驗,著眼於國家政治制度的變革,力主建立一個「君民共主」的立憲制國家。梁啓超曾用「群術」一詞來指謂西方的民主,嚴復則在影響政治制度變革的社會文化背景中做了更深層的探索。從總體上說,嚴復傾向於英美民主傳統。他以韓愈的《原道》為批駁對象,提出「尊民叛君」的民主思想,指出:「中國最重三綱,而西人首明平等;中國親親,而西人尚賢;中國以孝治天下,而西人以公治天下;中國尊主,而西人隆民。」〔註58〕他超越了當時將政治制度作為西方文化之體的認識,認為民主不過是自由在政治上的功用。「自由者,各盡其天賦之能事,而自承之功過者也。」「故言自由,則不可以不明平等,平等而後有自主之權;合自主之權,予以治一群之事者,謂之民主。」〔註59〕他認為西方文化的命脈在於「於學術則黜偽而崇真,於刑政則屈私以為公」,「黜偽而崇真」的科學精神與「屈私以為公」的民主國家在西方能「行之而常通」,但國人則「行之而常病」,根本原因就在於「自由不自由異耳」。他主張鼓民力、開民智、新民德,又以民智為最急,因為「民智者,富強之原」〔註60〕。

辛亥革命結束了中國的封建君主制度,模仿西方民主政治建立了共和

〔註58〕 嚴復:《論世變之亟》,《嚴復集》第1冊,北京:中華書局1986年版,第3頁。

〔註59〕 嚴復:《主客平議》,《嚴復集》,第1冊,北京:中華書局1986年版,第118頁。

〔註60〕 嚴復:《原強》,《嚴復集》,第1冊,北京:中華書局1986年版,第29頁。

國，是中國歷史中一個劃時代的偉大變革。但人們很快就發現辛亥革命的勝利並沒有帶來相應的民主權利，「吾人於共和國體制下，備受專制政治之痛苦」〔註61〕。民國政制形式與內容的分割迫使「五四」新文化運動中的知識分子深入到思想文化的深層去尋找國家富強的出路。起初西方「Democracy」在中國語境中並不被稱為「民主」，而是用「人權」、「民權」、「惟民主義」、「民治主義」或音譯「德謨克拉西」或「德先生」等來表述。「五四」新文化運動中的知識分子，不論是新文化派，還是文化保守主義，對「民主」都是持肯定態度，新文化派人物在民主上的探索尤其突出。他們對「民主」的理解和追求又不完全相同，形成一種一元多向的局面。李華興先生曾把這種一元多向的民主追求分為激進民主主義、自由派民主主義、無政府主義等五類〔註62〕。

陳獨秀在《青年雜誌》創刊號上號召國人「以科學與人權並重」。人權與奴隸相對，指每個人「各有自主之權」，有「自主自由之人格」。他認為西方的道德政治源於自由平等獨立之說，中國的倫理政治基於儒家名教綱常，「一個是重在平等精神，一個是重在尊卑階級」〔註63〕。這是東西文明一大分水嶺，是不能調和的。國人若要建設西洋式的新國家、新社會，「不可不首先輸入西洋式社會國家之基礎，所謂平等人權之新信仰，對於與此新社會、新國家、新信仰不可相容之孔教，不可不有徹底之覺悟，猛勇之決心，否則不塞不流，不止不行！」〔註64〕陳獨秀所謂「倫理的覺悟」，即是摒棄孔教、禮法、貞節、舊倫理、舊政治，代之以擁護西方的德先生。李大釗也認為「立憲政治基於自由之理」〔註65〕，他更重視民主作為政治制度的涵義，用「民彝」來指人天生擁有的自由、平等、自主權利，對英雄史觀進行了批判，認為「唯民主義乃立憲之本，英雄主義乃專制之原」〔註66〕，賦予人民以歷史主體的

〔註61〕 陳獨秀：《吾人最後之覺悟》，《獨秀文存》，合肥：安徽人民出版社1987年版，第38頁。

〔註62〕 參見李華興：《民主的追求和理性的反思——五四時期中國知識分子民主思想研究》，《民主與近代中國》，上海社會科學院出版社2006年版。

〔註63〕 陳獨秀：《舊思想與國體問題》，《獨秀文存》，合肥：安徽人民出版社1987年版，第103頁。

〔註64〕 陳獨秀：《憲法與孔教》，《獨秀文存》，合肥：安徽人民出版社1987年版，第79頁。

〔註65〕 李大釗：《民彝與政治》，《李大釗文集》（上），北京：人民出版社1984年版，第169頁。

〔註66〕 李大釗：《民彝與政治》，《李大釗文集》（上），北京：人民出版社1984年版，第168頁。

地位。第一次世界大戰後的《凡爾賽和約》同意把德國在山東的權益轉讓給日本使人們看到西方文明的侵略本質，與此同時，俄國「十月革命」的勝利和放棄不平等條約權利的舉動在國人心中形成鮮明的對照，「中國人認爲《凡爾賽和約》是民主的失敗，這使許多中國人轉向布爾什維克革命的『解放』啓示」〔註67〕。新形勢下對民主的探究、宣傳和結合現實政治的「社會主義」討論自然融合在一起，陳獨秀和李大釗等知識分子開始轉向馬克思主義，從事實際政治活動。陳獨秀一改原來對英美的贊同，認爲「主張實際的多數幸福，只有社會主義的政治」〔註68〕，要求「用革命的手段建設勞動階級的國家」〔註69〕。李大釗則盛讚「十月革命」的勝利是「庶民的勝利」，認爲社會主義與民主都是要在政治經濟社會方面尊重人的個性，兩者有著同一的源流。他把「Democracy」譯作平民政治，同時包含著「個性解放」和「大同團結」兩個方面的含義。可見早期馬克思主義者並未否定民主的根本內涵，而是深化了對民主的認識。

張東蓀不是馬克思主義者，但在「五四」新文化運動以後也積極宣傳社會主義。1919 年 9 月他在新創刊的《解放與改造》雜誌上發表《第三種文明》，認爲人類文明進程依次爲宗教的文明、個人主義與國家主義的文明、社會主義與世界主義的文明三個時期，以此來論證社會主義的必然性和合理性。當然張東蓀與陳獨秀、李大釗是不同的，他推崇的是基爾特社會主義和社會民主主義。在其後期著作《民主主義與社會主義》一書中，明確強調「民主主義」與「社會主義」是一個概念。張東蓀的例子說明新文化派中的一些穩健人物也把「社會主義」作爲「民主」的一種深化，轉向認定「社會主義」。

胡適的民主思想受到其導師杜威的影響，頗具自由主義特色。杜威認爲：「民主的政治與政府方面只是一種手段，是迄今所發現的最好的手段，用以實現遍及於寬廣的人類關係領域及人格發展方面的目的。正如我們常說的，它是一種生活方式——社會的和個人的，儘管我們可能並未領會這一提法所蘊涵的全部意義。」〔註70〕胡適也同樣認爲「『民主』是一種生活方式；

〔註67〕〔美〕郭穎頤：《中國現代思想中的唯科學主義（1900～1950）》，雷頤譯，南京：江蘇人民出版社 2005 年版，第 8 頁。

〔註68〕陳獨秀：《國慶紀念底價值》，《獨秀文存》，合肥：安徽人民出版社 1987 年版，第 373 頁。

〔註69〕陳獨秀：《談政治》，《獨秀文存》，合肥：安徽人民出版社 1987 年版，第 371 頁。

〔註70〕〔美〕杜威：《新舊個人主義——杜威文選》，孫有中譯，上海：上海社會科

是一種習慣性的行為」〔註71〕。他提倡「健全的個人主義」，認為易卜生的思想最能代表這種個人主義，「社會最大的罪惡莫過於摧折個人的個性，不使他自由發展……發展個人的個性，須要有兩個條件。第一，須使個人有自由意志。第二，須使個人擔干係，負責任」〔註72〕。胡適明確指出民治主義的兩個條件是要使各方面的意見都可自由發表，人人要負責任，要尊重自己的主張，要用正當的方法來傳播自己的主張〔註73〕。胡適力主民主的實驗的內涵，在1920年末的「人權運動」和1930年代的「民主與獨裁」討論中，他堅持「民治制度本身便是最好的政治訓練」的觀點，甚至提出一種幼稚民主觀，強調民主簡單易學，實行民主也無需民眾高深的知識素養，以此來回應專制、獨裁的主張。作為自由主義者，胡適認為民主是自由主義的政治意義，西方自由主義的貢獻在於覺悟到只有民主的政治才能保障人民的基本自由。他提出自由主義的四種意義，「第一個意義是自由，第二個意義是民主，第三個意義是容忍——容忍反對黨，第四個意義是和平的漸進的改革」〔註74〕。胡適的民主思想帶有個人自由主義特點，為協調個人與社會關係，他後來提出有名的「社會不朽論」：「我這個現在的『小我』，對於那永遠不朽的『大我』的無窮過去，須負重大的責任；對於那永遠的『大我』的無窮未來，也須負重大的責任。我須要時時想著，我應該如何努力利用現在的『小我』，方才可以不辜負了那『大我』的無窮過去，方才可以不遺害那『大我』的無窮未來？」〔註75〕具有自由主義式民主傾向的還有「科玄論戰」中玄學派代表張君勱，張君勱曾多次參與民國憲法的制定，被稱為民國的「憲法之父」。他說：「鴉片戰爭後，歐洲國家踏進我們國土，我們最初認識的是船堅炮利，最後乃知道近代國家的基礎在立憲政治，在民主政治，在以人權為基

學院出版社1997年版，第3頁。

〔註71〕 胡適：《胡適口述自傳》，歐陽哲生編，《胡適文集》第1冊，北京：北京大學出版社1998年版，第356頁。

〔註72〕 胡適：《易卜生主義》，歐陽哲生編，《胡適文集》第2冊，北京：北京大學出版社1998年版，第486～487頁。

〔註73〕 胡適：《我們對於學生的希望》，歐陽哲生編，《胡適文集》第11冊，北京：北京大學出版社1998年版，第52頁。

〔註74〕 胡適：《自由主義》，歐陽哲生編，《胡適文集》第12冊，北京：北京大學出版社1998年版，第810頁。

〔註75〕 胡適：《不朽——我的宗教》，歐陽哲生編，《胡適文集》第2冊，北京：北京大學出版社1998年版，第532頁。

礎的政治。」〔註76〕與英美自由主義者不同，胡適與張君勱都沒有爲個人權利尋求天賦的自然法根基：胡適認爲自由是人們長期的奮鬥努力爭取來的，張君勱則以超驗的自由意志作爲人權的基礎。可見，在吸收西方民主思想的過程中，理論也在發生著某種變形。

「五四」新文化運動前，「民主」多作爲一種政治制度來討論，「五四」新文化運動的知識分子深化了對民主的認識，強調了人的解放，肯定人的價值和生命的意義，同時他們把民主擴大到經濟、社會、文化領域的解放，胡適、魯迅、周作人等在文學界呼籲「人的覺醒」，社會中個性解放、婚姻自由、女性解放風氣日盛，推進了民主在中國的現實進程。「五四」新文化運動時期「民主」旗幟標誌著國人對人權和民族獨立觀念的覺醒。從前面的論述中可以看出，共和主義傾向的民主思想和自由主義傾向的民主思想有著一些不同。前者更爲注重民主中「平等」的含義，多以法國民主思想爲藍本，傾向於用革命的手段謀求多數人的幸福；後者更爲注重民主中「自由」的內涵，受英美的民主思想影響，與嚴復的「自由爲體，民主爲用」的思想有一定的連續性，主張用和平的漸進的改革維護個人的自由與權力。但兩者又有著共同的歷史基礎，呈現出中西古今文化交匯的時代特點。首先，受當時非此即彼二元思維模式的影響，「五四」新文化運動時期的民主思想基本上是在對中國傳統倫理思想的批判中進行討論的，其中陳獨秀是典型的代表。陳獨秀把民主與傳統倫理看作冰火不容，他認爲「要擁護那德先生，便不得不反對孔教、禮法、貞節、舊理論、舊政治；要擁護那賽先生，便不得不反對舊藝術、舊宗教。要擁護德先生又要擁護賽先生，便不得不反對國粹和舊文學」〔註77〕。其次，救亡圖存的時代主題使「五四」新文化運動的知識分子的民主思想帶有民族主義色彩，傳統的倫理道德則爲他們提供了豐富的思想資源。張灝先生曾指出，在中國近代轉型時期，中國知識分子從民族主義的觀點和傳統道德的社群取向去認識民主，傾向於高調民主觀，這種傾向常常表現爲全民主義〔註78〕。「五四」新文化運動的知識分子常常把民主的目標指向富國強民，導致民主在觀念上功能化。他們兼顧對個人原則與群體原則

〔註76〕 張君勱：《憲政之道》，北京：清華大學出版社2006版，第136頁。
〔註77〕 陳獨秀：《〈新青年〉罪案之答辯書》，《獨秀文存》，合肥：安徽人民出版社1987年版，第242～243頁。
〔註78〕 〔美〕張灝：《中國近代轉型時期的民主觀念》，許紀霖編：《二十世紀中國思想史論》（上），上海：東方出版中心2006年版。

的雙重關注，從李大釗的「民彝」思想，對個性解放和大同團結的共同追求，胡適的「社會不朽說」等中可以看到他們對傳統資源的吸取、運用和整合中西文化資源的努力。再次，「五四」新文化運動的民主思想側重民主的文化啓蒙意義，對民主理解帶有形而上化的色彩。「五四」新文化運動對民主的追尋始於陳獨秀所說的「倫理的覺悟」，基本上是在文化層面上進行的，加之現實基礎的缺乏和民主本身的複雜性，民主更多的是表現爲一種價值概念，表現爲啓迪民智的一種工具。

二、「五四」新文化運動時期「科學」的泛化傾向

明清之際，傳入的西學主要集中於曆法、火器、數學等自然科學方面，《幾何原本》和《名理探》是其中的代表性著作。譯作者徐光啓、李之藻關注的顯然不是傳統儒學「內聖外王」架構下治國平天下的社會政治理想，而是科學技藝對民生日用、國家富強的影響。深受耶穌會士利瑪竇影響的徐光啓率先將「西學」中的曆法、音律、數學等命名爲「格物窮理之學」，頗似佛教傳入時的「格義」方法。隨著社會危機日趨嚴重，作爲對理學空談心性風氣的反撥，「經世致用」的學術之風此時也逐漸興起。方以智曾在《物理小識・自序》中批評理學家「竟掃質測而冒舉通幾」，而提出「質測即藏通幾」。對於「西學」的特點，方以智認爲「萬曆年間，遠西學入，詳於質測，而拙於言通幾」〔註79〕。「質測」即指研究「物理」的自然科學，「通幾」即指研究「所以爲物之至理」的哲學。王夫之則提出即物窮理應以質測爲基礎，「蓋格物者，即物以窮理，惟質測爲得之」〔註80〕。他肯定了由實證性研究進行探求傳統形而上學的理路。重實證、輕思辨的治學理路與近代科學的內在精神存在著某種程度的相互促進，顯示出由超驗、思辨向經驗、實證視域轉換的意義。同時，在傳統形而上學中對「科學」進行定位，也使對「科學」的理解在開始就帶有某種形而上的意味。

晚清洋務派開始注意到中西「格致」旨趣的差異，中學「格致」意在由凡入聖，西學「格致」重在實證研究。同時隨著更多西方科學書籍的譯介，對西學「格致」的內涵也有了更深入的認識。此時，國人所指西學「格致」

〔註79〕轉引自〔美〕余英時：《方以智晚節考》，北京：生活・讀書・新知三聯書店2004 年版，第 65 頁。

〔註80〕王夫之：《搔首問》，《船山全書》第 12 冊，湖南：嶽麓書社 1996 年版，第 637頁。

有幾種情況：科學技術總體，自然科學總體，物理學和化學，專指物理學〔註81〕。人們開始注意到西學「格致」不僅包括側重「技藝」層面的實學，也包括更深一層面闡明事物的學理，又作了「格物」與「格致」的區別，前者側重技藝，後者側重學理。

後來，康有爲、嚴復等維新派知識分子從日語詞彙中引入「科學」一詞，涵蓋了「格致」，「格致」指作爲「實學」的技術學科，「科學」除此意以外，還包含理論知識的學科，更具涵攝性，含有原理、原則之意。嚴復在 1902 年《與〈外交報〉主人書》中批評時人政本藝末的觀點，其中的藝即指「科學」，「其曰政本而藝末者，愈所謂顚倒錯亂者矣。且所謂藝者，非指科學乎？名、數、質、力，四者皆科學也。其通理公例，經緯萬端，而西政之善者，即本斯而立。……中國之政，所以日形其絀，不足爭存者，亦坐不本科學，而與通理公例違行故耳。是故以科學爲藝，則西藝實西政之本。設謂藝非科學，則政藝二者，乃並出於科學」〔註82〕。嚴復不僅將「科學」作爲一切西學之源，還把視爲通理公例的「科學」與傳統哲學中的道、理作了會通，認爲「自然公例，即道家所謂道，先儒所謂理，《易》之太極，釋子所謂不二法門」〔註83〕。「科學」提升爲傳統形而上的形態，正如楊國榮先生所說的，「這種道，已不僅僅是就自然對象的普遍聯繫而言，它同時亦被賦予某種世界觀和價值觀的意蘊」〔註84〕。

從嚴復對「科學」本身的理解上也同樣可以看到這種提升與泛化。首先，在對進化論譯介中，斯賓塞比達爾文更受到嚴復的推崇。達爾文注重的是自然領域物種的演變，斯賓塞作爲實證主義的哲學家則用進化論思想來分析人類社會演化，帶有思辨色彩。嚴復稱讚斯賓塞的學說「精闢宏富」，「以保種進化之公例要求終焉」，更爲關注的是進化論作爲科學學說的社會啓蒙價值。其次，他將培根視爲西方科學的奠基人，而不是伽利略。在西方科學史中，伽利略把實驗方法和歸納方法與數學的演繹方法結合起來，是近代科學

〔註81〕參見樊洪業：《從「格致」到「科學」》，《自然辯證法通訊》1988 年第 3 期。
〔註82〕嚴復：《與〈外交報〉主人書》，《嚴復集》第 3 冊，北京：中華書局 1986 年版，第 559 頁。
〔註83〕嚴復：《穆勒名學》按語，《嚴復集》第 4 冊，北京：中華書局 1986 年版，第 1051 頁。
〔註84〕楊國榮：《作爲普遍之道的科學──晚清思想家對科學的理解》，《科學‧經濟‧社會》1998 年第 4 期。

的開拓者，「伽利略眞可算是第一位近代人物」〔註 85〕。培根的貢獻則在於
爲經驗歸納方法尋求哲學根據，更多地表現爲一種哲學的啓蒙。從嚴復對培
根的推崇可以看出，嚴復對「科學」的探求不在於「科學」自身的內容，而
是「科學」普遍的社會啓蒙意義，在中國缺少近代科學的現實條件下，「科
學」更多的是在哲學、文化的語境中被認識的。

　　20 世紀初科舉制的廢除、新式學校的興起及西學的東漸，促成了現代學
術體系的形成，傳統經學分化爲哲學、文學、歷史學等學科，從「西學」而
來的「科學」也在其中佔有一席之地。「五四」新文化運動高舉起「民主」
與「科學」的大旗，「科學」這個被看作西方文明精髓的名稱在國人中受到
尊重和推崇，正如胡適在《科學與人生觀》序言中所說：「這三十年來，有
一個名詞在國內幾乎做到了無上尊嚴的地位；無論懂與不懂的人，無論守舊
和維新的人，都不敢公然對他表示輕視或戲侮的態度。那個名詞就是『科
學』。這樣幾乎全國一致的崇信，究竟有無價值，那是另一問題。我們至少
可以說，自從中國講變法維新以來，沒有一個自命爲新人物的人敢公然謗譭
『科學』的。」〔註 86〕而與對「科學」的熱衷形成顯明對比的是國人對「科
學」認知的缺乏。當時除《新青年》外，1917 年創刊的《學藝》和 1919 年
創刊的《新潮》、《少年中國》都是宣傳科學的有影響的刊物。中國第一個科
學學術研究機構是 1914 年創立的中國科學社，任鴻雋任社長，1915 開始出
版《科學》月刊，雖以「傳播世界最新科學知識爲職志」，在其發刊詞上「科
學」與「民權」赫然並列，但每期首篇多以「科學的精神」、「科學的方法」、
「科學與道德」等爲題，可見職志並不限於一般的科學知識的介紹。

　　陳獨秀在《吾人最後之覺悟》中提到，倫理的覺悟是最後覺悟。當時思
想界將兩種文化的比較追溯到倫理、文化層面，而這種「倫理覺悟」最終指
向了「科學」與「民主」，即「德」、「賽」兩「先生」這兩面旗幟，可以說，
「科學」與「民主」在「五四」新文化運動中一開始就是作爲一種倫理價值
的概念來使用的，這也是嚴復科學觀念歷史與邏輯的發展。

　　陳獨秀在《敬告青年》中對「科學」作了界定，他說：「科學者何？吾
人對於事物之概念，綜合客觀之現象，訴之主觀之理性，而不矛盾之謂也。」

〔註85〕〔英〕W・C・丹皮爾：《科學史及其與哲學和宗教的關係》，李珩譯，桂林：
　　　　廣西師範大學出版社 2001 年版，第 125 頁。
〔註86〕胡適：《科學與人生觀序》，歐陽哲生編，《胡適文集》第 3 冊，北京：北京大
　　　　學出版社 1998 年版，第 152 頁。

〔註 87〕在此文中，「科學」與迷信、想像相對。大致上，其所謂迷信指傳統的權威，想像指重直覺輕實證的傳統。他認為「近代歐洲之所以優越他族者，科學之興，其功不在人權說下，若舟車之有兩輪焉」，故主張「以科學與人權並重」。在陳獨秀看來，「舉凡一事之興，一物之細，罔不訴之科學法則，以定其得失從違；其效將使人間之思想云為，一尊理性，而迷信斬焉，而無知妄作之風息焉。⋯⋯凡此無常識之思惟，無理由之信仰，欲根治之，厥為科學。夫以科學說明真理，事事求諸證實，較之想像武斷之所為，其步度誠緩，然其步步皆踏實地，不若幻想突飛者之終無寸進也」〔註 88〕。「科學」的「尊理性」和「事事求諸證實」，使其成為判別事物的標尺。陳獨秀主張把「科學」的方法運用到社會科學中，例如在《新文化運動是什麼》一文中，他說：「科學有廣狹二義：狹義的是指自然科學而言，廣義是指社會科學而言。社會科學是拿研究自然科學的方法，用在一切社會人事的學問上，像社會學、倫理學、歷史學、法律學、經濟學等，凡用自然科學方法來研究、說明的都算是科學；這乃是科學最大的效用。」〔註 89〕不僅如此，科學還是社會進步的條件，「我們相信尊重自然科學、實驗科學，破除迷信妄想，是我們現在社會進化的必要條件」〔註 90〕。他認為一切苦樂善惡，都為物質界自然法則所支配，進而主張「科學代宗教」，堅信「人類將來之進化，應隨今日方始萌芽之科學，日漸發達，改正一切人為法則，使與自然法則有同等之效力，然後宇宙人生，真正契合」〔註 91〕。

胡適對陳獨秀將「民主」與「科學」人格化為「德先生」和「賽先生」並不以為然，他極力推崇的是科學精神和科學方法。余英時先生曾指出胡適思想中有一種把學術思想以至整個文化化約為方法的傾向，因為在胡適看來，科學本身只是一個方法，一個態度，一種精神。胡適曾在《介紹我自己的思想》中指出：「我的思想受兩個人的影響最大：一個是赫胥黎，一個是杜威先生。赫胥黎教我怎樣懷疑，教我不信任一切沒有充分證據的東西。杜

〔註 87〕陳獨秀：《敬告青年》，《獨秀文存》，合肥：安徽人民出版社 1987 年版，第 8 頁。

〔註 88〕陳獨秀：《敬告青年》，《獨秀文存》，合肥：安徽人民出版社 1987 年版，第 9 頁。

〔註 89〕陳獨秀：《新文化運動是什麼》，《陳獨秀文章選編》（上），北京：生活・讀書・新知三聯書店 1984 年版，第 512 頁。

〔註 90〕陳獨秀：《〈新青年〉宣言》，《獨秀文存》，合肥：安徽人民出版社 1987 年版，第 245 頁。

〔註 91〕陳獨秀：《再論孔教問題》，《獨秀文存》，合肥：安徽人民出版社 1987 年版，第 91 頁。

威先生教我怎樣思想，教我處處顧到當前的問題，教我把一切學說理想都看作待證的假設，教我處處顧到思想的結果。」〔註 92〕如果說胡適從前者身上瞭解到「科學」的精神，則在後者那裡學到了「科學」的方法。他稱讚達爾文打破求「最後之因」的方法，用實證主義的精神去解決生物界的根本問題，將赫胥黎比作達爾文的作戰先鋒，認為兩人在哲學方法上最重要的貢獻在於「存疑主義」，「科學的精神，——嚴格的不信任一切沒有充分證據的東西——就是赫胥黎叫做『存疑主義』的」〔註 93〕。胡適稱從杜威那裡獲得的實驗主義的兩個根本觀念：「第一是科學試驗室的態度，第二是歷史的態度」〔註 94〕；「科學精神在於尋求事實，尋求真理。科學態度在於撇開成見，擱起感情，只認得事實，只跟著證據走。科學方法只是『大膽的假設，小心的求證』十個字」。胡適把新文化運動意義歸納為「重新估定一切價值」，主張用科學的方法「整理國故」，正是他對科學見解的具體運用。胡適在《我們對於西洋近代文明的態度》中說：「我們也許不輕易信仰上帝的萬能了，我們卻信仰科學的方法是萬能的。」〔註 95〕

　　蔡元培倡導「思想自由，兼容並包」，使北京大學成為宣傳「民主」與「科學」的主陣地。他認為，「蓋歐化優點即在事事以科學為基礎；生活的改良，社會的改造，甚而至於藝術的創作，無不隨科學的進步而進步。故吾國而不言新文化就罷了，果要發展新文化，尤不可不於科學的發展，特別注意呵！」〔註 96〕1918 年 12 月，他曾親筆撰寫《中國科學社徵集基金啓》，其中寫道：「當此科學萬能時代，而吾國僅僅有此科學社，吾國之恥也。僅僅此一科學社，而如何維持如何發展，尚未敢必，尤吾國之恥也。」〔註 97〕其對「科學」的推崇和對中國科學發展的關注可見一斑。蔡元培對「科學」與

〔註 92〕 胡適：《介紹我自己的思想》，歐陽哲生編，《胡適文集》第 5 冊，北京：北京大學出版社 1998 年版，第 507～508 頁。

〔註 93〕 胡適：《演化論與存疑主義》，歐陽哲生編，《胡適文集》第 10 冊，北京：北京大學出版社 1998 年版，第 352 頁。

〔註 94〕 胡適：《實驗主義》，歐陽哲生編，《胡適文集》第 2 冊，北京：北京大學出版社 1998 年版，第 212 頁。.

〔註 95〕 胡適：《我們對於西洋近代文明的態度》，歐陽哲生編，《胡適文集》第 4 冊，北京：北京大學出版社 1998 年版，第 9 頁。.

〔註 96〕 蔡元培：《三十五年來中國之新文化》，高平叔編：《蔡元培選集》（第六卷），北京：中華書局 1984 年版，第 91 頁。

〔註 97〕 蔡元培：《中國科學社徵集基金啓》，高平叔編：《蔡元培全集》（第三卷），北京：中華書局 1984 年版，第 231 頁。

「哲學」的關係作了闡述，認為「哲學與科學，同為有系統之學說。其所異者，科學偏重歸納法，故亦謂之自下而上之學；哲學偏重演繹法，故亦謂之自上而下之學。古代演繹法盛行之時，但有哲學之名；今之所謂科學者，悉包於哲學之中焉。……凡自然現象，自昔為哲學所包含者，皆已建立為科學矣。……其他若社會學，若倫理學，若人類學，若比較宗教學，若比較言語學等，凡昔日之附麗於哲學，而以演繹法治之者，至於今日，悉以歸納法治之，而將自成為科學」〔註98〕。

「五四」新文化運動期間，有些科學家在科學研究及普及工作之外，也經常發表文章以科學家的視野和智慧論述「科學」在社會人生領域的至上地位，有學者認為：「《科學》的創辦者們是最早並行提倡民主與科學以作為救國之策的」〔註99〕。數學家任鴻雋是中國科學社的社長，他認為「科學」是自培根、笛卡爾、伽利略、牛頓等人降世之後興起的「事實之學」、「實驗之學」，「凡文之基於事實而明條理因果之關係者，皆可以科學目之」〔註100〕。他把經濟學、哲學、政治學等學科都納入廣義的科學其中，強調「科學」的目的不在應用。任鴻雋把科學精神視為「科學」之本，「夫豫去其應用之宏與收效之巨，而終能發揮光大以成經緯世界之大學術，其必有物焉為之亨毒而醞釀使之一發不可遏，蓋可斷言。其物為何？則科學精神是」。「科學精神者何？求真理而已」〔註101〕。中國科學社成員之一胡明復與任鴻雋看法相似，他把「科學」的範圍擴大到整個宇宙，「顧科學之範圍大矣，若質、若能、若生命。若性、若心理、若社會、若政治、若歷史，舉凡一切事變，孰非科學應及之範圍？雖謂之盡宇宙可也」〔註102〕，指出「科學方法之唯一精神，曰『求真』」。唐鉞是《科學》的一位撰稿人，1917 年為《科學》撰寫的第一篇文章是《科學與德行》，聲稱「以科學求真之法，俔科學進德之功，是以天下之至樂也」〔註103〕。他認為科學在七個方面有益於人的道德，其中提到：科學以事實為驗，能去除私意；科學以求真為惟一天職，為近世文明的先導；

〔註98〕蔡元培：《哲學與科學》，高平叔編：《蔡元培全集》（第三卷），北京：中華書局 1984 年版，第 249～253 頁。

〔註99〕樊洪業、李真：《科學家對五四新文化運動的貢獻》，《自然辯證法通訊》1989 年第 3 期。

〔註100〕任鴻雋：《科學與教育》，《科學》第一卷第十二期，1914 年。

〔註101〕任鴻雋：《科學精神論》，《科學》第二卷第一期，1915 年。

〔註102〕胡明復：《科學方法論》，《科學》第二卷第七期，1915 年。

〔註103〕唐鉞：《科學與德行》，《科學》第三卷第四期，1917 年。

科學定理，以人類爲公；因果律是科學的基本定理，絕苟得幸免之心，養躬行實踐之德；道德律令即自然律令，道德有哲學的根據；科學精神提供新的宗教感情，有宗教信仰之利而無迷信神道之弊等。地質學家丁文江是 1923 年「科玄論戰」中科學派的主將，被胡適稱爲「科學化最深」的人，他在論戰前曾發表《哲嗣學與譜牒》長文，用生物學的優生理論告誡人們「改良人種根本的方法不是單講社會教育所可以做得到的」〔註 104〕。他以「科學」爲基礎來解釋世界觀和人生觀，在「科玄論戰」中更是明確提出「在知識界內，科學方法是萬能」〔註 105〕。

從「五四」新文化運動的科學思想中可以看到對科學精神和方法的毫無置疑的推崇，「科學」不僅是求眞的智識，還成爲一種自明的信仰。「科學」超越了知識領域，擴及社會科學，甚至是宇宙人生各個領域，搖身變爲無所不能的新偶像。「五四」新文化運動時期科學思想的幾個主要特點：首先是「求善」到「求眞」文化價值取向的轉變。「五四」新文化運動推崇的科學明顯受到嚴復首倡的經驗論傳統的影響。如果說嚴復主要將進化論從生物學領域泛化到社會領域，「五四」新文化運動的知識分子進而將科學概念提升爲一種價值規範；如果把「五四」新文化運動之前的文化作爲一種「求善」的文化範式，「五四」新文化運動的取向顯然轉向了「求眞」。自漢代以後，經學涵蓋了幾乎全部的學術領域，其旨要在於追求「止於至善」的道德境界。「五四」新文化的擁護者在倫理文化領域對科學的倡導，顯然已將科學作爲眞理的代名詞，陳獨秀對「尊理性」和「事事求諸證實」的推崇，胡適的懷疑精神和「大膽的假設，小心的求證」的科學方法，科學家們對科學普適性的自信與傳統文化大異其趣，「求眞」成爲學術的目的，迴異於傳統的文化價值取向在中西古今文化的碰撞中漸漸形成。其次是實證主義和形而上化色彩濃厚。實證主義是 19 世紀中葉興起的哲學思潮，它源於西方的經驗論傳統，其主要歷史背景是西方近代科學的發展。嚴復率先引入實證主義，胡適服膺的實驗主義，丁文江等科學家引入的馬赫主義均可歸入第二代實證主義範圍。西方實證主義思潮和「技進於道」的傳統的結合爲科學的泛化提供了基礎。由於實驗科學缺乏的現實，「五四」知識分子在注意科學實證原則的同時，給予科學

〔註 104〕丁文江：《優生學與譜牒》，《改造》第 3 卷第 5 號，第 44 頁。

〔註 105〕丁文江：《玄學與科學》，張君勱、丁文江等著，《科學與人生觀》，濟南：山東人民出版社 1997 年版，第 51 頁。

方法、科學精神更多的關注。胡適對科學方法的推崇是其中的典型，胡明復亦曾引用皮爾遜的話來強調科學方法的重要性，指出：「科學方法的特質在於，一旦它變成心理習慣，心智就能把所有的無論什麼事實轉化為科學。……整個科學的統一僅在於它的方法，不在於它的材料。」〔註106〕從中可以看到實證主義思想與傳統形而上學思維方式的某種契合。另一方面，科學在中國的引進過程本身就經歷了一個技進於道的過程，「五四」知識分子一開始就是在文化層面來接受科學的。兩方面的結合為「科學」的泛化提供了學理的基礎和歷史的背景。再次是「科學」的信仰化。這主要體現為科學的因果法則取代道德法則，將科學的領域擴大到價值、信仰領域，並對傳統人生觀進行批判。從任鴻雋、胡明復等科學家對「科學」外延的擴大中也能看到這種泛化傾向。陳獨秀的態度更為激進，在《法蘭西人與近世文明》中曾將孔教與西方宗教並論。在陳獨秀看來，「科學代宗教」對中國文化而言，就是用「科學」批判孔教、傳統，把「科學」與人生信條結合在一起，「科學」趨於信仰化。被胡適稱為「隻手打倒孔家店」的吳稚暉把「科學」等同於物質文明，物質文明為精神文明所由寄之而發揮者，認為「科學」是西方興盛的動力，激烈批評「這國故的臭東西，他本同小老婆吸鴉片相依為命。……非再把他丟在毛廁裏三十年」〔註107〕。

在「五四」新文化的倡導者那裡，從西方文明中尋找到的科學旗幟已超越了自然科學的領域，逐漸滲透到社會科學、宇宙人生各個領域，「科學」對傳統倫理觀念的批判透露著對價值、人生觀念的窺伺。然而，由於與西方不同的哲學、文化傳統與歷史際遇，沒有西方的經驗論傳統，缺少西方的科學基礎與科學成就，在民族生死存亡的時代背景中，「五四」新文化運動時期對「科學」本身更多地是哲學層面的移入，科學主義作為一種時代思潮取得了輿論上的勝勢。「科學」真的是萬能的嗎？在東西文化的衝突、碰撞中一場「科玄論戰」注定在所難免。

〔註106〕〔英〕卡爾・皮爾遜：《科學的規範》，李醒民譯，北京：華夏出版社 1999 年版，第 14～15 頁。

〔註107〕吳稚暉：《箴洋八股化之理學》，張君勱、丁文江等著，《科學與人生觀》，濟南：山東人民出版社 1997 年版，第 309～310 頁。

第三節 「科玄論戰」及其歷史意蘊

　　東西文化論戰後期，梁啓超在《歐遊心影錄》中宣稱「西方文明已經破產」，文中特意注明「讀者切勿誤會因此菲薄科學，我決不承認科學破產，不過也不承認科學萬能罷了」〔註108〕。但梁啓超仍相信科學精神的價值，在「科玄論戰」前夕，他還在《科學精神與東西文化》中把科學精神作爲醫治中國學術的良藥。梁漱溟在《東西文化及其哲學》中認爲，應當「對於西方文化是全盤承受，而根本改過」，並「批評的把中國原來態度重新拿出來」〔註109〕。梁漱溟所主張的「中國文化的復興」自然包含了對「科學」的承受。二梁對「科學」的反思和對傳統的維護爲玄學派準備了重要的思想資源。自嚴復至胡適、陳獨秀等新文化健將，受西方實證主義思潮影響，「科學」的價值從哲學、文化層面得到肯定，「科學」超越自然科學的領域，泛化到社會科學、人生領域，文化價值取向轉向「求眞」，滲透到社會、生活領域，被視作推動社會進步的力量，甚至是唯一力量，被認爲是解釋世界觀和人生觀的基礎。「科學」在那個時代取得了「無上尊嚴」的地位。科學視野的獨斷化導致了科學主義的興起。作爲玄學派主將的張君勱在「科玄論戰」之前，曾預見到兩種文化之間的激戰，指出：「東西文化之本末各不同，如西洋人好言徹底，中國人好言兼容，或中庸；西洋好界限分明，中國好言包容，此兩種精神，以後必有一場大激戰。勝負分明之日，即中國文化根本精神決定之日。」〔註110〕如果把玄學派作爲中國文化的代表，將科學派視爲西方文化的代言人，「科玄論戰」就是東西文化在哲學、人生觀層面的激戰，但戰後中國文化根本精神並未像張君勱樂觀展望的那樣清晰易見，其間留下的深邃的歷史與文化意蘊至今我們都解讀不盡。

一、「科玄論戰」概述

　　1923 年 2 月 14 日，張君勱在清華大學作了《人生觀》的演講，力圖在「科學」日益走向獨斷之時，通過「玄學」與「科學」的劃界來爲「玄學」

〔註108〕梁啓超：《歐遊心影錄》，《飲冰室合集》專集二十三，上海：中華書局 1936年版，第 12 頁。

〔註109〕梁漱溟：《東西文化及其哲學》，《梁漱溟全集》（第一卷），濟南：山東人民出版社 2005 年版，第 528 頁。

〔註110〕張君勱：《歐洲文化之危機及中國新文化之趨向》，《東方雜誌》第 19 卷第 3號，1922 年 2 月。

留下一塊地盤。他認為：「天下古今之最不統一者，莫若人生觀。人生觀之中心點，是曰我。與我對待者，則非我也。」〔註111〕他從五個方面對人生觀與科學作了比較，第一，科學為客觀的，人生觀為主觀的；第二，科學為論理的方法所支配，而人生觀則起於直覺；第三，科學可以以分析方法下手，而人生觀則為綜合的；第四，科學為因果律所支配，而人生觀為自由意志的；第五，科學起於對象之相同現象，而人生觀起於人格之單一性。他把東西文化看作精神文明與物質文明的不同。自孔孟以至宋元明之理學家，側重內心生活之修養，其結果為精神文明。三百年來之歐洲，側重以人力支配自然界，故其結果為物質文明。從兩者的不同，他得出的結論是：科學無論如何發達，而人生觀問題之解決，絕非科學所能為力，惟賴諸人類之自身而已。他在文末指出人生觀的重要性，認為文化轉移之樞紐，不外乎人生觀。對西方文化的取捨皆決於觀點。觀點定，而後精神上之思潮、物質上之制度，可按圖索驥。

　　同年4月12日，丁文江在《努力周報》發表《玄學與科學》向張君勱宣戰，開頭即批「玄學真是個無賴鬼——在歐洲鬼混了二千年，到近來漸漸沒有地方混飯吃，忽然裝起假幌子，掛起新招牌，大搖大擺的跑到中國來招搖撞騙」。他的武器是「客觀的論理同事實」。他抓住張君勱論證上把人生觀看作最不統一的漏洞，提出「人生觀現在沒有統一是一件事，永久不能統一又是一件事」。在丁文江看來，統一人生觀的方法惟有科學方法。「科學的方法是辨別事實的真偽，把真事實取出來詳細的分類，然後求他們的秩序關係，像一種最單簡明瞭的話來概括他。所以科學的萬能，科學的普遍，科學的貫通，不在他的材料，在他的方法。」他不同意張君勱用物質文明與精神文明來概括兩種文化，認為歐洲文化破產的原因是國際戰爭，最應該負責的是政治家同教育家，他引胡適的話作為自己的結論：「人類今日最大的責任與需要是把科學方法應用到人生問題上去」〔註112〕。在丁文江看來，「惟有科學方法，在自然界內小試其技，已經有偉大的結果，所以我們要求把他的勢力範圍，推廣擴充，使他做人類宗教性的明燈：使人類不但有求真的誠心

〔註111〕張君勱：《人生觀》，張君勱、丁文江等著，《科學與人生觀》，濟南：山東人民出版社1997年版，第33頁。

〔註112〕丁文江：《玄學與科學》，張君勱、丁文江等著，《科學與人生觀》，濟南：山東人民出版社1997年版，第41～59頁。

而且有求眞的工具，不但有爲善的意向而且有爲善的技能！」〔註113〕

張君勸不久在《晨報副刊》上發表《再論人生觀與科學並答丁在君》反攻，丁文江又作《玄學與科學——答張君勸》，兩位論戰的主將拉開論戰的序幕，當時有影響的思想家幾乎都參加了這場論戰。玄學派主要有張君勸、梁啓超、林宰平、張東蓀，科學派則顯得陣容浩大，聲勢逼人，有丁文江、胡適、吳稚暉、陳獨秀、王星拱、唐鉞、任鴻雋、朱經農、任叔永等。論戰之初，梁啓超以暫時局外中立人宣言「戰時國際公法」，胡適以孫行者比喻張君勸，批評他「不曾跳出賽先生和羅輯先生的手心裏！」〔註114〕兩人似持中立態度，「實則這次戰爭梁胡是主角，丁張不過打先鋒罷了」〔註115〕。

梁啓超發表《人生觀與科學》，表面上對張丁都有批評，實則助張向丁開戰，他說：「人生問題，有大部份是可以——而且必須用科學方法來解決的。卻有一小部份——或者還是最重要的部份是超科學的。」「人生關涉理智方面的事項，絕對要用科學方法來解決。關於情感方面的事項，絕對的超科學。」〔註116〕他認爲情感是生活的原動力，至少包括愛和美，若用科學去測算，無異於癡人說夢。林宰平肯定科學的方法有益於人生觀，但反對丁文江人生完全爲科學支配的態度。范壽康批評王星拱「就生命之觀念而論，他以爲生物活動和無機界之活動沒有根本的區別；就生活之態度而論，他以爲意志毫不自由，全受因果律之支配。但是照我所見，這二點卻不是這樣容易能夠速斷的問題，生命和意志問題，實是自古迄今尚未解決的謎。我們如果能夠斷定意志毫不自由，生命全無意義，那麼，人生不是變做一種機械，試問人類社會裏面還有什麼道德可言，什麼責任可講呢？」他對梁啓超的觀點另下一種說明，「人類的倫理的當爲的先天形式——就是人類最可寶貴的，站在道德現象的背後而爲道德現象的資本的義務意識——是超科學的。此外的一切倫理的內容法則卻完全應由科學方法來解決」〔註117〕。

〔註113〕丁文江：《玄學與科學——答張君勸》，張君勸、丁文江等著，《科學與人生觀》，濟南：山東人民出版社 1997 年版，第 205 頁。

〔註114〕胡適：《孫行者與張君勸》，歐陽哲生編，《胡適文集》第 3 冊，北京：北京大學出版社 1998 年版，第 179 頁。

〔註115〕郭湛波：《近五十年中國思想史》，濟南：山東人民出版社 1997 年版，第 236 頁。

〔註116〕梁啓超：《人生觀與科學》，張君勸、丁文江等著，《科學與人生觀》，濟南：山東人民出版社 1997 年版，第 139～142 頁。

〔註117〕范壽康：《評所謂「科學與玄學之爭」》，張君勸、丁文江等著，《科學與人生

　　王星拱把因果律與齊一律作爲無所不能的「金剛圈」，認爲「科學是憑籍因果和齊一兩個原理而構造起來的；人生問題無論爲生命之觀念、或生活之態度，都不能逃出這兩個原理的金剛圈，所以科學可以解決人生問題」〔註 118〕。唐鉞同樣服膺因果律，例如他在《心理現象與因果律》中指出一切現象都服從因果律，認爲「人生觀不過是一個人對於世界萬物同人類的態度，這種態度是隨著一個人的神經構造、經驗、知識等而變的。神經構造等就是人生觀的因」〔註 119〕。唐鉞針對梁啓超發表了《一個癡人的說夢》，論斷美和愛可否分析與他的價值的高低無關，「關於情感的事項，要就我們的知識所及，盡量用科學方法來解決的。至於情感的事項的『超科學』的方面，不過是『所與性』，是理智事項及一切其他經驗所共有的，是科學的起點」〔註 120〕。任鴻雋認爲人生觀的科學是不可能的，但科學的人生觀卻是可能的，物質科學的進步不但能間接地改變人生觀，科學自己還可以造出一種人生來，他以科學家爲例，指出他們真理的追求、探討的精神、因果的觀念都能應用到人生觀。吳稚暉則「寧可冒『玄學鬼』惡名」，在《一個新信仰的宇宙觀及人生》中宣佈他所謂「吃飯、生小孩、招呼朋友」的「科學的人生觀」。

　　科學派與玄學派交戰聲勢浩蕩，煌煌大文達 25 萬字之多。論戰硝煙甫散，亞東圖書館與泰東書局就分別出版了文集《科學與人生觀》、《人生觀的論戰》，前者有新文化運動的兩大健將陳獨秀、胡適作序，後者由張君勱作序。陳胡兩人在序言中不僅對論戰作了總結，還分別闡明了「唯物史觀」的人生觀和自然主義的人生觀，科學派內部早期馬克思主義與自由主義的分歧亦逐漸明朗。

二、科學派及其科學主義表現

　　「科玄論戰」的社會影響雖不像東西文化論戰，但涉及的問題大大深化，它涉及的論題既是中西文化衝突的一種折射，又是現代性語境帶來的科學與

　　　　觀》，濟南：山東人民出版社 1997 年版，第 316～323 頁。

〔註 118〕王星拱：《科學與人生觀》，張君勱、丁文江等著，《科學與人生觀》，濟南：山東人民出版社 1997 年版，第 285～286 頁。

〔註 119〕唐鉞：《心理現象與因果律》，張君勱、丁文江等著，《科學與人生觀》，濟南：山東人民出版社 1997 年版，第 218 頁。

〔註 120〕唐鉞：《一個癡人的說夢》，張君勱、丁文江等著，《科學與人生觀》，濟南：山東人民出版社 1997 年版，第 274～275 頁。

人文、知識與道德關係問題的爭論。正如蒙培元先生所指出的：「這場論戰所
提出的問題，是一個時代性的問題，也是普遍性的問題，它反映了中國哲學
所面臨的時代課程，也反映了西方哲學發展中出現的問題。既涉及到中國傳
統哲學與近現代科學理性的關係問題，也涉及到西方理性主義與人文主義的
爭論問題。」〔註121〕所以可以說，「科玄論戰」是東西文化論戰的延續與深入，
既有中西文化關係問題，又有中國文化、哲學現代性問題；既反映了西方文
化中科學主義與人文主義關係問題，也折射了形而上學與現代性的糾結。科
學派在論戰中可謂應者雲集、聲勢浩大，玄學派則顯得陣勢稀疏、寡不敵眾，
二者爭論核心是科學能否解決人生觀問題，但仔細思量他們對科學、人生觀
內涵及其關係的理解，兩種迥然不同的視野撲面而來。當科學派將科學作為
一種全息的視野審視宇宙人生之時，科學視野的獨斷化就導致了科學主義的
產生。

　　「科學」與科學主義是兩個具有不同規定但又無法完全剝離的概念。如
果把「科學」理解為一種理性與知識系統，科學主義更多地表現為超越知識
與理性的信念與原則。正如歐文所指出的，科學主義是「把科學有限的原理
轉化為無所不能的教條，從而使之超越具體知識的範圍的主張」〔註122〕。索
雷也在科學主義的定義中點明科學主義的信仰化、價值化、權威化的特點，
他指出：「科學主義是一種信念，它認為科學，特別是自然科學，是人類知識
中最有價值的部份──之所以最有價值，是因為科學最具權威性、最嚴密、
最有益。」〔註123〕以「科學」來統一知識領域的趨向，在西方實證主義早期
便受到注意，我們可以從培根「知識就是力量」的格言中找到科學主義的端
倪。正如羅素所說的，「培根哲學的全部基礎是實用性的，就是借助科學發現
與發明使人類能制馭自然力量」〔註124〕。實證主義是在近代科學發展與其帶
來的社會繁榮的歷史背景中建立的世界性哲學思潮，科學主義又是在實證主
義哲學基礎上發展起來的一種哲學觀念、文化信仰。在哲學與科學的關係上，
作為科學主義理論依據的實證主義似乎表現為二重傾向。一方面，在科學與

〔註121〕蒙培元：《20世紀中國哲學的回顧與展望》，《泉州師範學院學報》（社會科學
　　　　版）第2001年第3期。

〔註122〕Owen, *Scientism, Man and Religion*, The Westminster Press, 1950, P20.

〔註123〕Tom Sorell, *Scientism: Philosophy and the infatuation weith Science*, London and
　　　　New York, 1991, P1.

〔註124〕〔英〕羅素：《西方哲學史》下冊，馬元德譯，北京：商務印書館2004年版，
　　　　第62頁。

哲學——主要是傳統形而上學——之間加以劃界，孔德區分神學、形而上學與科學，已蘊涵把傳統哲學從科學中清洗出去之意；而後，在拒斥形而上學的旗幟下，把「科學」與「玄學」（形而上學）之分作爲實證主義的基本原則。但另一方面，實證論又以不同的方式追求哲學的科學化以及科學的統一。孔德將其實證哲學視爲科學的綜合，這種綜合既表現爲以實證方法聯結各門具體科學，又以科學向哲學的擴展爲內容；從馬赫到邏輯經驗主義，都在不同程度上沿襲了這一思路〔註125〕。孔德提出的實證哲學被理解爲各門科學的綜合，第二代實證主義者馬赫通過感覺的分析，提出用「要素一元論」試圖統一科學，實證主義的第三代邏輯經驗主義者石里克和卡爾納普等人則力圖用物理語言建立統一的科學語言，從而走向科學的統一。實證主義一方面通過劃界對哲學、形而上學進行批判、拒斥，另一方面以追求哲學的科學化、科學的統一來達到僭越的目的，拒斥與僭越並用。

　　對於科學主義的特點，楊國榮先生做出這樣的概括：「科學主義可以看作是哲學觀念、價值觀念、文化立場的交融。在哲學的層面，科學主義以形上化的世界圖景和實證論爲其核心，二者似相反而又相成；在價值觀的側面，科學主義由強調科學的內在價值而導向人類中心論（天人關係）與技治主義（社會領域）；在文化立場上，科學主義和科學化爲知識領域的理想目標，並多少表現出以科學知識消解敘事知識與人文知識的趨向，與之相聯繫的是以科學爲解決世界一切問題的萬能力量。」〔註126〕對於科學走向科學主義的契機，何中華先生做出深刻揭示，「就學理層面說，科學主義陷入兩個誤區，即在視野上混淆了能指與所指，在方法上選擇了還原論模式。」在視野上，「把理性內容層面上的普遍性誤解爲理性視野層面上的普適性，從而使得原本是一特殊而有限視野下的普遍規定，被當作一種普遍而無限的全息視野本身」。在方法上，「一是把『應當』歸結爲『是』」，「二是把理由歸結爲前提」〔註127〕。

　　「科玄論戰」中科學主義受到實證主義思潮的影響，從科學與哲學的聯繫入手，試圖實現哲學的科學化，以科學統一宇宙人生。具體表現在以下幾個方面：

〔註125〕參見楊國榮：《科玄之戰與科學主義》，《理性與價值》，上海：上海三聯書店
　　　　1998年版，第361頁。
〔註126〕楊國榮：《科學與科學主義》，《上海社會科學院學術季刊》1999年第2期。
〔註127〕何中華：《「科玄論戰」與20世紀中國哲學走向》，《文史哲》1998年第2期。

第一，科學代替經學，試圖重新建立一種形而上化的世界圖景。在科學派丁文江看來，「一種學問成不成一種科學，全是程度問題」〔註128〕。科學派企圖把科學的權威擴充到整個知識領域，凌駕於社會人生領域之上，胡適即主張把科學方法應用到人生問題之中。而傳統的經學統一模式的解體也使得學術、知識缺少統一的基礎，當科學理性的普遍性被誤解爲科學視野的普適性時，科學就似乎取得了成爲一種「新經學」的合理性，從而建立起科學的形上化世界圖景。

第二，科學主義視域中人與人生的機械化。科學派認爲人與機器在本質上沒有什麼區別，丁文江認爲：「我的思想的工具是同常人的一類的機器。機器的效能雖然不一樣，性質卻是相同。」〔註129〕他認爲這是統計學的事實給出的結論。從經驗、實證的視野來看待人，人就變成了吳稚暉筆下有著「外面止剩兩隻腳，卻得到了兩隻手，內面有三斤二兩腦髓，五千零四十八根腦筋，比較佔有多額神經系質的動物」〔註130〕。科學派認爲人的行爲與機械都受到因果法則的支配，人向物的層面的沉淪使得科學派將人與動物、機械相提並論，胡適提出「根據於生物學、心理學的知識，叫人知道人不過是動物的一種，他和別種動物只有程度的差異，並無種類的區別」〔註131〕。唐鉞在《機械與人生》中提到，「人與機械的異點，並沒有普通所設想的那麼大。人類的行爲（意志作用也是行爲）是因於品性的結構，與機械的作用由於機械的結構同理。」唐鉞還提到人與機械「不同的地方不在於不受同因同果的支配而在於有自覺（這種分別，也不過人類的『想當然』，沒有法子可以實證的。）」〔註132〕。此處露出了科學派的「馬腳」。人的自覺、自我意識正是人區別於機械、動物的本質所在，是人確立自身價值的前提，人的自我意識屬於玄學問題，當然不是能通過實證解決的。唐鉞把不能通過實證證明的一切貶低爲人

〔註128〕丁文江：《玄學與科學——答張君勱》，張君勱、丁文江等著，《科學與人生觀》，濟南：山東人民出版社1997年版，第188頁。

〔註129〕丁文江：《玄學與科學》，張君勱、丁文江等著，《科學與人生觀》，濟南：山東人民出版社1997年版，第47頁。

〔註130〕吳稚暉：《一個新信仰的宇宙觀及人生觀》，張君勱、丁文江等著，《科學與人生觀》，濟南：山東人民出版社1997年版，第354頁。

〔註131〕胡適：《科學與人生觀序》，歐陽哲生編，《胡適文集》第3冊，北京：北京大學出版社1998年版，第164頁。

〔註132〕唐鉞：《機械與人生》，鍾離蒙、楊鳳麟編，《中國現代哲學史資料彙編》第一集第六冊，瀋陽：遼寧大學哲學系1981年版，第125頁。

類的想當然，恰恰表明了實證視野的局限性。對於人的自覺這一關鍵之處，唐鉞只是蓋上因果律的大網了事，而把人自然的、生理的存在條件，即與動物、機械相通的非本質的生存前提當作人的本質。用前提代替理由正是科學派還原方法上的運用。

與人的機械化、動物化相應，人生觀在科學派那裡變成了一種動物式庸俗遊戲。胡適把吳稚暉的新信仰歸結為「漆黑一團」的宇宙觀和「人欲橫流」的人生觀，吳氏所謂人生，「便是用手用腦的一種動物，輪到『宇宙大劇場』的第億垓八京六兆五萬七千幕，正在那裡出臺演唱」〔註133〕。「吃飯、生小孩、招呼朋友」即是人生的全部。胡適把科學對人生觀的統一理解為大同小異的一致，最低限度的一致是他提出的「自然主義的人生觀」。唐鉞則把人生觀歸於人的神經構造、經驗、知識等因素，人生觀成為這些既定經驗實證事實的反映，在因果線性的模式之下，人毫無意志自由可言。

第三，真對善的遮蔽。實證原則是科學主義最基礎、最重要的理論預設。學者江天驥曾指出，科學主義的認識論基礎主義歸咎於笛卡爾首創的基礎主義，笛卡爾最重要的論點：科學是唯一的知識、永恆的真理〔註134〕。把科學等同於知識，等同於真理，對真的崇尚代替了真善美的追求。丁文江曾反駁張君勱：「他說人生觀不為論理學方法所支配；科學回答他，凡不可以用論理學批評研究的，不是真知識。他說：『純粹之心理現象』在因果律之例外；科學回答他，科學的材料原都是心理的現象，若是你所說的現象是真的，決逃不出科學的範圍」〔註135〕。王星拱從科學的效果上試圖分析真實的就是美的、有用的、善的，並認為科學的人生觀就是要求真實於生活之中〔註136〕。玄學派極力「玄學」與「科學」之間劃上界限，保留「玄學」的地盤。科學派則用「科學」的權威去僭越，用所謂的「科學」的統一驅逐「玄學」。

第四，通過科學方法的萬能，實現價值領域的僭越。科學派將科學化約為科學的方法，胡適把科學方法概括為「大膽的假設，小心的求證」，且用它

〔註133〕吳稚暉：《一個新信仰的宇宙觀及人生觀》，張君勱、丁文江等著，《科學與人生觀》，濟南：山東人民出版社1997年版，第359頁。

〔註134〕江天驥：《科學主義和人本主義的關係問題》，《哲學研究》1996年第11期。

〔註135〕丁文江：《玄學與科學》，張君勱、丁文江等著，《科學與人生觀》，濟南：山東人民出版社1997年版，第49頁。

〔註136〕王星拱：《科學的起源與效果》，鍾離蒙、楊鳳麟編，《中國現代哲學史資料彙編》第一集第七冊，瀋陽：遼寧大學哲學系1981年版，第213～214頁。

來「重新估定一切價值」，丁文江也明確指出科學的萬能在於科學的方法，科學的方法變成了衡量宇宙人生領域一切的標準與尺度。科學不僅是求眞的工具，顯然具有了價值的範導功能。

何中華先生曾把科學派的理論預設歸納爲四個方面：實證論立場、還原論方法、進化論模式、邏輯學表徵。自從嚴復引入進化論，進化論便被知識分子視爲文化更新、社會變革的有力武器。進化是經驗世界在單向線性維度中的表現方式。對進化論的接受意味著實證論立場和因果還原詮釋框架的確立。在科學派看來，能否用實證經驗證明是判斷的第一步，丁文江說：「無論遇見什麼論斷，什麼主義，第一句話是：拿證據來！」〔註 137〕人生觀本屬於形而上學領域，邏輯實證主義者卡爾納普就指出，「形而上學的命題既不是眞的。也不是假的，因而它們沒有斷定什麼，它們既不包括有知識，也不包含有錯誤，它們完全在知識理論的範圍之外，在眞或假的討論範圍之外。」〔註 138〕卡爾納普把哲學任務看作對邏輯、數學命題和自然科學命題進行的邏輯分析，試圖把傳統的形而上學排除掉，但他的這段話恰恰從反面說明了科學對形而上學、哲學問題的無能爲力。科學派運用還原方法爲自己辯護，把複雜的分解爲簡單的經驗的一元的是還原論的特點，科學派把精神還原爲物質，把人還原爲人的心理、生理因素，將人與機械、動物相提並論，把人生還原爲人的神經構造等前提，丁文江曾駁斥張君勱，指出：「我們決不能相信有超物質而上的精神與外相隔絕的內，或是離非我而獨立的我。」〔註 139〕科學派把哲學的超驗的「應然」問題轉化、還原爲經驗的「是」問題，把哲學層面的理由歸於還原爲經驗實證的前提。還原論原則在 20 世紀50 年代受到西方學者的抨擊，波普爾的理性批判主義的證僞性否定了還原方法對科學劃界的終極意義，奎因的整體主義批評還原論對「信息的總體網絡」整體性的忽略、庫恩等人的歷史主義認爲通過經驗還原檢驗理論科學性的主張毫無根據，必須放棄，經驗到理論遭遇了「歸納跳越」難題。邏輯是科學的形式化表徵方式，科學派主將丁文江認爲：「凡不可以用論理學批評研究

〔註 137〕 丁文江：《玄學與科學──答張君勱》，張君勱、丁文江等著，《科學與人生觀》，濟南：山東人民出版社 1997 年版，第 194 頁。

〔註 138〕 〔德〕卡爾納普：《哲學和邏輯句法》，傅季重譯，上海：上海人民出版社 1962版，第 13 頁。

〔註 139〕 丁文江：《玄學與科學──答張君勱》，張君勱、丁文江等著，《科學與人生觀》，濟南：山東人民出版社 1997 年版，第 202 頁。

的，不是眞知識。」〔註140〕科學派對邏輯的理解側重於歸納，明顯受到嚴復的影響。嚴復認爲舊學中所用「外籀」（演繹）所依據的大抵是「心成之說」，強調「內籀」之學（歸納），認爲演繹的大前提也必須是歸納得出的科學知識。胡適對培根經驗歸納法也十分推崇，丁文江對科學方法的定義也明顯建立在從特殊到一般的歸納邏輯之上，他認爲：「科學的方法，是辨別事實的眞僞，把眞事實取出來詳細的分類，然後求他們的秩序關係，想一種最簡單明瞭的話來概括他。」〔註141〕科學派認識的邏輯法則實際僅限於形式邏輯。

三、玄學派對形而上學的維護

　　雖然玄學派在論戰中黯然謝幕，但其提出的人生觀及自由意志問題關涉著人的終極關懷，是「安心立命」之所在。從人類本體論的角度看，雖然人及其歷史表現爲人的肉體與精神二重化帶來的二律背反式的展現方式，但人的精神才是人的本質所在。當人超越肉體的經驗性，作爲「此在」彰顯「在」的時候，顯現的即是海德格爾所說的形而上學意義上的「本體論地在」。從一定意義上說，人作爲形而上學的存在是人的一種宿命。玄學派對人生觀的揭示正是科學派科學視野所遮蔽的。不能否認科學派對「科學」的宣揚對於從「前現代」到「現代」變遷的中國更富有啓蒙的意義，更符合時代的潮流，然而玄學派所揭示的觀點更有其深刻的意蘊，這也是使「科玄論戰」能夠超越自身時代局限的重要原因。

　　玄學派對形而上學與科學視野的不同有著強烈的自覺，而這種自覺來源於對人的存在的二重性的深刻認識。張君勱認爲「人生者，介於精神與物質之間者也；其所謂善者，皆精神之表現，如法制，宗教，道德，美術學問之類也；其所謂惡者，皆物質之接觸，如姦淫擄掠之類也。」〔註142〕他批駁科學派缺乏形而上學的視野，指出：「雖然分科之研究，不得已也，分科之學之是非，當衡諸超於諸學上之最高原理，而融會貫通之，是爲之形上學。

〔註140〕丁文江：《玄學與科學》，張君勱、丁文江等著，《《科學與人生觀》，濟南：山東人民出版社1997年版，第49頁。

〔註141〕丁文江：《玄學與科學》，張君勱、丁文江等著，《科學與人生觀》，濟南：山東人民出版社1997年版，第53頁。

〔註142〕張君勱：《再論人生觀與科學並答丁在君》，張君勱、丁文江等著，《科學與人生觀》，濟南：山東人民出版社1997年版，第84頁。

形上學者，諸學之最終裁判官也。……科學家所以反對形上學者，由於其習於分科，故不求宇宙之綜合的觀察，甚者以玄學爲鬼怪爲荒唐。」〔註143〕玄學派的哲學家張東蓀清楚地認識到「科學」的有限，認爲「科學」只能回答「如何」而不能回答「爲何」〔註144〕。形而上學與「科學」是兩種不同的視野，當科學派把「科學」作爲一種全息的視野，從而走向獨斷化時，便會造成對形而上學視野的遮蔽，不實現視野的轉換就無法理解玄學派的主張。張君勱就曾指出科學派對形而上學的迷盲：「在君如能棄其惟物主義或惟覺主義（如皮耳生是也）從我而學爲惟心主義者，則人生觀雖出於自由意志而不至於不可以一朝居者，其義自可豁然貫通，若抱其惟物主義而不變，雖我百端辯說，恐無亦法以回在君之觀聽也。」〔註145〕在反對玄學派的問題上，陳獨秀與胡適、丁文江等人的觀點大致相同，難怪他要弄不懂張君勱的意思了。他說：「我眞不懂他所謂『動因』，在術語上到底是何意義？……張先生倘不抛棄玄學家以個人自由意志爲社會變遷之根本動因的謬見，無論他如何博學，對於我關於九端只說明，其實未曾知，且恐終身亦未必知；然而他竟自欺的說：『豈並此而不知？』」〔註146〕如果說胡適與丁文江是用萬能的科學方法把人生觀消融於科學之中，陳獨秀則把人生觀作爲社會科學的一部份，然而他所指的社會科學不過是用自然科學的方法研究社會的學問，仍沒有逃出科學方法的法網。張君勱把科學分爲物質科學與精神科學，與陳獨秀自然科學與社會科學的分類有相似之處，關鍵的不同正是在於對人生觀的看法。張君勱認爲清華講演是人生觀與科學的對照，而不是精神科學與物質科學的對照，所以不能以他對於社會科學的態度，反駁人生觀，「社會科學固與人生觀相表裏，然社會科學，其一部對象爲物質部份（如生計學中之土地資本等）。物質固定而凝滯，固有公例可求。除此而外，歐立克所謂不可測度之部份，即我之所謂人生觀也」〔註147〕。他指出精神科學的公例局

〔註143〕張君勱：《人生觀之論戰序》，《張君勱集》，北京：群言出版社1993版，第71～72頁。

〔註144〕張東蓀：《科學與哲學》，《東方雜誌》第22卷2號，1925年1月。

〔註145〕張君勱：《再論人生觀與科學並答丁在君》，張君勱、丁文江等著，《科學與人生觀》，濟南：山東人民出版社1997年版，第84頁。

〔註146〕陳獨秀：《答張君勱及梁任公》，《陳獨秀文章選編》（中），北京：生活・讀書・新知三聯書店1984年版，第488～489頁。

〔註147〕張君勱：《再論人生觀與科學並答丁在君》，張君勱、丁文江等著，《科學與人生觀》，濟南：山東人民出版社1997年版，第80頁。

限在於「惟限於已過之事，而於未來之事，則不能推算一也」〔註 148〕。陳獨秀卻將人生觀列入社會科學說明之內，認爲「他們如此不同的人生觀，都是他們所遭客觀的環境造成的，絕不是天外飛來的主觀的意志造成的，這本是社會科學可以說明的，決不是形而上的玄學可以說明的」〔註 149〕。其缺陷是把形而上學的問題還原爲問題的物質性前提，用前提置換了理由，由物質本體論代替了形而上學的視野。

　　遮蔽了形而上學視野，「科學」對人生觀的解釋只能是一種說明或一張科目表。張君勱對陳獨秀的批評進行了駁斥，「我之清華講演中所舉九項，謂非科學所能解決，而斷其起於人類之自由意志，梁任公亦以此爲病而駁之，獨秀復臚舉社會學家言以相難，謂此九項之因果盡爲科學家所能解釋，而歸結於物質爲社會變動之大因。夫大家族也，小家族也，自由婚姻也，專制婚姻也，守舊也，維新也，在一事既已過去，科學家彙集各種事實，推求其由來，而爲之說明，此其事之可能，何待贅言？顧我所以舉此者，非曰社會學家之說明是否可能也，乃問人類對於此九項之態度之變遷之動因，何自而來也。甲以爲然，乙以爲否，甲日以爲是者，乙日又以爲非，其變遷之速如此者，而推求所以致此者，則曰人類之自由意志爲之，非科學公例所能一律相繩也。夫不究九端之動因，而但言科學的解釋，則社會學家之關於九端之說明文」〔註 150〕。張君勱認爲陳獨秀唯物的歷史觀的解釋只能算是社會學家的說明，並不能指出人生觀的真正動因。早期的馬克思主義受實證主義思潮的影響，帶有鮮明的機械唯物論色彩，把物質作爲社會進步與發展的唯一動因。張君勱批評胡適所謂的自然主義人生觀也不過是「一張教授科目表」，強調自由意志才是人生觀變遷的動因。張君勱在序言末提出：「吾人之結論曰：第一，科學上之因果律，限於物質，而不及於精神。第二，各分科之學上，應以形上學統其成。第三，人類活動之根源之自由意志問題，非在形上學中，不能瞭解。」〔註 151〕張君勱指出了「科學」的有限性，明確把

〔註148〕張君勱：《再論人生觀與科學並答丁在君》，張君勱、丁文江等著，《科學與人生觀》，濟南：山東人民出版社 1997 年版，第 77 頁。

〔註149〕陳獨秀：《〈科學與人生觀〉序》，《陳獨秀文章選編》（中），北京：生活・讀書・新知三聯書店 1984 年版，第 351 頁。

〔註150〕張君勱：《人生觀之論戰序》，《張君勱集》，北京：群言出版社 1993 版，第67 頁。

〔註151〕張君勱：《人生觀之論戰序》，《張君勱集》，北京：群言出版社 1993 版，第72 頁。

自由意志歸爲形而上學問題，進一步闡明形而上學與科學的界限。不僅如此，在劃界的基礎上，他還重申傳統形而上學所強調的形而上學對科學的超越意義。

在前面的論述中可以看出，從東西文化論戰到「科玄論戰」，其中貫穿著對「民主」與「科學」的傳播與崇尚，尤其是「科學」的泛化影響深遠。在這種視「科學」爲眞理的學術文化氛圍中，玄學派在論戰中不是像傳統形而上學一樣強調「玄學」對「科學」的涵蓋，而是更關注「玄學」與「科學」的不同，試圖通過兩者的劃界，爲「玄學」留下合法的地盤，完全是一副招架之勢。科學派則顯得進攻氣勢咄咄逼人。張君勱認爲「天下古今之最不統一者，莫若人生觀」〔註152〕。丁文江抓住張君勱人生觀多元性的論證漏洞，反駁道：「人生觀現在沒有統一是一件事，永久不能統一又是一件事。除非你能提出事實理由來證明他是永遠不能統一的，我們總有求他統一的義務。」〔註153〕玄學派的這一漏洞給了科學派可乘之機。丁文江將問題轉變爲人生觀是否統一上，胡適又將統一解釋爲大同小異的一致，主張進行各種具體科學人生觀的討論，「若不先有一種具體的科學人生觀作討論的底子，今日泛泛地承認科學有解決人生觀的可能，是沒有用的。……到了那個具體討論的時期，我們才可以說是眞正開戰。那時的反對，才是眞反對。那時的贊成，才是眞贊成。那時的勝利，才是眞勝利」〔註154〕。其中的要害在於把一個形而上學的問題還原爲科學領域的具體比較問題。科學派以人生觀沒有統一是一件事，永久不能統一又是一件事爲由，通過突出「科學」的普遍性，企圖爲人生觀找到一個統一的基礎，爲人生觀套上因果律的「金剛圈」。

值得注意的是，張君勱認爲人生觀是多元的是一種錯置，因爲在「體」的層面人生觀是一元的，科學是多元的。人作爲一種文化的存在，人生觀指向人的自身存在，屬於形而上學的領域。作爲一種形而上學的規定，只有在超驗的價值視野中才能眞正把握人的本質。價值的超驗性來自價值的絕對性和唯一性，所以，在形而上學的意義上，人生觀是一元的，科學是多元的。

〔註152〕張君勱：《人生觀》，張君勱、丁文江等著，《科學與人生觀》，濟南：山東人民出版社1997年版，第33頁。

〔註153〕丁文江：《玄學與科學》，張君勱、丁文江等著，《科學與人生觀》，濟南：山東人民出版社1997年版，第42頁。

〔註154〕胡適：《科學與人生觀序》，歐陽哲生編，《胡適文集》第3冊，北京：北京大學出版社1998年版，第159頁。

科學對於人生觀經驗的把握是構成人的豐富性不可缺少的內容，但不能把握到人的本質存在。當用科學經驗的眼光去審視人生觀問題時，把超驗的規定當做一種經驗的實體，精神還原爲物質，人的肉體與精神二重化還原爲人的肉體性，人生觀還原爲「人欲橫流」的庸俗生活。科學派是在科學的視野中注視人生觀問題的，這是人生觀在「用」的層面的呈現。在「用」層面上，人生觀恰恰是多元的，科學是一元的。科學派試圖用科學的普遍必然性來統一人生觀，也是一種錯置。何中華先生曾指出玄學派在學理上的缺陷，他認爲：「說人生觀是一元的，不過是把問題局限於現象學描述層面。在這一層面上，科學同樣是多元的。因爲科學理論在視野上的互斥互補關係，以及科學賴以建立的實證經驗基礎（感性雜多）均無法被納入一元論框架。玄學派試圖用人生觀的多元性來消解科學的客觀統一性，這恰恰是授人以柄。」〔註155〕

　　張君勱在論戰末寫的序言中進一步闡述了自己的論點，將論戰核心歸於自由意志問題，「此二十萬言之爭論，科學非科學也，形上非形上也，人生爲科學所能解決與不能解決也，有因與無因也，物質與精神也，若去其外殼，而窮其精覈，可以一言蔽之，曰自由意志問題是矣！」〔註156〕作爲玄學派的主角，梁啓超在《歐遊心影錄》中就曾對物質本體論思想進行過批評，「所謂宇宙大原則是要用科學的方法試驗得來、不是用哲學的方法冥想得來的。這些唯物派的質學派，託庇科學宇下建立一種純物質的純機械的人生觀。把一切內部生活外部生活，都歸到物質運動的『必然法則』之下。這種法則其實可以叫作一種變相的運命前定說……不惟如此，他們把心理和精神看成一物。根據實驗心理學硬說人類精神也不過一種物質、一樣受『必然法則』所支配。於是人類的自由意志不得不否認了。意志既不能自由、還有什麼善惡的責任？……現今思想最大的危機就在這一點。」〔註157〕梁啓超同意張君勱關於自由意志的觀點，但覺得他不應該把「科學」的作用全抹殺掉，主張自由意志與理智相互輔助：「我承認人類所以貴於萬物者在有自由意志；又承認人類社會所以日進，全靠他們的自由意志。但自由意志之所以可貴，全在其

〔註155〕何中華：《「科玄論戰」與20世紀中國哲學走向》，《文史哲》1998年第2期。
〔註156〕張君勱：《人生觀之論戰序》，《張君勱集》，北京：群言出版社1993版，第70頁。
〔註157〕梁啓超：《歐遊心影錄》，《飲冰室合集》專集二十三，上海：中華書局1936年版，第11頁。

能選擇於善不善之間而自己作主以決從違。所以自由意志是要與理智相輔的。」〔註158〕范壽康也強調「科學」與「哲學」的分界，他說：「心理學所研究的是必然的法則，哲學（指價值哲學）所研究的是當然的法則，兩者各有各的範圍，界限是很清楚的。所以我希望唐先生一面不要太膽小，怕心理學被哲學者所抹殺，同時他又不要太膽大，要想用心理學的必然法則把哲學的當然的法則都抹殺了。」〔註159〕科學派把因果律應用於人生領域，用因果大法支配人的一切，把人等同於機器，取消了意志自由的合法性。陳獨秀雖然不否認人的努力及其天才活動的能動性，但更為強調要在社會的物質條件可能範圍之內。另一位早期的馬克思主義者瞿秋白把自由限於「認識了的必然性」範圍之內，在他看來，「一切動機（意志）都不是自由的而是有所聯繫的；一切歷史現象都是必然的。——所謂歷史的偶然，僅僅因為人類還不能完全探悉其中的因果，所以純粹是主觀的」。「所謂『自由』（絕無因果）僅僅是尚未瞭解的『必然』」。「所謂『意志自由』，當解作：『確知事實而能處置自如之自由』」〔註160〕。由此可見，瞿秋白仍然把自己的視野囿於認識論的框架。「科學」是基於因果還原框架而成立和被建構的，它對因果必然性的肯定消解了人的道德責任，無法為人的道德責任提供合法性根據。人的道德責任只能來源於人作為價值主體前提的意志自由。「科學」的工具性作為典型的工具理性，在價值上保持中立立場，無法為道德責任提供內在理由。當然，玄學派由於受到柏格森等人生命哲學的影響，其自由意志傾向於非理性的生命體驗，也有一定的局限性。

　　玄學派與早期馬克思主義者在社會動因上還表現出兩種截然不同的致思取向。玄學派理論資源是西方的人本主義思想與中國理學的傳統，其目的是建立「新宋學」，早期馬克思主義者的理論基礎則是唯物論。「生計條件為主」與「心思才力為主」代表著兩者不同的文化預設。張君勱將陳獨秀的唯物史觀斥為政治手段，「思想者，事實之母也，此區區一語中，而歷史之真理已描寫盡淨，乃生當今日，而猶守馬氏之言若聖經賢傳如陳獨秀者，豈為求真哉？

〔註158〕梁啓超：《人生觀與科學》，張君勱、丁文江等著，《科學與人生觀》，濟南：山東人民出版社1997年版，第140頁。

〔註159〕范壽康：《意志自由與道德》，鍾離蒙、楊鳳麟編，《中國現代哲學史資料彙編》第一集第七冊，瀋陽：遼寧大學哲學系1981年版，第382頁。

〔註160〕瞿秋白：《自由世界與必然世界》，《瞿秋白文集》（政治理論編第二卷），北京：人民出版社1988年版，第297頁。

亦曰政治之手段耳！」〔註161〕陳獨秀認爲張君勱是顛倒了因果關係，他甚至模仿笛卡爾的「我思故我在」命題來說明張君勱是如何倒果爲因，「我說：『我存在，因此，我能思。』我並且說：『我不存在時，因此，我不能思；而宇宙間一切物仍存在。』」〔註162〕

四、早期馬克思主義與自由主義的分歧

郭穎頤把唯科學主義區分爲「唯物論的唯科學主義」和「經驗主義信條的唯科學主義」，前者「認爲人類與自然的其他方面即物理科學的自然並無不同」，後者「把科學作爲一種最好的東西，並把科學方法作爲尋求眞理和知識的惟一方法來接受」〔註163〕。陳獨秀與胡適是兩種類型的代表，他們體現著早期馬克思主義者與自由主義者之間的分歧。

就早期馬克思主義者與自由主義者對新文化的推崇與對傳統文化的批判來說，他們是一致的。在東西文化論戰中體現爲對「民主」與「科學」的崇仰，在「科玄論戰」中則是對科學萬能的共同信仰，同屬科學派的陣營。可以說，在新文化運動中，早期馬克思主義者與自由主義者一直是並肩作戰的戰友，直到「科玄論戰」的尾聲，兩者才開始分道揚鑣。

最初的不同可以追溯到東西文化論戰期間的「問題與主義」之爭。在過去中共黨史的研究框架中，「問題與主義」的爭論一直被看作馬克思主義與自由主義在中國的論戰，胡適本人後來也將之稱爲「我與馬克思主義者衝突的第一個回合」〔註164〕。近年許多學者對這種傳統的看法提出質疑，客觀地把論爭的性質定位爲一場思想學術的爭論或以學術討論爲主，政治論戰次之〔註165〕。

1919 年 7 月，胡適在《每周評論》上發表《多研究些問題，少談些主義》，

〔註161〕張君勱：《人生觀之論戰序》，《張君勱集》，北京：群言出版社 1993 版，第66 頁。

〔註162〕陳獨秀：《答張君勱及梁任公》，《陳獨秀文章選編》（中），北京：生活·讀書·新知三聯書店 1984 年版，第 490 頁。

〔註163〕〔美〕郭穎頤：《中國現代思想中的唯科學主義（1900～1950）》，雷頤譯，南京：江蘇人民出版社 2005 年版，第 17 頁。

〔註164〕胡適：《胡適口述自傳》，歐陽哲生編，《胡適文集》第 1 冊，北京：北京大學出版社 1998 年版，第 358 頁。

〔註165〕參見鄭東升：《近十年來關於「問題與主義」之爭研究綜述》，《錦州師範學院學報》第 25 卷第 5 期。

認為輿論界偏向報紙上的學說，連安福部也在高談民生主義，這是對新文化的倡導者是極大的教訓，空談主義的缺點是極容易的、沒有用處的、很危險的，造成空談的原因是畏難求易，文末重申不是勸人不研究學說與主義，而是「希望中國的輿論家，把一切『主義』擺在腦背後，作參考資料，不要掛在嘴上做招牌，不要叫一知半解的人拾了這些半生不熟的主義去做口頭禪。『主義』的大危險，就是能使人心滿意足，自以為尋著包醫百病的『根本解決』，從此用不著費心力去研究這個那個具體問題的解決法了」〔註166〕。進步黨人藍公武首先以《問題與主義》為題提出異議，指出問題不限於具體，抽象性問題更為重要，問題與主義並不是相反的，主義的研究是解決問題的最重要最切實的第一步。李大釗在隨後發表的《再論問題與主義》一文中，認同胡適對紙上空談主義的批評，「誓向實際的方面去作」。但與胡適不同之處有兩點：第一，他強調了主義對問題的尺度、標準意義，「要想使一個社會問題，成為社會上多數人共同的問題，應該使這社會上可以共同解決這個那個社會問題的多數人，先有一個共同趨向的理想、主義，作他們實驗自己生活上滿意不滿意的尺度（即是一種尺度）」〔註167〕。第二，李大釗反駁了胡適對「根本解決」的否定，認為在沒有組織沒有生機的社會中，必須有一個根本解決，才有把一個一個的具體問題都解決了的希望，根據馬克思主義的唯物史觀，指出「經濟問題的解決，是根本解決。經濟問題一旦解決，什麼政治問題、法律問題、家族問題、女子解放問題、工人解放問題，都可以解決」〔註168〕。李大釗強調經濟的革命離不開「階級競爭」理論，認為許多馬克思主義的社會主義者吃了這個觀念的虧，在根本解決以前，還要有相當的準備活動。與藍文相比，李大釗的文章因昭示出早期馬克思主義的思想走向而更具有思想史上的意義。

為了回應李大釗、藍公武，胡適發表了《三論問題與主義》。胡適認為藍公武混淆了抽象與理想，強調主義起初都是具體主張，批評李大釗認為主義會因時因地因事變化的看法是「一種不負責的主義論」，重申了自己多研究些

〔註166〕胡適：《多研究些問題，少談些「主義」！》，歐陽哲生編，《胡適文集》第2冊，北京：北京大學出版社1998年版，第252頁。

〔註167〕李大釗：《再論問題與主義》，《李大釗文集》（下），北京：人民出版社1984年版，第32頁。

〔註168〕李大釗：《再論問題與主義》，《李大釗文集》（下），北京：人民出版社1984年版，第37頁。

具體問題，少談些抽象主義的主張，「一切主義，一切學理，都該研究，但是只可認作一些假設的見解，不可認作天經地義的信條；只可認作參考印證的材料，不可奉爲金科玉律的宗教；只可作爲啓發心思的工具，切不可用作蒙蔽聰明，停止思想的絕對眞理。如此方才可以漸漸養成人類的創造的思想力，方才可以漸漸使人類有解決具體問題的能力，方才可以漸漸解放人類對於抽象名詞的迷信。」〔註169〕胡適仍感到意猶未盡，又發表了《四論問題與主義》，強調輸入學理要有「歷史的態度」，對輸入的主義，要瞭解「前因」：當日的時勢、論主的才性、古代學說與同時思潮的影響，要瞭解「後果」：主義在政治上、社會上、思想上等的影響，「這樣輸入的主義，一個個都是活人對於活問題的解釋與解決，一個個都有來歷可考，都有效果可尋」〔註170〕。此後，《每周評論》被北洋軍閥查封，問題與主義論戰就此結束。1919 年 12 月，胡適在《新思潮的意義》中延續了自己對待問題與主義的態度，把新思潮的意義概括爲「研究問題、輸入學理、整理國故、再造文明」，認爲研究問題與輸入學理都是評判的態度、新思潮的手段，但又說新思潮的最大成績差不多都是研究問題的結果。學理的價值在哪裏呢？「我們可以在研究問題裏面做點輸入學理的事業，或用學理來解釋問題的意義，或從學理上尋求解決問題的方法。用這種方法來輸入學理，能使人於不知不覺之中感受學理的影響。不但如此，研究問題最能使讀者漸漸的養成一種批評的態度，研究的興趣，獨立思想的習慣。」〔註171〕

　　新文化運動前後，西方各種學術思想湧入國內，難免出現生吞活剝、囫圇吞棗的情況，如對「社會主義」的解釋就多達 50 餘種，「問題與主義」之爭正是在「思想自由」的新文化氛圍中，自由主義者與早期馬克思主義者之間展開的一次正常學術爭論。胡適對研究問題的強調使早期馬克思主義者注意到了馬克思主義與中國實際結合的重要性，並由此開始了馬克思主義中國化的艱苦的理論與實踐探索。1919 年秋，毛澤東在長沙組織了「問題研究會」，提出研究的政治、經濟、社會等各類問題就達 140 多個。中國社會主

〔註169〕胡適：《三論問題與主義》，歐陽哲生編，《胡適文集》第 2 冊，北京：北京大學出版社 1998 年版，第 273～274 頁。

〔註170〕胡適：《四論問題與主義》，歐陽哲生編，《胡適文集》第 2 冊，北京：北京大學出版社 1998 年版，第 278 頁。

〔註171〕胡適：《新思潮的意義》，歐陽哲生編，《胡適文集》第 2 冊，北京：北京大學出版社 1998 年版，第 555 頁。

義青年團最早的機關報《先驅》的發刊詞中強調「努力研究中國的客觀的實際情形，而求得一最合宜的實際的解決中國問題的方案」〔註172〕。有學者認爲正是胡適首先指明了馬克思主義中國化的命題，「如果追尋馬克思主義中國化研究的歷史起源，不管是從「旁觀者清」的角度考慮還是從歪打正著的層面搜索，都非胡適莫屬。一個非馬克思主義者，卻點破了馬克思主義中國化的先機」〔註173〕。

　　自由主義者與早期馬克思主義者在反對空談主義上是一致的，但對主義的理解視角、社會改造的目的與方法等方面存在分歧，主要表現在以下幾個方面：

　　第一，主義的歷史與當下作用。胡適認爲他所說的主義是主義的歷史，李大釗與藍公武說的是主義現在的作用。胡適主張從歷史的角度把主義還原爲具體主張，「試看一切主義的歷史，從老子的無爲主義，到現在的布爾簡維克主義，那一個主義起初不是一種『救時的具體主張』？」〔註174〕李大釗則認爲問題與主義不能分離，更看重主義的社會效果，傾向於把主義看作革命的工具，「我們的社會運動，一方面固然要研究實際的問題，一方面也要宣傳理想的主義。這是交相爲用的，這是並行不悖的」〔註175〕。

　　第二，再造文明與社會革命。面對重重的社會危機、文化危機，知識分子是繼續在書齋中研究問題還是投身到社會實際的運動？自由主義者與早期馬克思主義者有著不同的選擇。胡適傾向於學理的研究，他在《新思潮的意義》中明確把再造文明作爲自己努力的方向，「新思潮的將來趨勢，依我個人的私見看來，應該是注重研究人生社會的切要問題，應該於研究問題之中做介紹學理的事業。……新思潮的唯一目的是什麼呢？是再造文明」〔註176〕。馬克思認爲：「對實踐的唯物主義者即共產主義者來說，全部問題都在於使

〔註172〕中共中央黨校黨史教研室編：《中共黨史參考資料》（一），北京：人民出版社1979 年版，第 313 頁。

〔註173〕彭繼紅、何爲：《「問題與主義」論戰中的馬克思主義中國化》，《湘潭師範學院學報》（社會科學版）2002 年第 1 期。

〔註174〕胡適：《三論問題與主義》，歐陽哲生編，《胡適文集》第 2 冊，北京：北京大學出版社 1998 年版，第 266～267 頁。

〔註175〕李大釗：《再論問題與主義》，《李大釗文集》（下），北京：人民出版社 1984年版，第 32 頁。

〔註176〕胡適：《新思潮的意義》，歐陽哲生編，《胡適文集》第 2 冊，北京：北京大學出版社 1998 年版，第 558 頁。

現存世界革命化，實際地反對並改變現存的事物。」〔註177〕因爲馬克思主義的旨趣在於「改變世界」。接受了馬克思主義的李大釗顯然不滿足於書齋式的研究，他所談的問題與主義都是服務於社會現實，「我們惟有一面認定我們的主義，用他作材料，作工具，以爲實際的運動；一面宣傳我們的主義，使社會上多數人都能用他作材料，作工具，以解決具體的社會問題」〔註178〕。兩者似乎有著學者與革命者的不同人格特徵。

第三，點滴改良與根本改造。胡適是實驗主義的信奉者，不承認有包醫百病的根本解決，他認爲再造文明的方法是點滴改良。「文明不是攏統造成的，是一點一滴的造成的。進化不是一晚上攏統進化的，是一點一滴的進化的。現今的人愛談『解放與改造』，須知解放不是攏統解放，改造也不是攏統改造。解放是這個那個制度的解放，這種那種思想的解放，這個那個人的解放，是一點一滴的解放。改造是這個那個制度的改造，這種那種思想的改造，這個那個人的改造，是一點一滴的改造。再造文明的下手工夫，是這個那個問題的研究。再造文明的進行，是這個那個問題的解決。」〔註179〕李大釗則認爲是否要根本解決，不能一概而論，因爲「若在有組織有生機的社會，一切機能都很敏活，只要你有一個工具，就有你使用他的機會，馬上就可以用這工具作起工來。若在沒有組織沒有生機的社會，一切機能，都已閉止，任你有什麼工具，都沒有你使用他作工的機會。這個時候，恐怕必須有一個根本解決，才有把一個一個的具體問題都解決了的希望」〔註180〕。有趣的是，兩人都舉了俄國的例子來支持自己的觀點：李大釗把它作爲社會需要根本解決的例子，胡適則將其奉行的「布爾紮維柯主義」說成是救時的具體主張，不承認其革命性，這顯然有悖於事實，難免有削足適履之嫌。

第四，對馬克思主義階級競爭說的不同認識。「容忍比自由還更重要」是胡適晚年喜歡的一句政治格言，其自由主義的容忍態度接受不了馬克思主義的階級競爭說，「這種學說，太偏向申明『階級的自覺心』一方面，無形之中

〔註177〕《馬克思恩格斯選集》，第1卷，北京：人民出版社1995年版，第75頁。
〔註178〕李大釗：《再論問題與主義》，《李大釗文集》（下），北京：人民出版社 1984年版，第37頁。
〔註179〕胡適：《新思潮的意義》，歐陽哲生編，《胡適文集》第2冊，北京：北京大學出版社1998年版，第558頁。
〔註180〕李大釗：《再論問題與主義》，《李大釗文集》（下），北京：人民出版社 1984年版，第37頁。

養成一種階級的仇視心，不但使勞動者認定資本家爲不能並立的仇敵，並且使許多資本家也覺勞動者眞是一種敵人。這種仇視心的結果，使社會上本來應該互助而且可以互助的兩種大勢力，成爲兩座對壘的敵營，使許多建設的救濟方法成爲不可能，使歷史上演出許多本不須有的慘劇」〔註181〕。李大釗作爲早期的馬克思主義者，比自由主義者更深刻地認識到這一理論與唯物史觀的關係及其現實意義，「了了不注意，絲毫不去用這個學理作工具，爲工人聯合的實際運動，那經濟的革命，恐怕永遠不能實現，就能實現，也不知遲了多少時期」〔註182〕。

這裡胡適奉行的實驗主義也顯示出了自身的兩大缺陷：第一，按照實驗主義說法，實驗主義作爲一種主義，在使用它時也要瞭解其產生的時勢、論主的才性、受到的古代學說與同時思潮的影響，要瞭解其在政治上、社會上、思想上等的影響，即要瞭解實驗主義的有限性，然而胡適在將實驗主義施用到中國時，顯然沒有注意他警示別人的注意事項，通過方法論的化約實驗主義成爲了一種「眞理」。李大釗對社會有否組織有否生機的甄別顯然被胡適忽略掉了。在這方面，胡適恰恰犯了自己再三提醒別人的錯誤。第二，實驗主義長於批判，短於建設。余英時在《中國近代思想史上的胡適》中提到，胡適不能爲社會變革提出具體而有效的行動綱領，並非實驗主義的特例。胡適服膺的實驗主義老師杜威在美國也受到同樣的困擾，杜威無法提出一套確定的政治方案來解決美國的社會問題，只肯提供「創造的智慧」的老話和一套政治方法論。後來的分析哲學家奎因也只能批評性急的大眾去傾聽毫不負責的說法。實驗主義的懷疑態度有一種不認定的傾向，同時經驗實證的立場使得他們只能「小心的求證」。余英時在分析胡適思想的內在限制時指出：「他的『科學方法』——所謂『大膽的假設，小心的求證』——他的『評判的態度』，用之於批判舊傳統是有力的，但是它無法滿足一個劇變社會對於『改變世界』的急迫要求。……科學方法的本質限定它只能解決一個一個的具體問題，但是它不能承擔全面判斷的任務，即使在專門學科的範圍之內也不例外。」〔註183〕

〔註181〕胡適：《四論問題與主義》，歐陽哲生編，《胡適文集》第 2 冊，北京：北京大學出版社 1998 年版，第 277 頁。

〔註182〕李大釗：《再論問題與主義》，《李大釗文集》（下），北京：人民出版社 1984年版，第 38 頁。

〔註183〕〔美〕余英時：《重尋胡適歷程——胡適生平與思想再認識》，桂林：廣西師

　　「科玄論戰」末期，陳獨秀與胡適都爲論戰文集寫了序言，陳獨秀用馬克思主義的唯物史觀對胡適進行質疑，正如郭湛波在《近五十年中國思想史》中對這段辯論進行的評價，「這是陳先生用『唯物史觀』對於思想，教育的解釋，是對於胡先生正式宣戰，也就是此次大戰終結，後日思想論戰的導火線」〔註184〕。

　　陳獨秀此時已是中國共產黨的領導人，在《科學與人生觀序》中認爲科學派攻擊張君勱、梁啓超表面上好像是得了勝利，其實並未攻破對方的大本營，主將丁文江也不過是以五十步笑百步。在陳獨秀看來，丁文江的存疑唯心論顯得不徹底，對於超物質的心、神靈、上帝是無疑可存，也不應把歐洲文化破產的責任歸到玄學家教育家和政治家身上，張君勱例舉的九項人生觀和梁啓超所指情感的事項都受社會客觀的因果支配，都應從物質的即經濟的原因著手分析。他希望胡適百尺竿頭更進一步，認識到「唯物的歷史觀」是可以攻破大本營的武器，他認爲「什麼先天形式，什麼良心，什麼直覺，什麼自由意志，一概都是生活狀況不同的各時代各民族之社會的暗示所鑄而成。……我們相信只有客觀的物質原因可以變動社會，可以解釋歷史，可以支配人生觀，這便是『唯物的歷史觀』。我們現在要請問丁在君先生和胡適先生：相信『唯物的歷史觀』爲完全眞理呢，還是相信唯物以外像張君勱等類人所主張的唯心觀也能夠超科學而存在？」〔註185〕胡適回應陳獨秀百尺竿頭不能進這一步了，他認爲歷史事實的原因是多方面的，經濟只是其中的原因之一，「獨秀終是一個不徹底的唯物論者。他一面說『心即是物之一種表現』，一面又把『物質的』一個字解成『經濟的』」，「我們雖然極歡迎『經濟史觀』來做一種重要的史學工具，同時我們也不能不承認思想知識等事也都是『客觀的原因』，也可以『變動社會，解釋歷史，支配人生觀』。所以我個人至今還只能說，『唯物（經濟）史觀至多只能解釋大部份問題』。」〔註186〕

　　陳獨秀認爲胡適的自然主義的人生觀尚不能證明科學的萬能。與其強調

範大學出版社 2004 年版，第 214～215 頁。

〔註184〕郭湛波：《近五十年中國思想史》，濟南：山東人民出版社 1997 年版，第 244 頁。

〔註185〕陳獨秀：《〈科學與人生觀〉序》，《陳獨秀文章選編》（中），北京：生活・讀書・新知三聯書店 1984 年版，第 353～355 頁。

〔註186〕胡適：《答陳獨秀先生》，歐陽哲生編，《胡適文集》第 3 冊，北京：北京大學出版社 1998 年版，第 173 頁。

科學是主觀與客觀相符的觀點相一致，他力圖由客觀的解釋樹立起科學的權威，「科學的萬能在哪裏？適之只重在我們自己主觀的說明，而疏忽了社會一般客觀的說明，只說明了科學的人生觀自身之美滿，未說明科學對於一切人生觀之威權，不能證明科學萬能，使玄學遊魂尚有四出的餘地；我則以爲，固然在主觀上須建設科學的人生觀之信仰，而更須在客觀上對於一切超科學的人生觀加以科學的解釋，畢竟證明科學之威權是萬能的，方能使玄學鬼無路可走，無縫可鑽」〔註187〕。陳獨秀認爲胡適把唯物史觀說成一種歷史觀是誤解，因爲「社會是人組織的，歷史是社會現象之記錄，『唯物的歷史觀』是我們的根本思想，名爲歷史觀，其實不限於歷史，並應用於人生觀及社會觀」〔註188〕。他認爲胡適與唯物史觀者爭論的焦點在於經濟與思想、政治、道德、文化、教育、宗教之間的關係，是基礎的一元論還是多元論？陳獨秀把經濟作爲唯一的基礎，他指出：「我們並不抹殺知識思想言論教育，但我們只把他當做經濟的兒子，不像適之把他當做經濟的弟兄。我們並不否認心的現象，但我們只承認他是物之一種表現，不承認這表現復與物有同樣的作用。」〔註189〕陳獨秀批評胡適的心物二元論是對玄學派的唯心論的支持，因爲「離開了物質一元論，科學便瀕於破產，適之頗尊崇科學，如何對心與物平等看待！適之果堅持物的原因外，尚有心的原因，──即知識，思想，言論，教育，也可以變動社會，也可以解釋歷史，也可以支配人生觀，──像這樣明白主張心物二元論，張君勱必然大搖大擺的來向適之拱手道謝！！！」〔註190〕支持科學派的馬克思主義開始明確自己的立場，分歧日漸明朗，「科玄論戰」結束後學術界呈現出激進的馬克思主義、自由主義與文化保守主義三足鼎立的局面。

　　除了「問題與主義」之爭中顯現的社會改造目標與手段等方面之外，「科玄論戰」中早期馬克思主義與自由主義的分歧更突出地顯出學理預設上的不同。首先，基礎的一元論與多元論的分野。胡適把經濟與思想、知識、言論、

〔註187〕陳獨秀：《答適之》，《陳獨秀文章選編》（中），北京：生活・讀書・新知三聯
　　　　書店1984年版，第377頁。
〔註188〕陳獨秀：《答適之》，《陳獨秀文章選編》（中），北京：生活・讀書・新知三聯
　　　　書店1984年版，第377頁。
〔註189〕陳獨秀：《答適之》，《陳獨秀文章選編》（中），北京：生活・讀書・新知三聯
　　　　書店1984年版，第379頁。
〔註190〕陳獨秀：《答適之》，《陳獨秀文章選編》（中），北京：生活・讀書・新知三聯
　　　　書店1984年版，第379～340頁。

教育都作為社會變動的客觀的原因，陳獨秀則認為只有客觀的物質原因可以變動社會、解釋歷史、支配人生觀。所謂客觀的物質原因對於人類社會而言，就是經濟基礎，他把思想、文化、宗教、道德、教育等作為心的現象，不否認這些心的現象的存在，但強調他們建立在經濟的基礎之上的。其次，物質本體論與存疑的唯心論之區別。陳獨秀批判胡適是心物二元論，只承認心是物的一種表現，人生觀變成了對生存所需物質前提的考察，「離開了物質一元論，科學便瀕於破產，適之頗尊崇科學，如何對心與物平等看待！」〔註191〕。思想變成了心物之間發生學聯繫，形而上學的視野就被置換為科學的視野，而把心歸因於物，則帶有物質本體論的意味。實用主義者胡適如他自己所說的，赫胥黎教他怎樣懷疑，杜威教他把一切學說思想都看作待證的假設，丁文江的存疑的唯心論的積極精神就在於「拿證據來」，可見存疑的唯心論實質是經驗原則。胡適是主張多元論的，不肯把社會的動因歸為一種東西，似乎對馬克思主義者客觀的物質原因和玄學派的心思才力都有所肯定，所以陳獨秀批他是二元論。

　　早期馬克思主義者把馬克思主義作為一種工具、手段，表明他們是在經驗論的立場上接受馬克思主義的。這既有傳統經世致用思想的影響，也有科學主義風氣的影響，從而不可避免地對馬克思主義產生一些誤讀。在「科學」與「玄學」的關係方面，早期馬克思主義把「玄學」歸為社會科學的範圍，混淆了兩種視野上的不同；囿於實證、經驗的視野，早期馬克思主義過於機械強調物質本體論思想，從「物」的線索理解馬克思主義，忽視了馬克思思想中「人」的線索，無法全面把握馬克思主義的實質；對自由的認識停留在認識了的必然的層面，此岸的「認識了的必然」只能是一種消極的自由，無法揭示自由的彼岸性和積極自由的哲學意蘊。

〔註191〕陳獨秀：《答適之》，《陳獨秀文章選編》（中），北京：生活・讀書・新知三聯書店 1984 年版，第 379 頁。

第三章 「五四」新文化運動與西方啓蒙運動異同之比較

　　「五四」新文化運動高揚「民主」與「科學」兩大旗幟，對人的發現和覺醒起到了重要的文化啓蒙作用，因而被稱爲中國的「啓蒙運動」。回顧中國近代歷史，文化啓蒙之路步履艱辛，從洋務運動、戊戌變法、辛亥革命，到「五四」新文化運動，在西方文化「他者」的浸染與參照之下，東西文化的碰撞與衝突由器物、制度層面逐漸深入到文化心理層面。「五四」新文化運動作爲文化啓蒙歷程中最重要、最典型的事件，接受了科學與民主的精神洗禮，使得中國文化迅速轉入現代文化的軌道，深刻影響了中國文化的走向。然而，歷史的車輪轉過了近一個世紀，「五四」新文化運動提出的科學與民主仍然是擺在我們面前的一項未竟的事業，與西方啓蒙運動塑造的現代性歷史潮流形成鮮明對比。人們在一次次重溫「五四」啓蒙的命題時，也在探尋著「五四」新文化運動與西方啓蒙運動的異同。啓蒙的實質是什麼？「五四」新文化運動在什麼意義上被稱爲「中國的啓蒙運動」？中國啓蒙運動有哪些特殊性？出路又在哪裏？面對如何重建中國文化的難題，我們不得不再次思考「五四」啓蒙的得失。

第一節 啓蒙的實質及其在「五四」新文化運動中的表現

一、何謂「啓蒙」？

　　從文化發生學的角度看，文藝復興和宗教改革後，基督教神學權威逐漸

衰落，近代自然科學得到迅速發展，這正是西方啓蒙運動發生的歷史背景。西方啓蒙運動指 17 世紀中後期至 18 世紀從英國、法國擴延到德國、俄國等歐洲國家，以法國爲中心的思想解放運動，涉及宗教、政治、科學、哲學、文化等各個領域。誠然，西方諸國啓蒙運動的具體內容和表徵形式不盡相同，如果深入至歐洲內部加以考察，當然不能「一鍋煮」。但是，在對東西方進行宏觀比較時，我們不妨把西方作爲一個總體概括出它的啓蒙運動的一般特徵，並從其實質上立論。恩格斯曾指出：在啓蒙時代，西方的「宗教、自然觀、社會、國家制度，一切都受到了最無情的批判；一切都必須在理性的法庭面前爲自己的存在作辯護或者放棄存在的權利」〔註1〕，從而「把理性當作一切現存事物的唯一的裁判者」〔註2〕。恩格斯的這個說法，恰當地把握了啓蒙運動的一般規定。按照恩格斯的論述，理性構成西方啓蒙運動的精神內核。啓蒙運動無非就是理性精神覺醒的過程。理性這一啓蒙運動的內核，當然需要通過不同的文化層面表現出來並得以確證。大體說來，我們可以把西方啓蒙運動的特點歸納爲以下三個方面：

（一）人權代替君權

中世紀歐洲君權皆與羅馬教皇合作，各國君主通過宣揚「君權神授」，使臣民相信君權來自上帝，基督教教會則通過對君權的滲透加強自身的政治力量。啓蒙運動時期，歐洲資本主義有了很大的發展，政治上日趨成熟，以霍布斯、洛克、孟德斯鳩、盧梭等爲代表的啓蒙思想家號召消滅君主專制、貴族特權，追求個人自由、權利平等和政治民主。霍布斯認爲人類在自然狀態下爲追求自己的權利會造成「一切人反對一切人」的戰爭，出於人的理性，人們通過締結契約建立具有絕對權威的國家維持和平，國家不是依照神的意志而是通過社會契約建立的，君權也不是神授的，而是人民授予的。洛克第一次用「天賦人權」學說來反對「君權神授」思想。洛克認爲人生來就有生命、自由、財產等自然權利，人們通過社會契約建立國家目的是爲了保護人們的自然權利，人民是主權者。如果政府違背這一目的，人民有權利收回給予的權力甚至用暴力推翻它。洛克主張君主立憲制，倡導分權說。孟德斯鳩發展了洛克的思想，創立了三權分立說，提出國家的立法權、行政權和司法權必須相互獨立，相互制衡。盧梭是人民主權論的集大成者，他認爲當每一

〔註1〕《馬克思恩格斯選集》，第3卷，人民出版社1995年版，第719頁。
〔註2〕《馬克思恩格斯選集》，第3卷，人民出版社1995年版，第722頁。

個人通過社會契約把所有權利轉讓給作爲整體的人民時,這個整體性的人民就是「主權者」。每個人都是主權者的組成部份,同時作爲臣民又必須無條件地服從主權者。主權者的統一意志被稱爲「公意」,「公意」擁有決定一切的權絕對權威。政府不過是臣民與主權者之間的中間體。盧梭的主權在民思想在法國大革命中成爲羅伯斯比爾領導的雅各賓派的理論旗幟。1776 年美國的《獨立宣言》和 1789 法國的《人權宣言》作爲綱領性文件標誌著天賦人權、主權在民等啓蒙思想在政治、法律領域的發揚光大,打破了君權的絕對權威,對歐美資產階級革命起到了推動作用。

(二)人本代替神本

在中世紀,上帝是宇宙的終極存在、最高本質,人只能在上帝之中才能獲得完全的拯救。基督教神學集大成者托馬斯·阿奎那曾說:「人的自然理性,不能認識三位一體性。……我們要證明信仰的眞理,只能用權威的力量來講給願接受權威的人。對於其他的人,則只說信仰所堅持的事不是不可能,便足夠了。」〔註3〕神對人的拒斥、信仰對理性的拒斥使得神學異化爲壓迫人的力量。哥白尼的日心說推動了近代自然科學的發展,地理大發現有力地刺激了歐洲各國商品經濟的繁榮,隨著文藝復興、宗教改革、啓蒙運動等一系列的文化變革,人們關注的中心由天上轉向了人間。文藝復興通過古希臘羅馬文化的復興揭示了世俗的人性,造就了「人的發現」,從外部批判了基督教教會的專制統治,宗教改革者馬丁·路德的「因信稱義」則從內部打破了傳統基督教一統天下的局面,但兩者都沒有動搖基督教以神爲本的根基。

啓蒙運動作爲一個張揚人的理性的時代,以理性爲最高權威,反對宗教專制,形成了影響廣泛的思想解放運動。英國啓蒙運動對待宗教的態度比較溫和,提倡宗教寬容和信仰自由,建立了自然神論,主張以自然理性爲基礎的「自然宗教」反對神的啓示爲基礎的基督教,雖然培根、洛克、霍布斯、牛頓等人沒有直接否定上帝,但理性法則幾乎抽空了上帝的內涵。法國啓蒙運動的宗教批判相當激烈,伏爾泰從自然神論出發,對教會和宗教進行無情的揭露、嘲諷和批判,貶損上帝是「妖怪」、「騙子」,教皇、教士、神甫都是「文明的惡棍」、「兩足禽獸」。孟德斯鳩指出宗教教義與信條的荒誕,盧梭強烈譴責宗教戰爭與宗教迫害,「百科全書派」思想家狄德羅、拉美特利、愛爾

〔註3〕北京大學哲學系編:《西方哲學原著選讀》(上卷),北京:商務印書館 1981
年版,第 274～275 頁。

維修、霍爾巴赫等人對宗教的批判更加猛烈，他們對宗教公開宣戰，抨擊教會和僧侶對人民的殘酷壓迫，斥責宗教是「神聖的瘟疫」，譴責宗教是理智進步的障礙，建立了無神論和機械唯物主義學說，摧毀上帝存在論和靈魂不死的基礎，把物質作爲宇宙的實體，批判上帝的虛妄性，認爲上帝是不存在的，崇拜上帝無異於崇拜人想像的虛構物。愛爾維修憤怒地批判「來世說」是叫人們放棄塵世的感情，做一名服服貼貼的奴僕，去追求虛幻的天國生活。霍爾巴赫指出「宗教本質上是敵視人的快樂和幸福生活的。」〔註4〕「百科全書派」思想家呼籲人們不要企求彼岸的來世，應該依照人的自然本性，依靠自身的理性，尋求現世的幸福和快樂。狄德羅在《百科全書》中寫道：「人是我們應當由之出發並應當把一切都追溯到他的獨一無二的端點。……如果你取消了我自己的存在和我同胞們的幸福，那麼，我以外的自然界的其餘一切同我還有什麼關係呢？」〔註5〕

（三）科學代替信仰

如果我們可以把西方文化傳統看作是理性與信仰的動態變化與交融，中世紀無疑呈現的是基督教神學信仰對理性的絕對權威。拉丁教父德爾圖良有一句名言：正因爲其荒謬，所以我才相信。信仰對理性的排斥略見一斑。但正如美國哲學家威爾·杜蘭形象的比喻，亞里士多德哲學是古希臘留給基督教的「特洛伊木馬」，托馬斯·阿奎那就是把木馬帶進基督教的人。托馬斯·阿奎那用亞里士多德哲學以理性論證神學，堅持啓示眞理與理性眞理的劃分，在思想上卻爲啓蒙運動培育了理性獨立的種子。在啓蒙的歷史語境中，「宗教被認爲是人類生活中一切落後的和野蠻的東西的一種職能」〔註6〕。

哥白尼的《天體運行論》標誌著近代自然科學的誕生，天文學、動物學、植物學、醫學、解剖學等領域都有一系列重大的發現。伽利略、牛頓等偉大科學家建立起來的科學方法與理論使得自然科學得到迅速發展。自然科學的發展與成就不僅極大地促進了生產力的提高，爲工業革命奠定了堅實的物質基礎，也影響了作爲時代精華的哲學觀念。哲學上，培根和笛卡爾分別開創

〔註4〕〔法〕霍爾巴赫：《健全的思想》，王陰庭譯，北京：商務印書館1966年版，第165頁。

〔註5〕轉引自〔英〕亞·沃爾夫：《十八世紀科學、技術和哲學史》（上），周昌忠等譯，北京：商務印書館1997年版，第17頁。

〔註6〕〔英〕柯林伍德：《歷史的觀念》，何兆武、張文傑譯，中國社會科學出版社1986年版，第87頁。

了經驗論與唯理論的先河，但兩人在對理性的推崇上是一致的，培根的「知識就是力量」與笛卡爾的「我思故我在」都是反對基督教神學的終極原因，而將科學中蘊含的理性作爲一種自明的眞理，兩人實驗歸納和數學演繹方法的差異不過是把握理性兩種不同的進路。當然，笛卡爾所確立的主體性原則與理性原則更顯明地代表了時代的精神，他被黑格爾稱爲「現代哲學之父」。在接續復興的古希臘理性傳統之後，自然科學家與哲學家共同鑄造了新的知識傳統和時代精神。

　　科學代信仰經歷了一個思想史意義上的發展過程，恰如羅素對西方近代文化特點的歸納，那就是「教會的威信衰落下去，科學的威信逐步上升。」〔註7〕17 世紀在宗教信仰深重的傳統中，科學理性最初是以自然神論的形式謀求發展的，正如有學者指出，「自然神論構成了從上帝到牛頓、從宗教信仰到科學理性的一個重要中介。」〔註8〕自然神論突出了理性的意義，認爲上帝猶如一個高明的鐘錶匠，在創造了世界之後就不再干預，世界按照自然理性法則來運行。英國的思想家、科學家培根、洛克、霍布斯、牛頓等幾乎都是自然神論者，法國的伏爾泰、孟德斯鳩、盧梭也是自然神論者。自然神論之後還出現了泛神論，代表人物有荷蘭的斯賓諾莎、德國的費希特、謝林、黑格爾等。泛神論將神和自然視爲同一關係，認爲神性就是自然規律。法國啓蒙運動的「百科全書派」對於科學代信仰主張最爲徹底、激進，主張一切制度和觀念要在理性的法庭上受到批判和衡量。他們反對宗教信仰，徹底否定上帝，以理性爲旗幟，提倡科學，宣稱「只有科學、理性和自由才能促進人們的改造和幸福。」〔註9〕卡西爾對於科學在啓蒙運動中的信仰形式有過描述，他認爲「啓蒙運動最強有力的精神力量不在於它擯棄信仰，而在於它宣告的新信仰形式，在於它包含的新宗教形式。」〔註10〕直到德國哲學家康德重新調節了科學與信仰之間的關係，在把自然交給科學的同時，又從實踐理性的角度爲信仰留下了地盤，他的名言是「有兩樣東西，我們愈經常愈持

〔註7〕〔英〕羅素：《西方哲學史》下卷，馬元德譯，北京：商務印書館 2004 年版，第 3 頁。
〔註8〕趙林：《從西方文化的歷史發展看科學與宗教的辯證關係》，《文史哲》2007 年第 2 期。
〔註9〕〔法〕霍爾巴赫：《健全的思想》，王蔭庭譯，北京：商務印書館 1966 年版，第 17 頁。
〔註10〕〔德〕E・卡西爾：《啓蒙哲學》，顧偉銘等譯，濟南：山東人民出版社 2007 年版，第 125～126 頁。

久地加以思索，它們就愈使心靈充滿始終新鮮不斷增長的敬仰和敬畏：在我之上的星空和居我心中的道德法則。」〔註11〕

上述三者的實質是通過理性發現人的自我，這也正是啓蒙的實質。康德在 1784 年的《柏林月刊》中發表《答覆這個問題：「什麼是啓蒙運動？」》給出了啓蒙的最經典的回答：「啓蒙運動就是人類脫離自己所加之於自己的不成熟狀態。不成熟狀態就是不經別人的引導，就對運用自己的理智無能爲力。當其原因不在於缺乏理智，而在於不經別人的引導就缺乏勇氣與決心去加以運用時，那麼這種不成熟狀態就是自己所加之於自己的了。Sapere aude！要有勇氣運用你自己的理智！這就是啓蒙運動的口號。」〔註12〕黑格爾曾評價說，「康德哲學是在理論方面對啓蒙運動的系統陳述」〔註13〕。

對康德的啓蒙定義應注意以下幾點。第一，康德的啓蒙概念體現了從人之外到人的自我的轉移，實現了哲學上的「哥白尼式革命」。康德把不經別人（包括上帝、君主等）的引導就無法運用自己理性的狀態稱爲人類的不成熟狀態。康德把來自人自身之外的引導力量甚至作爲違反人性的犯罪行爲，認爲任何牧師團體、教會會議或教門法院都無權以對某種教義負有義務的名義對全體人民進行永不中輟的監護，他說「這樣一項向人類永遠封鎖了任何進一步啓蒙的契約乃是絕對無效的，哪怕它被最高權力、被國會和最莊嚴的和平條約所確認。」〔註14〕人民主權對君權的代替，人的理性對神性的取代正是啓蒙重理性、反權威精神的體現。從別人的引導中到自覺運用自己的理性，就是人類擺脫不成熟狀態走向成熟的標誌，這就是啓蒙的意義所在。

第二，康德主張通過公開運用理性的自由來認識人的尊嚴與自我，把看待人的方式從「人是機器」的局限中解放出來。康德把「要有勇氣運用你自己的理智！」作爲啓蒙的口號。在康德看來，理性和以理性爲基礎的意志自由是人的自然秉賦，所以啓蒙不依靠別人的引導自覺運用理性走向成熟狀態的關鍵在於，有沒有勇氣自己運用自己的理性。鄧曉芒先生指出：「這種『勇

〔註11〕〔德〕康德：《實踐理性批判》，韓水法譯，北京：商務印書館 1999 年版，第 177 頁。

〔註12〕〔德〕康德：《歷史理性批判文集》，何兆武譯，北京：商務印書館 1996 年版，第 22 頁。

〔註13〕〔德〕黑格爾：《哲學史講演錄》（第 4 卷），賀麟、王太慶譯，北京：商務印書館 1997 年版，第 258 頁。

〔註14〕〔德〕康德：《歷史理性批判文集》，何兆武譯，北京：商務印書館 1996 年版，第 26～27 頁。

氣』（Muth），顯然並不屬於知性（Verstand）本身，或者通常所說的『邏輯理性』本身，而是屬於一種超越型、實踐型的『理性』（Vernunft）本身，即自由意志。」〔註15〕康德正是在實踐理性的意義上反覆強調、闡明自由與啓蒙的關係，他說：「這一啓蒙運動除了自由而外並不需要任何別的東西，而且還確乎是一切可以稱之爲自由的東西之中最無害的東西，那就是在一切事情上都有公開運用自己理性的自由。」、「必須永遠有公開運用自己理性的自由，並且唯有它才能帶來人類的啓蒙。」〔註16〕康德把人成年後仍喜歡停留在未成年狀態的原因歸爲懶惰和怯懦，並對公開運用理性與私下運用理性作了嚴格的區別，「我所理解的對自己理性的公開運用，則是指任何人作爲學者在全部聽眾面前所能做的那種運用。一個人在其所受任的一定公職崗位或者職務上所能運用的自己的理性，我就稱之爲私下的運用。」〔註17〕公開運用理性的自由在公共生活中的表現就是思想、言論自由，其旨趣指向康德所說的按照人的尊嚴去看待人，「當大自然在這種堅硬的外殼之下打開了爲她所極爲精心照料著的幼芽時，也就是要求思想自由的傾向與任務時，它也就要逐步地反作用於人民的心靈面貌（從而他們慢慢地就能掌握自由）；並且終於還會反作用於政權原則，使之發見按照人的尊嚴——人並不僅僅是機器而已——去看待人，也是有利於政權本身的」〔註18〕

第三，康德把啓蒙看作人類理性向合目的方向不斷努力的過程。康德認爲人類經歷了古希臘文明、中世紀神學、文藝復興等精神洗禮，雖然他們生活的時代還不是一個啓蒙了的時代，但確實是在一個啓蒙運動的時代。康德所謂的啓蒙是直接與「認識你自己」這樣一個哲學的基本問題聯繫在一起的。他在《柏林月刊》同年同卷中還發表了一篇《世界公民觀點之下的普遍歷史觀念》，從中我們可以找到同一時期康德思想中的一些理論預設。康德受到開普勒、牛頓對自然定律揭示的啓發，認爲大自然將理性和以理性爲基礎的意志自由賦予了人類，「這些自然秉賦的宗旨就在於使用人的理性，它們將在人——作爲大地之上唯一有理性的被創造物——的身上充分地發展

〔註15〕鄧曉芒：《20世紀中國啓蒙的缺陷》，《史學月刊》，2007年第9期。

〔註16〕〔德〕康德：《歷史理性批判文集》，何兆武譯，北京：商務印書館1996年版，第24頁。

〔註17〕〔德〕康德：《歷史理性批判文集》，何兆武譯，北京：商務印書館1996年版，第24～25頁。

〔註18〕〔德〕康德：《歷史理性批判文集》，何兆武譯，北京：商務印書館1996年版，第30～31頁。

出來，但卻只能是在全物種的身上而不是在各個人的身上。……每一個世代都得把自己的啓蒙留傳給後一時代，才能使它在我們人類身上的萌芽，最後發揮到充分與它的目標相稱的那種發展階段。」〔註19〕在康德那裡，哲學家的任務就是要從人類社會進程中找出自然的目標，理性被看作與本能相對、且高於本能的與生俱有的能力，人類通過理性發現人的自我是一個世代啓蒙相傳的過程，只要人的自我還沒有完滿呈現，人類就需要不斷啓蒙，從這個意義上講，啓蒙似乎是人類的一種宿命。

第四，通過理性對人的主體性的把握才是啓蒙的實質。康德指出人本身應對人的不成熟狀態負責，既然這種不成熟狀態是人強加於自己的，從不成熟狀態中脫離出來，也只能依賴於人對自身的發現。康德認爲只有公開運用理性才能體現人的自由。私下運用的理性受到公職崗位職責或職務要求的限制，理性只是達到某一特殊目的或完成某一特定任務的手段，體現的是個體在社會中的有限性與不自由，個人行爲如同機器運行一樣的必然性。而公開運用理性才真正體現了人的尊嚴、自由與價值，體現人的主體性。正如福柯（注：亦有學者譯爲福科）所說：「當一個人只是爲理性而理性的時候，當一個人只是作爲一個理性的存在而思考（不是作爲一個機器的齒）的時候，當一個人作爲理性的人類的一員而思考的時候，那時，理性的運用一定是自由的和公共的。啓蒙由此不僅僅是這樣一個過程，在其中，個人發現他們自己的思想自由獲得了保障。當理性的普遍的、自由的和公共運用相互重疊的時候，啓蒙就存在了。」〔註20〕通過理性對人的主體性的把握才是啓蒙的實質，這也正是把笛卡爾而不是培根作爲「近代哲學之父」的原因，這也是我們從深刻、思辨的德國哲學中，而不是從西方啓蒙運動的中心法國尋找啓蒙內涵的原因。但是康德在強調人公開運用理性才能走向啓蒙的同時，並沒有完全否定私下運用理性，或者說他是在「人是目的」的意義上排斥了私下運用的理性，因爲私下運用的理性只是一種手段或工具。私下運用理性指向的目的（如一種社會制度、一種政權）構成啓蒙潛在的批判對象。康德認爲自由精神會擴展到和誤解了其自身的政權發生衝突的地步，他在這裡用了「誤解」一詞，因爲他認爲人類由於自己的努力使自己從野蠻狀態慢慢走出來，在世

〔註19〕〔德〕康德：《歷史理性批判文集》，何兆武譯，北京：商務印書館 1996 年版，第 3～4 頁。

〔註20〕〔法〕米歇爾·福科：《什麼是啓蒙》，汪暉譯，汪暉、陳燕谷編：《文化與公共性》，北京：生活·讀書·新知三聯書店 2005 年版，第 427 頁。

俗的層面與政權一樣關懷公共的安寧和共同體的團結。福柯認爲這就是康德向弗里德里希二世建議的契約：自主的理性的公共的和自由的運用將是服從的最佳保障。康德把啓蒙理性提升爲一種批判理性，正如他在《純粹理性批判》序言中說：「現代尤爲批判之時代，一切事物皆須受批判。」〔註21〕

　　福柯認爲啓蒙是一個兩百年來以各種形式反覆的問題，自康德開始，從黑格爾、尼采或馬克思・韋伯，一直到霍克海默爾或哈貝馬斯，都未能成功地面對這同一問題，「現代哲學就是這樣一種哲學，它正在試圖回答這個兩世紀前如此魯莽地提出的問題：什麼是啓蒙？」〔註22〕福柯作爲後現代哲學家，對康德的啓蒙定義作了創造性的詮釋，認爲康德界定啓蒙的方式完全是否定式的，啓蒙是作爲一個 Ausgang、「出口」、「出路」被界定的，康德在論述啓蒙時是在當代現實中尋求差異：是什麼差異使今天與昨天不同？福柯在當代在場的意義上重新建構啓蒙的內涵，把啓蒙變成現代性問題。福柯認爲現代性對啓蒙的拆解是因爲啓蒙及人的理念本身有著嚴重的錯誤。他批評人們常常把現代性作爲一個歷史時期，想弄清現代性是構成啓蒙的繼續和發展還是斷裂或背離，或把現代性作爲一個理性的時代，處於對啓蒙的「敲詐」的兩難境地。福柯把現代性看作一種態度而不是歷史的一個時期，他認爲：「可以連接我們與啓蒙的繩索不是忠實於某些教條，而是一種態度的永恆的復活——這種態度是一種哲學的氣質，它可以被描述爲對我們的歷史時代的永恆的批判。」〔註23〕在某種意義上，批判是在啓蒙運動中成長起來的理性的手冊，啓蒙運動是批判的時代。

　　福柯作爲後現代思想家，他發現在人的理念的知識化背後，人成了權力的工具。人們應當從經驗與理解出發，認眞地反思、批判啓蒙，「如果康德的問題是瞭解什麼是知識不得不放棄超越的界限，對我來說，今天批判的問題不得不被轉向一個肯定的方式：是什麼把我們這些普遍的、必然的、義務的存在放入被單一的、偶然的和武斷強制的事務所佔據的地方？簡言之，問題是把在必要限度的形式中實施的批判轉化爲一種實踐的批判，……批判不是

〔註21〕　〔德〕康德：《純粹理性批判》第 1 版序言，藍公武譯，北京：商務印書館 1960
　　　　　年版，第 4 頁。
〔註22〕　〔法〕米歇爾・福科：《什麼是啓蒙》，汪暉譯，汪暉、陳燕谷編：《文化與公
　　　　　共性》，北京：生活・讀書・新知三聯書店 2005 年版，第 423 頁。
〔註23〕　〔法〕米歇爾・福科：《什麼是啓蒙》，汪暉譯，汪暉、陳燕谷編：《文化與公
　　　　　共性》，北京：生活・讀書・新知三聯書店 2005 年版，第 433～434 頁。

超越的，它的目標不是製造形而上學的可能性：它在構思上是譜系學的，在方法上是考古學的。」〔註24〕後現代性把啓蒙的消極批判轉化爲一種積極批判。譜系學的構思對理性僭越進行了批判，認爲人將被抹去，如同大海邊沙地上的一張臉，以歷史的偶然性揭示理性的局限性。現代性和後現代性都是啓蒙話語的表現形式，現代性對理性的無限推崇使得理性自身逃避了理性法庭的審判，而走向啓蒙的反面。後現代性繼承、發展了啓蒙的批判精神。後現代性就是要重新激活啓蒙的批判精神。如果說現代性是對神學的批判，後現代性就是對現代性的批判，但兩者批判的氣質與態度一以貫之。福柯認爲，作爲未竟的事業，啓蒙自身是不確定的，開放的，「關於我們自己的批判的本體論一定不能作爲一種理論、一個教條，或者甚至正在累積的知識的永恆實體，而必須作爲一種態度、一種氣質、一種哲學的生活，在這種生活中，關於我們是什麼的批判同時是對我們背負的限度的歷史分析，並伴隨著超越它們的可能性的實驗。」〔註25〕在福柯那裡，對啓蒙的現代性批判並不在於消除啓蒙中的理性精神，而在於從現代性對人的內在解構的危機中走出來，重新激活啓蒙的批判精神，尋找理性發現人的另一條可能性的出路。

二、「五四」新文化運動中的啓蒙表現形式

如果說康德對啓蒙的回答概括了西方啓蒙運動的思想精髓，指出了通過理性發現人的自我的啓蒙實質，「五四」新文化運動同樣體現著對人的主體性地位的覺醒，具體表現爲兩個方面：尊崇科學與民主的理性精神，反對綱常名教的思想宰制。

「五四」新文化運動的思想家所極力推崇的科學與民主正是西方啓蒙運動所造就的兩個最鮮明的成果。科學與民主的實質就在於人的主體性的確立。科學表現爲在人與自然的關係中，脫離對自然的蒙昧無知的狀態，通過人的理性建立對象的認知與把握，樹立起人在自然中的主體性地位；民主則意味著在人與人的關係中，擺脫統治與被統治、壓制與奴役的關係，確立起主體之間平等權益地位。科學與民主即是啓蒙精神的重要表徵方式。嚴復

〔註24〕 〔法〕米歇爾・福科：《什麼是啓蒙》，汪暉譯，汪暉、陳燕谷編：《文化與公共性》，北京：生活・讀書・新知三聯書店 2005 年版，第 437 頁。

〔註25〕 〔法〕米歇爾・福科：《什麼是啓蒙》，汪暉譯，汪暉、陳燕谷編：《文化與公共性》，北京：生活・讀書・新知三聯書店 2005 年版，第 441 頁。

曾提出西方文化的根本在於「黜僞而崇眞」的科學方法和「屈私以爲公」的民主政治，這是國人對於科學與民主最初認識。陳獨秀作爲「五四運動的總司令」，是倡導科學與民主最有力的思想家。他在《敬告青年》這篇新文化運動的宣言書中，稱讚近代歐洲歷史是「解放歷史」，認爲破壞君權是政治之解放，否認教權是宗教之解放，興均產說是經濟之解放，女子參政運動是男權之解。陳獨秀希望敏於自覺用於奮鬥的青年做到六點要求：「自主的而非奴隸的」、「進步的而非保守的」、「進取的而非退隱的」、「世界的而非鎖國的」、「實利的而非虛文的」、「科學的而非想像的」，他呼籲：「國人而欲脫蒙昧時代，羞爲淺化之民也，則急起直追，當以科學與人權並重。」〔註26〕科學與蒙昧相對，重在「尊理性」和「事事求諸證實」；人權，即民主，與封建專制相對，重在每個人各有「自主之權」和「自主自由之人格」。陳獨秀把這種對科學與民主的覺悟看作最後的覺悟，覺悟的背後是對理性價值的肯定和讚揚。他認定「德先生」與「賽先生」「可以救治中國政治上道德上學術上思想上一切的黑暗」〔註27〕胡適比同時代的思想家更爲深刻地指出新思潮的意義在於一種「評判的態度」，他認爲尼采的「重新估定一切價值」八個字就是評判態度的最好解釋，「評判的態度，簡單說來，只是凡事要重新分別一個好與不好。仔細說來，評判的態度含有幾種特別的要求：（1）對於習俗相傳下來的制度風俗，要問：『這種制度現在還有存在的價值嗎？』（2）對於古代遺傳下來的聖賢教訓，要問：『這句話在今日還是不錯嗎？』（3）對於社會上糊塗公認的行爲與信仰，都要問：『大家公認的，就不會錯了嗎？人家這樣做，我也該這樣做嗎？難道沒有別樣做法比這個更好，更有理，更有益的嗎？』」〔註28〕這種評判的態度就是要人們不盲從任何傳統的權威，對現存的制度風俗、聖賢教導、行爲準則和精神信仰進行理性的反思，從這些外在的引導或強制的力量中解放出來，從中發掘出具有理性判斷能力的主體地位，眞正運用自己的理性去理解、去判斷，突出人作爲主體的地位。「五四」新文化運動中新文化派先驅對理性的尊崇，評判的態度，對科學方法萬能的自信，構成倡導科學與

〔註26〕陳獨秀：《敬告青年》，《獨秀文存》，合肥：安徽人民出版社 1987 年版，第 9 頁。

〔註27〕陳獨秀：《〈新青年〉罪案之答辯書》，《獨秀文存》，合肥：安徽人民出版社 1987 年版，第 243 頁。

〔註28〕胡適：《新思潮的意義》，歐陽哲生編，《胡適文集》第 2 冊，北京：北京大學出版社 1998 年版，第 552 頁。

民主的振聲發聵的時代強音，極大地喚起了文化的覺醒。

　　在西方啓蒙運動中，啓蒙的現實意義就是擺脫宗教教義的束縛，通過理性實現自我的發現，這是西方哲人長期的理性探索。與西方啓蒙運動相比，「五四」新文化運動是一個短暫的文化事件，它的世界主義傾向和民族救亡的時代主題，使知識分子更加意識到自身沉重的歷史使命。正如美國學者舒衡哲所指出的那樣，「在康德的時代，啓蒙是指一套『除魅』(disenchantment)的規劃，即以由自然界所領悟的眞理來取代那些宗教迷信。但在 20 世紀中國，啓蒙所追求的，則是一種持續不歇的『除魅』過程，要將中國從數個世紀以來的『君爲臣綱，父爲子綱，夫爲妻綱』的綱常名教禁錮中解放出來。」〔註29〕「五四」新文化運動的新文化派思想家在反對封建專制時，矛頭指向了與封建專制結合在一起的家庭制度和孔子之道，視孔子爲「君主政治之偶像」、「封建道德之代表」。陳獨秀率先把矛頭指向儒家三綱之說，認爲政治倫理都不外是重階級尊卑的三綱主義，李大釗在吸取譚嗣同「沖決網羅」精神之上，批評中國歷史是「鄉愿與大盜結合」的記錄，魯迅在《狂人日記》中控訴封建禮教「吃人」的本質，被胡適稱爲「隻手打倒孔家店的老英雄」的吳虞則直指家族制度是專制主義的根據。吳虞、魯迅等人對家族制度和禮教的批判，直接觸及了中國社會不同於西方社會宗教專制的獨特性，揭示了滲透於中國社會基本細胞家庭及其倫理形態儒學文化的封建專制的本質。胡適同樣就禮教與儒學的關係尖銳抨擊孔子之道，「何以那種種吃人的禮教制度都不掛別的招牌，偏愛掛孔先生的招牌呢？正因爲二千年吃人的禮教法制都掛著孔丘的招牌，故這塊孔丘的招牌——無論是老店，是冒牌——不能不拿下來，搥碎，燒去！」〔註30〕新文化派把封建的綱常名教作爲壓迫人的強制性力量，通過對封建專制與儒學傳統的猛烈攻擊來實現人的解放確實是驚世駭俗的壯舉。然而他們沒有對作爲傳統文化主體的儒學在思想、政治制度、倫理教化層面的不同內涵進行區別，而是把儒學與封建專制簡單化約爲一個整體一起進行批判。這種傾向同樣表現在受胡適等人影響的新文化的青年擁護者之中。《新潮》的創辦人之一傅斯年在創刊號上發表《萬惡之原》，把傳統的中國家庭稱爲「萬惡之原」，另一位創辦人羅家倫也同樣認爲儒學

〔註29〕〔美〕舒衡哲：《中國啓蒙運動——知識分子與「五四」遺產》，劉京建譯，北京：新星出版社 2007 版，第 5 頁。

〔註30〕胡適：《吳虞文錄序》，歐陽哲生編，《胡適文集》第 2 冊，北京：北京大學出版社 1998 年版，第 610 頁。

與專制一體，他說：「創造西洋文化的要素，只有一件東西，就是『批評的精神』！……然則批評何以不產生於中國呢？我以爲這樣奇怪的現象，也只有兩種原因：（一）中了政治專制的毒；（二）中了思想專制的毒。……思想上專制最利害的，就算儒家。儒家與專制，實在也是分不開的。」〔註31〕

　　就提倡科學與民主，反對專制思想而言，文化保守主義者與新文化派的觀點並無二致。但是新文化派把東西文化看作是一古一今，一舊一新，強調新舊文化之間的斷裂性，主張文化的全盤西化，文化保守主義者則更注重新舊文化的前後承續關係，強調對文化傳統的守持。兩者在東西文化、新舊文化與世界文化未來走向等方面爲什麼有著截然不同的見解？一個重要因素就是對傳統文化認識角度的差異。與新文化派對傳統文化採取化約的傾向不同，梁漱溟揭示了孔子的仁的、剛的、生動活潑、不計利害的眞精神，從而開啓了現代新儒家之先河。科玄論戰中玄學派張君勱自覺對人生觀與科學進行劃界，從哲學的高度對人生觀進行論述。堅持把文化傳統看作生命的維繫與生發是現代新儒家一貫堅持的原則，熊十力的新唯識論、馮友蘭的新理學、牟宗三的道德的形而上學、20世紀50年代「須肯定承認中國文化之活的生命之存在」的文化宣言都是要重新復活傳統儒家「生命的學問」。文化保守主義者將傳統作生命觀，新文化派對傳統作化約的整體性否定，這是兩者在認同啓蒙的前提下最大的不同。

　　文化既是預成的，又是生成的。在新文化派那裡，看到的是文化的預成方面，文化作爲一種完成了的存在似乎只有全盤保留或全盤拋棄兩種選擇，這種非此即彼的固化思維方式與他們所痛惡的頑固守舊者竟如出一轍。文化保守主義者在文化的生成方面有著比新文化派更爲清醒的認識，他們對自己的傳統不僅有著一種本能式的呵護，並不斷努力呈現傳統儒學的眞精神。這如賀麟在《儒家思想的新開展》中所指出的那樣，「新文化運動的最大貢獻在於破壞和掃除儒家的僵化部份的軀殼的形式末節，及束縛個性的傳統腐化部份。它並沒有打倒孔孟的眞精神、眞意思、眞學術，反而因其洗刷掃除的工夫，使得孔孟程朱的眞面目更是顯露出來。」〔註32〕如果說新文化派下了掃除的工夫，那麼在揭示儒學眞面目上，文化保守主義者則作出了更多的努力。

〔註31〕羅家倫：《批評的研究──3W主義》，《新潮》2卷3號，1920年4月。
〔註32〕賀麟：《儒家思想的新開展》，賀麟：《文化與人生》，北京：商務印書館1988年版，第5頁。

　　「五四」新文化運動通過對民主與科學的高揚和對封建的綱常名教的批判挺立起人的主體性，凸顯人的理性精神，西方啓蒙運動則是通過理性對宗教神學的批判確立人的理性力量，兩者啓蒙的內容雖然不同，但實質都是通過理性發現人的自我，人的發現是中西啓蒙運動的共同目標。

第二節　中西啓蒙運動之異

一、文化傳統的不同

　　西方啓蒙運動的中心思想是批判中世紀神學的絕對權威，崇揚人的理性價值。康德對於啓蒙的經典定義代表了最典型的答案。在康德看來，理性不僅是人爲自然、爲自己立法的法則，也是人與生俱來的能力。可見，在康德那裡，啓蒙就是要啓示人自覺運用自己的理性，強調人之爲人在於人有理性，自覺運用自己的理性就是人走向成熟的標誌。啓蒙突出的是人的自覺和人的解放。這種定義顯然帶有西方文化特定的色彩。

　　希臘哲學的理性和基督教的神性都是構成西方文化的來源，兩者可以說是西方文化傳統的兩個基本要素。地中海之濱的古希臘文明將人視爲理性動物，用理性的視野尋求種種現象背後眞實的存在，基督教無所不知、無所不能的上帝恰恰爲此提供了根據。在中世紀，人的一切社會、經濟、道德的行爲都要聽從外在上帝的召喚，神性完全佔據了壟斷地位，包括哲學、文學、史學、科技在內的所有文化因素都成爲「神學的婢女」，都成爲上帝存在的論據。西方啓蒙運動高揚理性精神，用科學理性和人文精神打破一千多年「中世紀黑暗」，反對教會神學絕對權威形成的宰制性，開啓了理性之門，神學也並未就此消失，馬克斯・韋伯的《新教倫理與資本主義精神》證明，經過宗教改革的新教精神，視勤奮、敬業、獲取財富爲上帝的使命，極大地促進了資本主義歷史生成和發展。可以看出，西方文化的發展一直是理性與神性的動態交融。

　　與西方理性與神性相結合的文化傳統相比，位於大陸的中國形成了以儒學爲主流、儒釋道互補的文化傳統。在受西方侵略之前，中國文化傳統一直保持著一貫之道，這種一貫之道在唐代被韓愈明確總結爲「道統」說。現代新儒家代表牟宗三先生認爲道統是「以仁教爲中心的道德政治的教化系統，

亦即禮樂型的教化系統」〔註 33〕。中國古籍有經、史、子、集之分，但自漢朝董仲舒「罷黜百家，獨尊儒術」，儒家的經學成爲文化的主宰，其他各部份都變爲附庸。這種局面隨著朝代更替而有所損益，但兩千年來「道統」一脈相承，不曾有大的變動。中國文化更傾向於將人視爲具有內在德性的存在，珍視這種天命之性，反躬自身，「爲己由仁」，對於超越意義的「天」，用中國特有的智慧「存而不論」，把天地萬物看作是自然和諧的關係，追求「天地與我並生，萬物與我爲一」（《莊子・齊物論》）的生命境界，相信「天人相參」，相信盡心、知性而能知天。也正因爲這種「天人合一」的思想，中國文化對彼岸世界沒有太多的求知欲望，將關注放在現實的此岸，宗教意識淡薄。中國德性優先的文化傳統在社會制度上表現爲家族本位的宗法制度。直到近代，進化之風盛行，「五四」新文化運動的健將以不適應現代社會生活爲由，決意打倒代代相傳的孔孟之道，道統遂受到前所未有的衝擊和解構。

兩種文化傳統的不同根本在於人性預設的不同。從人性論角度看，西方文化傾向於從認識論的角度去解析，將人視爲理性的主體。蘇格拉底提出人要「認識自己」，主張哲學以人的自我爲對象。他認爲人的本性與動物的區別在於人的靈魂中有理性，人的理智和判斷力使得人高於一般動物，人通過理性，不僅能追求到知識，還能通過自制實現善的美德，做到理智本性與道德本性的統一。蘇格拉底的人性論同時帶有西方濃厚的宗教色彩，他認爲人的理性是神給予的，是神的安排。人有了神賦予的知識能力才可能擁有美德。所以，在西方的人性論中，理性與神性是結合在一起的。中國文化更傾向於把人看作是德性自覺的主體。孔子曰：「爲仁由己，而由人乎哉？」（《論語・顏淵》）孟子曰：「仁、義、禮、智，非由外鑠我也，我固有之也」（《孟子・告子上》）。孟子將此「四端」作爲「人之所以異於禽獸者」。按照中國文化的理解，德性是人區別與動物的本質規定。對於人而言，道德是內在的，是人之本性，人只要自覺發揚、擴充自身固有的「善端」，就能成就自己的理想人格，成爲「君子」。

從兩種文化傳統的比較中可以看出，中國文化即沒有理性的傳統又沒有神性的需要。如果僅從發生學的角度進行比較，「五四」新文化運動確實如余英時先生所說那樣，沒有西方的教會，「五四」啓蒙不存在脫聖入凡的俗世化

〔註33〕 牟宗三：《關於文化與中國文化》，《道德理想主義的重建——牟宗三新儒學論著輯要》，北京：中國廣播電視出版社 1992 年版，第 85 頁。

過程。但不能就此否定中國文化啓蒙的意義，以西方啓蒙來格「五四」啓蒙之義，只能是一種西方文化中心論。「五四」啓蒙打破兩千年來「經學」一統天下的壟斷地位，極大地促進了思想的解放，在面臨西方啓蒙的現代文明的逼迫下，進行自身文化的反省，使得中國文化順應世界歷史的發展，雖然採取的方式表現爲激進的衝動，在其自覺進行文化自新的意義上，不愧爲「中國的啓蒙運動」。

二、「啓蒙」與「傳統」：否定抑或回歸？

不論是「五四」新文化運動，還是西方啓蒙運動，中西啓蒙都表現出對傳統的猛烈抨擊。西方「啓蒙」中，伏爾泰、孟德斯鳩、盧梭等一大批西方啓蒙思想家紛紛將矛頭指向權力至上的基督教神學，爭取人的個性解放，以理性作爲衡量一切的標準。恩格斯對西方把一切都理性化有過形象的描述，他指出：「宗教、自然觀、社會、國家制度，一切都受到了最無情的批判；一切都必須在理性的法庭面前爲自己的存在作辯護或者放棄存在的權利。思維著的知性成了衡量一切的唯一尺度。」〔註 34〕「五四」新文化運動的健將從傳統禮教入手，認爲兩千年來的以儒學爲主的中國傳統文化不過是吃人的禮教，主張「打倒孔家店」。李大釗說：「余之掊擊孔子，非掊擊孔子之本身，乃掊擊孔子爲歷代君主所雕塑之偶像的權威也；非掊擊孔子，乃掊擊專制政治之靈魂也。」〔註 35〕陳獨秀提倡用西方的「德」「賽」兩先生「救治中國政治上道德上學術上思想上一切的黑暗」〔註 36〕。胡適則援引尼采「重新估定一切價值」爲他的「評判的態度」。吳虞更是激進地表示要將國故線裝書「丟在毛廁裏三十年」。雖然批判傳統的面相相似，但中西啓蒙與傳統存在著諸多差異。

在近代中西文化的交流、碰撞中，中國節節敗退，早在嚴復、康有爲時就已有對傳統的反省和批判。到新文化運動時，挽救垂危的國家，衰病的民族，半死的文化成爲最緊要的問題。在西方文明的淫威下，國人在中西的比較中，從一開始，就形成了一個遮掩的價值判斷，西方優，中國劣；西方強，

〔註 34〕《馬克思恩格斯選集》，第 3 卷，北京：人民出版社 1995 年版，第 355 頁。
〔註 35〕李大釗：《自然的倫理觀與孔子》，《李大釗文集》（上），北京：人民出版社 1984 年版，第 264 頁。
〔註 36〕陳獨秀：《〈新青年〉罪案之答辯書》，《獨秀文存》，合肥：安徽人民出版社 1987 年版，第 243 頁。

中國弱，且把西方文明的優勢泛衍到文化比較的領域。先是中國的器物不如西方的，後是中國的制度不如西方的，再到連文化中最核心的倫理方面也不如西方的。中國文化不如西方文化，爲何不如西方文化？成爲思考文化比較問題時不證自明的前提。在西方文明的入侵造成的救亡危機中，將西方看成現有的學習對象，將西方文化作爲醫治救亡危機的唯一方法，將自身文化的傳統看作過時的古董，五四啓蒙者將此奉爲「眞理」時，對待傳統的態度當然是消失地越快越好，越徹底越好，最後導致對傳統的全面否定。

「五四」新文化運動與西方啓蒙運動最鮮明的不同即是對傳統的全面否定。在當時民族、社會、文化的重重危機下，在近代嚴復、康有爲等倡導的西方進化論的影響下，「五四」啓蒙健將將原本是時空統一意義上的中西文化的比較轉換成了單向的時間維度上的新舊關係。陳獨秀將文明從進化程度上劃分爲古代與近世兩種，認爲「代表東洋文明者，曰印度，曰中國，此二種文明雖不無相異之點，而大體相同，其質量舉未能脫古代文明之窠臼，名爲近世，其實猶古之遺也。可謂曰近世文明者，乃歐羅巴人之所獨有，即西洋文明也，亦謂之歐羅巴文明」〔註37〕。他斷然主張接受西方文化，並將其明確概括爲「科學」與「民主」，認爲要擁護德先生，就必須反對孔教，禮法，貞潔，舊倫理，舊政治，要擁護賽先生，就必須反對舊藝術，舊宗教。由單線進化論自然走向對傳統的全面否定。胡適主張青年大膽地「往西走」，他說：「我們如果還想把這個國家整頓起來，如果還希望這個民族在世界上占一個地位，——只有一條生路，就是我們自己要認錯。我們必須承認我們自己百事不如人，不但物質機械上不如人，不但政治制度不如人，並且道德不如人，知識不如人，文學不如人，音樂不如人，藝術不如人，身體不如人。」〔註38〕胡適要人們「肯認錯」，承認是個「又愚又懶」的民族，死心蹋地地去學西方。更爲激進的錢玄同連語言也覺得出了問題，甚至提出了廢除漢文的主張。

在「五四」新文化運動健將所向往的西方啓蒙中，啓蒙與傳統卻表現爲一種回歸關係。西方文明發展到中世紀，神權和教會權力無限膨脹，控制了社會生活的各個方面，一切都要從上帝那裡尋求存在的依據，啓蒙思想家主

〔註37〕陳獨秀：《法蘭西人與近世文明》，《獨秀文存》，合肥：安徽人民出版社1987年版，第10頁。

〔註38〕胡適：《介紹我自己的思想》，歐陽哲生編，《胡適文集》第5冊，北京：北京大學出版社1998年版，第515頁。

要是反對神權和君權的宰制，但不是消除神權。經過「啓蒙」的批判，宗教仍然是西方文化的重要因素，宗教改革後世俗化的新教倫理與西方文化傳統中的理性精神一起成爲成就資本主義文明的積極力量。可見，西方啓蒙是在西方文化自身體系內作出的調整，用理性來反對神性的壟斷，所以西方的啓蒙運動是對傳統中的希臘路向的回歸，反對的是神性的宰制性壟斷，並不是對傳統進行全面否定。它的反傳統並沒有打破整個西方文化體系的構架。

第三節　中國啓蒙的特殊性

　　毋庸置疑，隨著西方啓蒙所帶來的近現代文明席卷世界，「啓蒙」精神成爲指示著世界歷史發展的基本方向。自近代以來，中國在經濟、政治、社會、文化各個方面就不斷受到西方文明的衝擊，「五四」新文化運動更是高舉西方文明的「科學」與「民主」兩大旗幟，批判以儒學爲中心的傳統文化。但是，代表時代發展方向的啓蒙精神就是西方式的啓蒙嗎？我們需要的就是西方式的「啓蒙」嗎？西方「啓蒙」精神的普適價值是什麼？「五四」啓蒙雖然聲勢浩大，反傳統的主流思想也似乎取得了當時文化論戰的勝利，但留下的文化重建問題使我們不得不一次次回到「五四」啓蒙思考的起點，純粹西方式的「啓蒙」無法在中國文化土壤裏生根發芽也由近百餘年的中國歷史做出了證明。近年來有些學者突破「啓蒙」就是指西方「啓蒙」的思維定勢，給出了他們關於「啓蒙」的普適性內涵的答案。有學者認爲「啓蒙就是反對傳統中具有宰制性、能夠扼制新價值體系出現的思想體系」〔註39〕；也有學者認爲「啓蒙是在一種霸權語言自身的危機中，在以文化自省的方式反抗這種語言霸權的同時，創造新時代的新語言的運動」〔註40〕。這些答案的共同點是擺脫了西方特定的文化背景，並且指出了「五四」啓蒙與西方啓蒙的神似之處，將「啓蒙」作爲打破思想禁錮的文化自新力量，其缺點是未能體現啓蒙作爲世界歷史發展的基本方向的時代意義。當然，反思「五四」啓蒙的特殊性，並非是否定它篳路藍縷的思想啓蒙的偉大意義，而是立足當今的文化重建問題，從「五四」的反思中吸取有益的文化資源的前提。

〔註39〕陳方正：《論啓蒙與傳統的關係——五四與日本啓蒙運動的反思》，《開放時代》1999 年第 5 期。

〔註40〕鄧曉芒：《西方啓蒙思想的本質》，《廣東社會科學》2003 年第 4 期。

一、啓蒙的外源性與文化民族性維度的凸顯

自古希臘以來，西方文化傳統呈現了一種理性與信仰、人性與神性的動態交融狀態。在啓蒙運動之前 400 多年內，西方經歷了文藝復興、宗教改革、科學革命，神學受到衝擊而逐步衰落，到啓蒙運動之際，反對神學壟斷權威已是眾望所歸的事情，已經具備了良好的思想基礎。針對中世紀神學的壟斷，啓蒙表現爲人的理性對上帝啓示的批判，通過理性重新確立人在世界中、人與人之間的主體性，逼迫上帝退回到精神信仰的領域。同時，英國產業革命帶來的生產力的提高、法國啓蒙運動對科學精神的傳播、近代自然科學的發展及其世俗生活中創造的豐富的物質文明也爲啓蒙奠定了堅實的物質基礎。西方文化從局部看也出現了很多科學與宗教衝突的事例，如宗教裁判所對布魯諾等科學家的迫害，但從西方整體文化的發展進程看，並不曾危及西方文化精神的內在整合。西方啓蒙運動可以說是西方文化內部的自我調節、自我完善，參照來自於它自身，所以通常把西方啓蒙稱爲內源性的啓蒙。這種文化自省是內源性的，表現爲以人的理性反抗神性的宰制性壟斷。

「五四」新文化運動是中國近代以來在遭受西方文明侵略的歷史背景下產生的，東西文化比較的失衡狀態是受西方文明軍事侵略、經濟侵蝕、政治壓迫的一種投射。從這個意義上看，中國的啓蒙來自國家、民族救亡的需要，救亡誘發了啓蒙的主題，知識分子的倫理的覺悟來自對民族存亡的思考，從洋務運動器物不足的發現，到戊戌變法、辛亥革命政治制度不足的發現，再到文化、倫理不足的發現，人的啓蒙來源於外在的救亡任務，而不是像西方啓蒙運動那樣是從原有的文化中自然衍生出來的。在急迫的富國強民的心態下，「五四」新文化運動借助西方啓蒙的啓示，用西方的科學和民主來反對傳統所形成的思想鉗制，科學與民主非中國文化所固有。中國近代思想中也有一些反傳統的啓蒙思想，但啓蒙的主要動力和主要資源來自於外部是歷史的事實。「五四」新文化運動的文化啓蒙是「作爲政治革命之後的思想文化補課」〔註 41〕而進行的，而辛亥革命也是在西方的現代文明的威逼下產生的，「五四」這種外啓蒙性明顯存在著思想準備的不足，正如新文化派高一涵在《非「君師主義」》中所說的：「法國當未革命之前，就有盧梭、福祿特爾、孟德斯鳩諸人，各以天賦人權平等自由之說，灌入人民腦中；所以打破

〔註41〕李新宇：《重評五四啓蒙運動三題——兼評李澤厚諸先生之說》，《文史哲》2004 年第 4 期。

帝制,共和思想即深入於一般人心。美國當屬英的時候,平等自由民約諸說,已深印於人心,所以甫脫英國的範圍,即能建設平民政治。中國革命是以種族思想爭來的,不是以共和思想爭來的;所以皇帝雖退位,而人人腦中的皇帝尚未退位。」〔註42〕

西方啓蒙運動崇揚的理性精神改變了人類的物質生活和精神世界,將人們帶入現代文明的光怪陸離之中,啓蒙塑造的現代性成爲引領人類文化的基本方向,體現出人類文化發展的普遍必然性,也體現出在文化時代性意義上不同文化形態之間的可通約性。從時代性的意義上可以說,「五四」新文化運動作爲受到西方啓蒙精神影響的文化啓蒙運動,標誌著中國文化由近代到現代的時代轉化。同時,啓蒙的外源性決定了「五四」新文化運動中面臨文化民族性的糾結。文化的民族性是一種文化與其他文化比較中不可替代的規定性,體現著不同文化之間的不可通約的一面。受西方實證主義思潮影響,文化進化論是自嚴復以來文化啓蒙者不證自明的理論前提。東西文化論戰中的新文化派把東西文化看作古與今、舊與新的關係,完全拋棄了民族性維度,單向線性的文化進化觀念必然得出全盤西化的結論。羅素曾說過,西方文化長於科學方法,中國文化長於健全的人生觀。羅素的論斷是一種事實上的判斷,並無厚此薄彼的價值含義。然而在科玄論戰中,科學派對科學方法萬能的信仰僭越了科學與哲學的界限,在最能代表中國文化特質的人生觀領域豎起科學的旗幟,試圖用文化的時代性取代民族性,實質上是東西文化論戰中全盤西化主張的延續。梁漱溟敏銳地指出:「新運動只是西洋化在中國的興起」〔註43〕一語道破新文化派文化時代性的基本預設。中國現代文化的發展歷史早已證僞了全盤西化理論的虛妄。其實,從洋務時期中西學割裂的「中西之爭」,到維新時期「新舊之爭」基礎上的中西會通,都在試圖找到中國文化時代轉換中的民族性的維度。文化保守主義者與新文化派之間在東西文化、新舊文化、世界文化未來走向等方面的見解差異正是文化保守主義者看到了文化民族性維度的不可缺少性。玄學派對人生觀的維護正是科學派科學視野所遮蔽的民族性維度。

啓蒙的外源性決定了任何一種非西方文化在現代化的道路上都要面臨文

〔註42〕 高一涵:《非「君師主義」》,《新青年》第5卷第6號,1918年12月。
〔註43〕 梁漱溟:《東西文化及其哲學》,《梁漱溟全集》(第一卷),濟南:山東人民出版社2005年版,第539頁。

化民族性的維度。文化的時代性和民族性的統一雖然在邏輯上達到了「合題」，但這種「合題」只有呈現在文化發展的歷史進程中才能獲得具體的歷史內涵。這是文化保守主義雖然顯得不太合適宜但又具有深刻思想價值的原因，這也是「五四」新文化運動留給我們的另一種意義上的啓蒙。

二、救亡壓倒啓蒙：國家民族本位取代個體意識

李澤厚先生在 20 世紀 80 年代提出的「救亡壓倒啓蒙」的說法在學術界影響很大，政治救亡的主題全面壓倒了思想啓蒙的主題作爲一種對歷史的描述是不錯的，但從中並不能從邏輯的必然性上推出救亡是啓蒙中斷的原因，研究文獻綜述中已提到反對這種推斷的救亡與啓蒙並行論。正如汪暉所說：「『救亡壓倒啓蒙』作爲一種歷史描述是用歷史情境的變遷來解釋啓蒙的解體，在這一特定視角之內，這一判斷的合理性是顯而易見的。問題是：這一判斷沒有解釋思想啓蒙運動是否存在自我瓦解的因素。」〔註 44〕救亡是中國外源性啓蒙無法剔除的歷史前提，如果把啓蒙中斷的原因完全歸結爲救亡，那麼抽離了具體歷史內涵的啓蒙只能表現爲一種概念的單純演繹，必將止步於邏輯的終結。此處所謂救亡壓倒啓蒙正是在歷史描述意義上使用的，這種歷史情境頗能道出中國啓蒙遭遇的特殊困境與矛盾。

西方啓蒙運動的中心是對人的研究，把啓蒙推進到人的主體性層面，張揚人的理性精神是西方英、法、德等不同國家享有的共同理念。對人的個性的張揚是啓蒙的內容，天賦人權強調個人的生命、自由、財產的權利，主張追求個人的幸福與享樂，經濟學上永遠追求個人幸福最大化的「經濟人」預設最富有代表性。與此相比，受到西方啓蒙運動的啓示，「五四」新文化運動的啓蒙思想也注意到啓蒙張揚個性一面。陳獨秀在《東西民族根本思想之差異》中就曾把追求個人自由與幸福作爲西方文化的一大特徵，他指出，「舉一切倫理道德政治法律，社會之所向往，國家之祈求，擁護個人之自由權利與幸福而已。思想言論之自由，謀個性之發展也。法律之前，個人平等也。個人之自由權利，載諸憲章，國法不得而剝奪之，所謂人權是也。……此純粹個人主義之大精神也。」〔註45〕周作人的「人的文學」倡導「重新要發現人，

〔註44〕汪暉：《無地彷徨——「五四」及其回聲》，杭州：浙江文藝出版社 1994 版，第 236 頁。
〔註45〕陳獨秀：《東西民族根本思想之差異》，《獨秀文存》，合肥：安徽人民出版社

去闖人荒！」即是從個人自由的角度探討人的意義和價值，胡適的易卜生主義是典型的個人主義，號召人們去除國民的奴性、追求獨立自由的人格，在當時的思想界產生很大的影響。

中國的啓蒙由於國家與民族的存亡危機，並沒有向西方啓蒙運動一樣進入到深層的理性與自由去探討啓蒙的意義，而是把啓蒙定位於科學與民主這樣一種實證的範疇。如本章第一節所述，科學與民主雖然在本質上體現的是人的主體性的確立，但當兩者被認作西方文化的最重要的兩大特異彩色時，就能與渴求國富民強的祈望直接地聯繫在一起，所以中國啓蒙的口號是科學與民主，而不是理性、主體性與自由。孫中山有一段話精確地指出了國人的這種心理，「如果專拿自由平等去提倡民氣，便是離事實太遠，和人民沒有切膚之痛，他們便沒有感覺；沒有感覺，一定不來附和。」〔註46〕推崇個人主義的啓蒙思想家在救亡圖存的時代主題下，也漸漸用國家、民族的需要取代了個性的追求。在第一章第二節對民主觀念的功能化的有關論述中可以體現這種取向。啓蒙思想家在強調民主概念中個人價值意義的同時，將民主的目標指向富國強民，更注重民主在政治、經濟、社會領域的解放意義。胡適的「社會不朽論」強調的是個體作為「小我」只有融入到永遠不朽的「大我」中才能實現自身的不朽價值。陳獨秀在《人生真義》中同樣認為個體生滅無常，只有社會才是真實的存在。

「五四」新文化運動中啓蒙精神除對個性的張揚外，還體現為一種世界主義意識，本書在第一章第四節中對此做過粗淺的梳理。把文化比較的座標擴大到世界的時空中，從世界文化的高度來審視中國本土文化的發展，超越民族意識，在世界文化的參照系中反省自身，這種「世界主義」傾向在「五四」新文化運動中是不同文化主張者之間共同的特點，這是中國文化遭遇處於優勢的西方文明時凸顯文化時代性要求的一種折射。世界主義將中西文化納入同一座標，中西文化時代性的差距更加突出，這也是新文化派理直氣壯地推崇西方文明的理由，文化保守主義者也並不否認這種傾向，梁漱溟的「世界文化三期重現說」前提即是對世界主義意識的認可。然而，國家的興盛才是啓蒙思想家最基本的思想動力，「無論他們提出什麼樣的思想命題，無論這個命題在邏輯上與這個原動力如何衝突，民族思想都是一個不言而喻的存

1987 年版，第 28 頁。

〔註46〕孫中山：《三民主義》，長沙：嶽麓書社 2000 年版，第 102 頁。

在，一種絕對的意識形態力量。」〔註47〕

三、市民社會的不成熟

　　市民社會是在西方文化中產生的一個概念，在不同歷史時期有著不同的社會文化內涵。在亞里士多德、西塞羅等古典時代的思想家那裡，市民社會意指政治共同體或與野蠻社會相對的文明社會。西方啓蒙運動以後，啓蒙塑造的理性精神滲透到經濟、政治各個領域，商品經濟的發達和政治的民主化進程在社會結構上表現爲市民社會的逐步成熟。與此相比，「五四」新文化運動開啓的中國啓蒙顯然缺少市民社會成熟的現實基礎。

　　西方啓蒙思想家洛克、孟德斯鳩、盧梭等倡導人權，反對作爲政治國家象徵的君權，認爲人類的自然狀態是自由、平等的，人們通過社會契約而賦予市民社會不同於政治國家的意義。洛克指出人們出於保護「天賦人權」的目的，同意通過契約將部份權利讓渡給國家，首次提出了社會先於、高於國家的觀點。隨著西方商品經濟的發展，爲應對國家對經濟的干涉，重農學派提出經濟領域的「自由放任」原則，古典經濟學家亞當·斯密通過「經濟人」的假設揭示了市場中那隻「看不見的手」。正如有學者所指出的，『『自由放任』意味著作爲經濟領域的社會獨立於作爲政治領域的國家，後者不應干涉前者，其原因是經濟領域受制於一隻『看不見的手』，亦即社會乃是一個於某種意義上自身組織的、服從自身規律和變化的『獨立經濟體系』。」〔註48〕此時，獨立於國家而依靠市場規律調節的經濟活動成爲市民社會的主要內涵。黑格爾隨後以市民社會的經濟活動爲重心，第一次明確了政治國家和市民社會的區分，揭示了市民社會的現代意義。黑格爾認爲市民社會是「作爲獨立的單個人的聯合。」〔註49〕他把市民社會作爲家庭——市民社會——國家「三一式」範疇的中介，認爲市民社會中的個人受私利欲望支配，關注個人的特殊利益，但內部的利益衝突決定了市民社會自身不能達到自足，普遍利益的實現最終依靠絕對自在自爲的理性國家，主張國家高於市民社會。馬克思指出了黑格爾將市民社會與國家的關係頭足倒置的錯誤，用唯物史觀揭

〔註47〕汪暉：《中國現代歷史中的「五四」啓蒙運動》，許紀霖編：《二十世紀中國思想史論》（上），上海：東方出版中心2006年版，第48頁。
〔註48〕鄧正來：《鄧正來自選集》，桂林：廣西師範大學出版社2000年版，第9頁。
〔註49〕〔德〕黑格爾：《法哲學原理》，范揚、張企泰譯，北京：商務印書館1961年版，第174頁。

示了市民社會的歷史內涵及歷史走向。馬克思指出,「眞正的市民社會只是隨同資產階級發展起來的;但是市民社會這一名稱始終標誌著直接從生產和交往中發展起來的社會組織,這種社會組織在一切時代都構成國家的基礎以及任何其他的觀念的上層建築的基礎。」〔註50〕「在市民社會中,人是世俗存在物。」〔註51〕馬克思引入人的存在維度,認爲人的肉體原則的他律性必然表徵爲「偶然的個人」,而達到自律的「有個性的人」才能組成「自由人的聯合體」。馬克思的旨趣在於尋求人的解放及歷史的完成,市民社會作爲資本主義社會的成熟形態最終表現爲它同政治國家的一起消滅而達成兩者之間的某種「合題」。20 世紀西方市民社會的內涵從經濟領域轉向了文化領域,代表人物有葛蘭西、哈貝馬斯。葛蘭西認爲市民社會與國家的矛盾不再是經濟自由權,而是文化領導權。哈貝馬斯則把市民社會作爲獨立於國家的「私人自治領域」,主要指「文化、社會和人格」的生活世界。

從以上市民社會內涵的變化可以看出,西方市民社會內涵經歷了由政治——經濟——文化領域的轉變,兩次轉變對應於自由競爭資本主義和壟斷資本主義兩個發展階段,表明了西方市民社會在經濟、政治、文化領域的成熟,正如馬克思所指出的,「現代國家的自然基礎是市民社會以及市民社會的人」〔註52〕,市民社會構成了現代社會的世俗基礎。從中我們不難發現:市民社會是在啓蒙塑造的理性精神在社會組織形式上呈現的現實形態,奠定了現代文化的社會結構性基礎,也折射了理性的個體與類存在物之間的博弈關係。

在中國市民社會的研究方面,雖然有學者認爲清末新型工商業團體的組織形式可以看作「市民社會的雛形」〔註53〕,但與西方市民社會的自然的發展過程相比,仍然無法撼動中國市民社會不成熟的事實判斷。

從社會結構來看,中國傳統的家國同構的社會結構不利於市民社會的形成。這種家國同構的概念來源於傳統文化中「修身、齊家、治國、平天下」的社會理想,當將家與國之間的邏輯遞進關係作爲一種經驗共時的聯繫,國

〔註50〕 《馬克思恩格斯選集》,第 1 卷,北京:人民出版社 1995 年版,第 130～131 頁。
〔註51〕 《馬克思恩格斯全集》,第 1 卷,北京:人民出版社 1956 年版,第 428 頁。
〔註52〕 《馬克思恩格斯全集》,第 2 卷,北京:人民出版社 1957 年版,第 145 頁。
〔註53〕 參見馬敏、朱英:《傳統與近代的二重變奏——晚清蘇州商會個案研究》,成都:巴蜀書社 1993 年版。朱英:《關於中國市民社會問題的幾點商榷意見》,《中國社會科學季刊》(香港) 1994 年春季卷 (總第 7 期)。

家就被看作家的自然放大，兩者之間的差異變得模糊不清。有學者指出家國結構內部界限的模糊性，「從帝國秩序的基本原則看，治國與治家所遵循的乃是同一種原則。其結果，治人者也是父母官，治於人者即是子民，整個帝國則是一個大家庭，這裡，上與下、治與被治、公與私以及國與家的界限都是相對的、變動的」〔註54〕。在中國的社會結構中，個人是作爲家庭的或國家的成員或部份而存在，個人的特殊利益，尤其是個人的私欲被看作應超越的對象，個人在希賢希聖的追求中，通過內在超越的工夫達成道德人格的完滿呈現，凸顯的是人的精神性原則。人與人之間倫理規範建立在以「孝」爲基礎的家族制度之上，個人依附於血緣關係，構成整個血緣關係上的一個聯接，國家作爲家庭的放大，大同小異，國家的、群體的利益永遠高於個人利益。西方市民社會對家庭的取代正是發根於啓蒙精神的西方現代社會關係的主要表徵，其現代意義集中體現在黑格爾的法哲學思想中。在黑格爾那裡，「市民社會是處在家庭和國家之間的差別的階段」〔註55〕，市民社會作爲一種倫理實體，構成家庭與國家之間倫理發展的反題環節，正如有學者所指出，「黑格爾認爲市民社會的性質要靠社會關係的現代性質來規定，因此他關於市民社會是對家庭的倫理否定的說法，就成爲他市民社會理論的最大秘密。」〔註56〕家庭代表著傳統倫理秩序的典型形式，是用愛的原則組成的自然的共同體，個人是家庭中的一個成員，而不是一個獨立的人。市民社會作爲獨立的單個人的聯合，「這種聯合是通過成員的需要，通過保障人身和財產的法律制度，和通過維護他們特殊利益和公共利益的外部秩序而建立起來的。」〔註57〕市民社會中的個人在與他人的區別中成爲他自己，個人特殊利益之間的關聯割斷了家庭的自然紐帶。這裡，並不是說黑格爾所謂的市民社會中的個人比作爲家庭成員的個人具有更高的價值或意義，而僅是從人的自我意識與作爲現代性表徵的市民社會的關係來說，對人的肉體性原則的肯認構成了市民社會中人的自我意識形式。黑格爾意識到市民社會中個人的抽象關聯必將導致人

〔註54〕梁治平：《中國法律史上的民間法——兼論中國古代法律的多元格局》，《中國文化》1997年Z1期。

〔註55〕〔德〕黑格爾：《法哲學原理》，范揚、張企泰譯，北京：商務印書館1961年版，第197頁。

〔註56〕王新生：《黑格爾市民社會理論評析》，《哲學研究》2003年第12期。

〔註57〕〔德〕黑格爾：《法哲學原理》，范揚、張企泰譯，北京：商務印書館1961年版，第174頁。

的「自然必然性與任性」，這種「任性是作爲意志表現出來的偶然性」〔註58〕，市民社會內部不同利益的衝突會導致人的異化、道德的淪喪，所以主張把國家作爲市民社會擺脫外在必然性的力量，他的國家概念代表著人類理性的聯合。可見，西方市民社會打破傳統家庭中的自然關係，建立起個人之間的利益關係，是現代社會關係的重要特徵。但市民社會那種個人特殊利益的社會關係在中國傳統的家國同構的社會結構中始終難覓蹤影。

在中國現代文化中，對於市民社會的認識也表現出不同於西方文化的一種路徑。首先表現爲一種文化上的覺醒，「五四」新文化運動中新文化派對傳統倫理和家族制度的批判、對民主和個人解放的宣揚似乎隱約認識到了市民社會與以血緣爲基礎的傳統社會關係的不同，從陳獨秀的「自主自由之人格」和胡適的易卜生式個人主義中可以看到擺脫家庭成員身份，強調個人作爲區別於他人的自己的印記，正如《玩偶之家》主人公娜拉的那句名言，「首先我是一個人，跟你一樣的一個人」。然而，正像魯迅對「娜拉走後怎樣」的設想與懷疑，獨立的個人更多是強調精神、人格方面的內涵，在傳統的社會中並不能結合成某種個人利益的共同體，構成一種獨立的社會力量。其次，中國啓蒙的外源、後發的現代化過程，社會的變革必然表現爲一種自上而下的政治、經濟、社會結構等各層面的調整，國家在其中扮演著主體的角色，迥異於西方市民社會與政治國家相互分離的展開過程。再次，中國傳統經濟方式是以農業爲根本的自然經濟，建國後又經歷了計劃經濟階段，經濟改革後由於系統悖論的存在，經濟的發展一度陷入放與收的循環，市場經濟的發展狀況尚無法爲市民社會的建立提供有力的世俗基礎。中國市民社會的建立過程面臨著兩難的困境：「政治、社會及經濟變革引發或導致了既有權威的合法性危機，進而導引社會結構的解體、社會的普遍失範甚或國家的分裂，作爲對這種失序及失範狀態的回應和救濟，政治結構往往轉而訴諸傳統文化的、軍事的、象徵性符號等資源來解決合法性危機的問題，這又使政治、社會及經濟的變革胎死腹中。」〔註59〕

從中國啓蒙特殊性的分析中可以看出，作爲一種外源性啓蒙，中國啓蒙可以說是先天不足，而救亡圖存的時代主題使得國家、民族的本位意識取代

〔註58〕〔德〕黑格爾：《法哲學原理》，范揚、張企泰譯，北京：商務印書館 1961 年版，第 25 頁。

〔註59〕鄧正來：《鄧正來自選集》，桂林：廣西師範大學出版社 2000 年版，第 45 頁。

了對個體意識，市民社會的不成熟也無法爲啓蒙提供現實的經濟基礎，又可謂是後天失調。與西方啓蒙相比，中國啓蒙遇到了更多的困惑與困境。中國的出路在哪裏？如何對待這種先天不足，後天失調的局面？

第四章　「五四」新文化運動的啓示

第一節　啓蒙悖論與「第三條道路」的抉擇

　　自康德提出「什麼是啓蒙」這一問題，西方哲學家就一直在反思「啓蒙」的得與失，兩次世界大戰的陰影更使得人們對理性權威的無限擴大產生懷疑，正如法蘭克福學派霍克海默和阿道爾諾所說的那樣，「啓蒙的根本目標就是要使人們擺脫恐懼，樹立自主。但是，被徹底啓蒙的世界卻籠罩在一片因勝利而招致的災難之中」〔註1〕。「五四」新文化運動作爲一種空間上的外源性啓蒙和時間上的後啓蒙，加深對啓蒙自身悖論的反思，認清西方啓蒙所昭示的「他者」之維的兩面性，無疑是突破思想迷亂，尋求自身出路的重要問題。

一、啓蒙的悖論

　　西方啓蒙運動以來理性精神發現的人的主體性無疑代表著人的覺醒，但第一次世界大戰作爲其歷史後果的表徵暴露了西方文明的弱點，使人們認識到發現的「人」只是賓格意義上的而非主格意義的「人」，從神性中拯救出的「人」，只是異化的「人」，而非眞正的「人」。「從『人的發現』到『人的剝奪』，其辯證法意味就在於它們都根植於同一個文化事件，那就是啓蒙精神。」〔註2〕

〔註1〕〔德〕霍克海默、阿道爾諾：《啓蒙辯證法──哲學斷片》，渠敬東、曹衛東譯，
　　　　上海：上海人民出版社2006年版，第1頁。
〔註2〕何中華：《啓蒙、道德與文學──一種可能的解釋》，《河北學刊》2004年第6期。

在認識論中，啓蒙理性表現爲作爲認識能力的「科學理性」。西方經驗論與唯理論傳統在認識問題上都陷入困境，經驗論無法跨越「歸納跳越」的難題，得到的知識只具有或然性，唯理論的天賦觀念只是知識的很小部份，且與外部實在無涉，兩者都無法證明知識的普遍必然性。康德對兩者進行了調和，認爲知識的內容是經驗的，認識的形式是先天的，主體的先天認識形式構成了知識普遍必然性的根據，客體分爲通過先天的認識形式呈現的表象和經認識形式限制的物自體。康德認識到理性的有限性。對於人來講，一方面作爲自然存在要服從必然法則；另一方面，作爲人自身，不受自然法則的限制，是自由的，這兩個方面實際對應著人的肉體存在與精神存在。人的精神存在對必然性的拒絕爲意志自由留下了寶貴的地盤。在康德看來，理性不僅是人爲自然立法的法則，也是爲自己立法的法則和與生俱來的能力，所以他強調人要自覺運用自己的理性，並將此作爲人走向成熟的標誌。

人們樹立起科學理性的權威，自然不再是上帝的創造物，人們開始用科學的視野去認識自然、改造自然。然而，當人將科學理性作爲一種信仰、一種全息的視野去把握自然和人自身時，卻走向了啓蒙的反面。在人與自然的關係上，科學以「祛魅」的方式消解了自然的神秘性，自然變成了科學的研究與征服的對象，在突出人的目的的同時，自然淪爲受人操縱和利用的手段與工具，人與自然的和諧關係被佔有與被佔有關係代替。然而，它最終帶來的是生態環境的惡化和人的生存危機。在人與人的關係中，將科學的精神與方法無限制地推廣造成人的異化，人與社會向自然一樣受制於自然法則，人的本性沉淪爲人的自然屬性，人自身淪爲一個普通的「在者」。拉美特利「人是機器」的結論，霍布斯描寫的「一切人反對一切人的戰爭」的生存格局都是生動的例子。科學理性在給人類帶來極大的物質享受的同時，也使人喪失了人的尊嚴、價值與自由。當科學理性僭越了信仰的地盤，其自身就異化爲一種信仰，所以懷特海把西方啓蒙運動的時代稱爲「基於信仰的理性時代」，卡爾・貝克爾稱之爲「18 世紀哲學家的天城」。

理性的獨斷化必然導致啓蒙走向自身的反面，這是啓蒙的悖論所在。自西方啓蒙運動起，西方學者對於「啓蒙」的反思就從沒有間斷。霍克海默所謂人「墮落到一種新的野蠻狀態」，馬爾庫塞所謂「單向度的人」，福柯所謂「人之死」等等表述都在揭示啓蒙由「人的發現」到「人的剝奪」的歷史結果。現代西方哲學在試圖從兩種立場回答什麼是「啓蒙」這個問題，那就是

「哈貝馬斯認爲啓蒙的任務還沒完成與從福柯到德里達解構啓蒙以來的理性」〔註3〕。哈貝馬斯順著康德的思路，提出要擴大理性的向度，福柯、德里達所代表的後現代主義、解構主義則主張解構理性造成的觀念符號的暴力。兩種立場雖有所不同，但對啓蒙精神及其歷史後果採取的批判態度是一致的，都可以看作啓蒙的自我批判。可見，啓蒙通過主客體的分離建立起來的理性原則本身是具有內在的局限性。啓蒙的悖論提醒我們啓蒙本身並非是完善的，中國啓蒙不可能避免西方啓蒙的參照意義，但必須正視啓蒙的雙重性，這是作爲「外源—後發」型啓蒙的優勢所在，也是啓蒙的批判精神賦予我們的歷史任務。

二、啓蒙反思中的「第三條道路」

20 世紀初，中國對西方文化的引進多是通過日本「轉口輸入」，當時譯述之風盛行，且以多爲貴；西方近代思想，包括啓蒙與反啓蒙的思潮、流派同時湧入國內，國人如饑似渴地從西方文化中尋找富國強民之方，饑不擇食，難免食而不化。以 1906 年王國維在《教育世界》中刊出的「西方名人」圖象爲例，康德、叔本華、尼采、黑格爾、斯賓塞、霍布斯、休謨、斯賓諾莎、盧梭、伏爾泰、孔德、裴斯塔洛齊等都在其列，從中可略見一斑。除了紛繁複雜的西學帶來的思想衝突困惑外，耳聞目睹的現實更使人困惑不解。當新文化派熱烈地頌揚西方文化之時，第一次世界大戰爆發，西方文明的弊端暴露無遺，顯示著啓蒙內含的人的發現與剝奪的雙重性，杜威、羅素、杜里舒來華訪問，這些西方學者對自身文化的反思與批判同樣引人深思，俄國十月革命的勝利又似乎透露著另一種曙光，這些世界範圍內的文化變遷深深觸動了「五四」新文化運動中尋求文化出路的思考者。西方文明不再僅僅意味著體現人的主體性的民主與科學，還有喪失人性的殘酷殺戮與災難。對啓蒙的反思構成了民主與科學旗幟之外的另一種思想之維，形成了中國啓蒙不同於西方啓蒙線性展開的特異之處。

文化保守主義者將西方柏格森、倭鏗、白璧得等人的非理性主義思想作爲世界思潮的轉向，並與傳統思想相結合，在反思西方文化的基礎上，重新肯定傳統的價值，顯現出回歸傳統的路向。遊歷歐洲回國的梁啓超慨歎「科

〔註3〕《啓蒙的反思——杜維明、黃萬盛對話錄》，哈佛燕京學社主編：《啓蒙的反思》，南京：鳳凰出版傳媒集團・江蘇教育出版社 2005 年版，第 15 頁。

學萬能」夢滅，他在《歐遊心影錄》中認爲西方個人已失去安心立命之所在，世界思潮必將發生變遷，對中國青年提出以中國文化爲主化合中西文化建立新文化的希望。杜亞泉對西方啓蒙的懷疑很具代表性，他說：「近年以來，吾國人之羨慕西洋文明無所不至，自軍國大事以至日用細微，無不效法西洋，而於自國固有之文明，幾不復置意。然自歐戰發生以來，西洋諸國以科學所發明之利器戕殺其同類，悲慘劇烈之狀態，不但爲吾國歷史之所無，亦且爲世界從來所未有。」〔註4〕梁漱溟從世界文化的走向中肯定中國文化的復興，學衡派汲取白璧德的新人文主義，提倡「昌明國粹，融化新知」，曾親師柏格森、倭鏗的張君勱以宣傳兩人哲學爲己任，而爲玄學派之先鋒，力求在科學萬能的社會趨向中捍衛玄學的價值。文化保守主義者對啓蒙的歷史局限性和內在危機的反思，正是其學理正當性之所在，其以生命看待自身文化傳統的承續，顯示著深刻的思想價值。然而其「返本開新」的內在超越之路依然停留在學理上的可能，回歸傳統的歷史進路亦無法實現對過去傳統和啓蒙精神的雙重超越。

　　西方「啓蒙」開啓的現代文明有著普遍的價值，指引著世界歷史的基本方向。「五四」的新文化派正是看到「啓蒙」是歷史不可逆轉的發展潮流，提出「科學」與「民主」的旗幟，這對於中國文化的現代轉型起到了方向指引作用。然而，作爲時代最強勢的文化話語，啓蒙是否就具備了絕對的合法性？當面對戰爭帶來的世界性創傷，以胡適爲代表的自由主義者並沒有對「啓蒙」進行更深入的反思，而認爲西方學者崇拜東方文化的議論「本來只是一時的病態的心理，卻正投合東方民族的誇大狂；東方的舊勢力就因此增加了不少氣焰」〔註5〕。對於玄學派對科學萬能論的批判，胡適反駁道：「中國此時還不曾享著科學的賜福，更談不到科學帶來的『災難』。」〔註6〕他無視文化民族性的維度和外源、後發性啓蒙所可能具有的避免理性獨斷化弊端的積極意義，用文化的時代性差距代替中西文化差異全部內涵來爲自身進行合法性辯護，缺乏邏輯的一致性和歷史的具體內涵，這也是直到今天啓蒙推崇者仍存在的思維缺陷。正是由於缺乏對啓蒙負面意義的反思，自由主義者在文化的

〔註4〕傖父：《靜的文明與動的文明》，《東方雜誌》第13卷第10號，1916年10月。
〔註5〕胡適：《我們對於西洋近代文明的態度》，歐陽哲生編，《胡適文集》第4冊，北京：北京大學出版社1998年版，第3頁。
〔註6〕胡適：《科學與人生觀序》，歐陽哲生編，《胡適文集》第3冊，北京：北京大學出版社1998年版，第154頁。

比較中，主張中國文化的全盤西化，既放棄了避免西方啓蒙弊端的文化自覺，又失去了文化生化的民族根基，雖然把文化啓蒙視爲「重估一切價值」的評判態度，但這一評判的態度從未指向自身的主張，注定無法實現西方啓蒙精神的超越。

　　早期馬克思主義者在宣傳西方文化的同時，又保留了對西方近代文化弊端的批判態度，爲未來文化作出新的選擇，在東西文化的選擇上更富有理性的認識。資產階級民主派的領袖孫中山可以看作這種選擇的先驅，他提出了政治革命與社會革命「畢其功於一役」的思想。孫中山認爲兩種革命要同時進行，既要解決救亡圖存的國家和民族危機，又要同時避免西方社會弊端，這種文化選擇的思路即是：學習西方啓蒙，同時又要避免啓蒙的弊端。早期馬克思主義者李大釗認爲東西文化如同車之兩輪，鳥之兩翼，各有自己的價值與缺陷，他說：「第一文明偏於靈；第二文明偏於肉；吾寧歡迎『第三』之文明，蓋『第三』之文明，乃靈肉一致之文明，理想之文明，向上之文明也。」〔註7〕對第三文明的嚮往中已隱含著對東西文明的超越。他在《東西文明根本之異點》更明確地指出：「東洋文明既衰頹於靜止之中，而西洋文明又疲命於物質之下，爲救世界之危機，非有第三新文明之崛起，不足以渡此危崖。俄羅斯之文明誠足以當媒介東西之任、而東西文明眞正之調和則終非二種文明本身之覺醒萬不爲功。」〔註8〕俄國社會主義革命的勝利顯示了馬克思主義的偉大實踐力量，李大釗把俄國作爲超越東西文明局限，挽救世界危機的典範，由向西方學習轉而爲以俄國爲師。另一位早期馬克思主義者瞿秋白在文化選擇上也經歷了類似的心路歷程。他在《赤都心史》中寫道：「人處於各種民族不同的文化相交流或相衝突之時，在此人類進步的過程中，或能爲此過程盡力，同時實現自我的個性，即此增進人類的文化；或盲目固執一民族的文化性，不善融洽適應，自疲其個性，爲陳死的舊時代而犧牲；竟或暴露其『無知』，僅知如蠅之附臭，泪沒民族的個性，戕賊他的個我，去附庸所謂『新派』。三者之中，能取其哪一種？……新文化的基礎，本當聯合歷史上相對待的而現今時代之初又相補助的兩種文化：東方與西

〔註7〕李大釗：《「第三」》，《李大釗文集》（上），北京：人民出版社 1984 年版，第184頁。

〔註8〕李大釗：《東西文明根本之異點》，《李大釗文集》（上），北京：人民出版社 1984年版，第 560～561 頁。

方。現時兩種文化，代表過去時代的，都有危害的病狀，一病資產階級的市儈主義，一病『東方式』的死寂。『我』不是舊時代之孝子順孫，而是『新時代』的活潑稚兒。」〔註9〕瞿秋白既反對固守狹隘的民族文化，也反對一味求新的西化傾向，而是主張以東西文化爲基礎建立新文化。

早期馬克思主義者與文化保守主義者雖然汲取了不同的西學資源，有著不同的致思取向，但在對啓蒙歷史後果的反思上有著一致的看法；雖然充當了科學派的同路人，但對於新文化的理解上已突破全盤西化的思維定式，意識到新文化要實現對傳統文化和西方啓蒙運動開啓的近代文化的雙重超越，必須做出超階段發展的抉擇，即尋求回歸傳統與全盤西化之外的第三條道路。他們追求在中西文化比較的基礎上達到更高階段的中西融合，既要超越傳統文化物質不足的方面，又要避免西方「人的剝奪」的文化後果。他們敏銳地意識到馬克思主義批判地繼承了過去人類文化的精華，揚棄了西方啓蒙精神所包含的雙重內涵，所預設的社會主義是對西方文明的超越。第三條道路的抉擇與馬克思主義哲學實現了時代需要與理論武器的結合，構成了馬克思主義哲學中國化的必然性和可能性。毛澤東則將第三條道路的文化選擇落實到現實的文化建設中。從毛澤東提出的「古爲今用，洋爲中用」中可以看出通過文化主體的自覺選擇，融合傳統文化和西方文化的文化抉擇。第三條道路用最先進的文化去完成傳統文化和西方文化的雙重超越的理路在當今中國文化建設中依然有著重要的理論價值和現實指導意義。

第二節　啓蒙中的傳統與傳統的創造性轉化

一、反傳統不是啓蒙的應有之義

「五四」新文化運動比西方啓蒙運動相差近二百年，「五四」啓蒙的興起正源於西方現代文明擴張而造成的救亡危機之中。當時的中國經過辛亥革命建立了君主立憲制度，但人們的思想觀念和行爲方式依然沒有改變，新舊文化並存的局面令國人困惑不堪。中國啓蒙的反傳統特點在前面第三章中已有論述，中國代代承傳的「道統」在「五四」新文化運動中遭到徹底的清算、

〔註9〕瞿秋白：《赤都心史》，《瞿秋白文集》（文學編第一卷），北京：人民文學出版社1985年版，第212～213頁。

批判。胡適主張要「重估一切價值」，但這種「評判的態度」指向傳統時，卻變爲「因爲二千年吃人的禮教法制都掛著孔丘的招牌，故這塊孔丘的招牌——無論是老店，是冒牌——不能不拿下來，搥碎，燒去！」〔註10〕由對傳統倫理綱常的批判走向對儒學爲主體的傳統文化的全面否定。李大釗在《東西文明根本之異點》中說：「苟不將靜止的精神根本掃蕩，或將物質的生活一切屏絕，長此沈延，在此矛盾現象中以爲生活、其結果必蹈於自殺。蓋以半死帶活之人駕飛艇、使發昏帶醉之徒御摩托車、人固死於艇車之下、艇車亦毀於其人之手。」〔註11〕並稱此爲世間最爲恐怖之事。陳獨秀也尖銳地指出兩種文化如「水火冰炭」一樣不能相容，「吾人倘以新輸入之歐化爲是，則不得不以舊有之孔教爲非。倘以舊有之孔教爲是，則不得不以新輸入之歐化爲非。新舊之間，絕無調和兩存之餘地」〔註12〕。在新文化派健將看來，中西文化是一新一舊，而新舊並存又使人陷入恐怖的矛盾之中，他們用單線進化論解決新舊矛盾的辦法就是以新代舊，新文化就是西方文化，發展新文化必須以舊文化的清除爲前提。

「五四」啓蒙對傳統的否定對中國文化造成了深遠的影響，正如現代新儒家所批判的那樣，新文化派「以民主與科學之口號，去與數千年之中國歷史文化鬥爭，中國文化固然被摧毀，而民主亦生不了根，亦不能爲中國人共信，以成爲制度。」〔註13〕傳統的失落使得中國文化缺少了維繫的根基，沒有了維持文化整體性的構架，而新文化派高呼的「民主與科學」也因與文化傳統無法接榫成爲一廂情願的嚮往。海外學者林毓生認爲，正是代表中國「卡里斯瑪」符號系統的孔子之道失去了作用，造成中國文化的危機。

從西方啓蒙對傳統回歸的歷史指向中可以看到，啓蒙的實質是通過理性發現人的自我，啓蒙對於一種文化而言，包含著文化自覺、自新之義，反傳統並不是啓蒙的必然前提和應有之義。「五四」啓蒙者能認清啓蒙的歷史潮流，但在救亡的逼迫下選擇了錯誤的方法，擬割斷自身傳統之根，嫁接西方

〔註10〕 胡適：《吳虞文錄序》，歐陽哲生編，《胡適文集》第 2 冊，北京：北京大學出版社 1998 年版，第 610 頁。

〔註11〕 李大釗：《東西文明根本之異點》，《李大釗文集》（上），北京：人民出版社 1984年版，第 563 頁。

〔註12〕 陳獨秀：《答佩劍青年》，《陳獨秀文章選編》（中），北京：生活·讀書·新知三聯書店 1984 年版，第 186 頁。

〔註13〕 牟宗三、徐復觀、張君勱、唐君毅：《爲中國文化敬告世界人士宣言》，封祖盛編，《當代新儒家》，北京：三聯書店 1989 年版，第 35～36 頁。

文明之果實,無異於緣木求魚,對傳統的否定、對文化民族性維度的遺忘是「五四」啓蒙不能完成的主要原因。而就傳統本身來說,它有文化傳統與傳統文化兩個方面的含義。文化傳統作爲民族文化特質,對民族和個人有著本體的意義,龐樸先生有個形象的比喻,傳統就像人的皮膚一樣,人不可能衝出皮膚之外。傳統文化是相對固定、具體的知識,每個時代都可以有不同的取捨。新文化派沒有區別文化傳統和傳統文化的不同,由傳統文化的倫理綱常入手,將批判的範圍擴大到對整體文化傳統的否定,顯然是以西方文化作爲基準,把文化民族性的主要表徵——文化傳統當作中西文化的異質性過濾掉了,即喪失了對啓蒙的批判態度,又忽視了中國外源性啓蒙的特殊性,所以有學者稱「五四」新文化運動主流思潮得之於啓蒙,失之在認識傳統的維度不夠」〔註14〕。

「五四」啓蒙者在亡國滅種的危機下,將啓蒙作爲唯一的文化指向,有著不可避免的歷史局限性。啓蒙與反啓蒙的思考仍在繼續,福柯認爲對待啓蒙的態度應是一種態度的永恆的復活:「這種態度是一種哲學的氣質,它可以被描述爲對我們的歷史時代的永恆的批判。」〔註15〕也許這就是我們對待啓蒙的應有態度。當我們把啓蒙理解爲對歷史時代的永恆的批判,並用這種態度去反觀啓蒙與傳統的關係,原來籠罩人們思想的霧靄會漸漸退去。首先,反思啓蒙的意義得到凸顯。西方啓蒙將人從中世紀神學的枷鎖中解救出來,但拯救出的只是賓格意義上的而非主格意義的人,理性自身所蘊含的獨斷化趨向使得這種異化之人凌駕於一切,啓蒙轉變爲一種新的宰制力量。啓蒙的內在悖論啓蒙不是一種自明的真理,反思啓蒙的正當性正在於此。其次,中國啓蒙的外源性決定了啓蒙與傳統關係的複雜性。從積極意義上講,時代性維度上,啓蒙要對傳統進行時代性過濾;民族性維度上,傳統又是啓蒙確證的基礎。從消極意義上看,時代性維度上,外源性啓蒙與自身傳統表現爲一種文化斷裂;民族性維度上,體現爲中西文化之間的對峙。新文化派強調了啓蒙與自身傳統之間的斷裂性,忽視了兩者之間可能的聯繫,更沒有從民族性維度上考慮傳統的安置,走向反傳統的極端,雖然起到了巨大的文化啓蒙作用,但也造成了啓蒙新的危機。文化保守主義者突顯的則是對傳統維度的維護,對傳統同情的理解,對傳統活的生命的肯認,發揮了啓蒙與傳統之間

〔註14〕郭齊勇:《現代性與傳統的思考》,《開放時代》1999 年第 5 期。
〔註15〕〔法〕米歇爾・福科:《什麼是啓蒙》,汪暉譯,汪暉、陳燕谷編:《文化與公共性》,北京:生活・讀書・新知三聯書店 2005 年版,第 433～434 頁。

的積極意義，與反傳統主流思潮構成了互補相成的文化比較格局。在人類學本體論層面，中國外源性啓蒙與自身傳統還折射著理性與價值的衝突。科玄論戰中玄學派所捍衛的人生觀實際就是人的價值世界，屬應然領域，而科學派所揭示的科學理性是人的經驗世界，屬實然領域。人類歷史的進程是實然向應然領域不斷邁進的過程，人的存在的二重性規定著理性與價值衝突展開的必然和理性與價值最終融合的可能。在此意義上，傳統對啓蒙的批判不僅僅是與後現代思潮的巧合，更是人類文化本體意義上理性與價值融合的需要。

在當代文化建設中，我們不應再把反傳統作爲啓蒙的應有之義，啓蒙與傳統的關係應當進一步得到澄清，那種啓蒙即反傳統的思路如果說在「五四」新文化運動的時代限制下無法避免，我們不可苛求於前人的話，今天的文化擔當者更應認識「五四」新文化運動主流思潮的局限，從非主流思潮中汲取更多的對待傳統的思想資源。

二、傳統的創造性轉化的思考

「五四」啓蒙的教訓揭櫫出文化無法離開傳統而有新的創造和發展。所以當 20 世紀 80 年代林毓生提出「中國傳統的創造性轉化」時，立時引起極大的反響。林毓生認爲，中國文化的重建就是要促使「卡里斯瑪」權威的出現，並使之發揮作用，中國文化傳統中的符號和價值系統加以改造，使之成爲有利於變革的因子，並在這一過程中繼續保持文化的認同。這一觀點使苦思冥想的學人猶如見到一盞航燈，似乎找到了「啓蒙」與「傳統」之間的航線。

「五四」新文化運動爲馬克思主義哲學與現代新儒家崛起提供了思想史背景。20 世紀馬克思主義哲學的人文化與現代新儒家的科學化從文化自我反省透顯出理性與價值的整合取向，這正是超越「五四」啓蒙心態、進行傳統創造性轉化的契機。馬克思主義哲學在現實革命與建設中發揮了極爲重要的理論指導作用，但受到「五四」新文化運動以來科學主義思潮的影響，長期以實證經驗的視野去把握超驗規定，物質本體論缺失了人的維度，對自由亦停留在認識了的必然的水平，一度造成烏托邦的歷史悲劇。東西文化論戰中的文化保守主義與「科玄論戰」中的玄學派對本位文化的自覺呵護促成了現代新儒家的確立，其中的代表人物梁漱溟、張君勱即是現代新儒家的開創者。值得注意的是，兩者在東西文化的遭遇中都從異己的資源中吸取了合理因

素，表現爲馬克思主義哲學的人文化與現代新儒家的科學化。改革開放後，對馬克思主義哲學的重新解讀發現了馬克思思想中的「人」的線索，呈現了人的主體精神。現代新儒家也試圖從學理上整合儒家文化傳統與科學理性，代表即是牟宗三道德形而上學的建立。然而，至少就目前看來，傳統的創造性轉化任務仍是任重道遠。回顧近百年的探尋路程，現代新儒家循儒家道德心性之說，擬開出「民主」與「科學」的「新外王」，以復興儒家文化。「良知的自我坎陷」眞的能開出「民主」與「科學」嗎？即使這是一種理論上的可能，也需要有大眾的覺醒，而非少數學人的臆測。再看今日芸芸眾生，別說是自身「良知」的「坎陷」，就是對儒家基本經典的了悟也並非樂觀，試想，即使作爲天之驕子的大學生通讀《四書》的又能有幾許？別說是傳統的創造性轉化，即使是與傳統自身也相隔甚遠。看來，今天還要從重溫傳統做起，先使「死而未亡」的傳統活起來。

「五四」新文化運動及其所昭示的歷史意蘊已經內在地指出了當今的文化建設的基本趨勢，這即是由理性與價值的內在整合實現傳統的創造性轉化。

參考文獻

一、基本文獻

（一）史料報刊

《新青年》、《東方雜誌》、《新潮》、《學衡》、《每周評論》、《星期評論》、《國故》、《時事新報》、《國民》、《民國日報》副刊《覺悟》、《現代評論》、《科學》、《改造》、《甲寅》、《學藝》、《學燈》、《少年中國》、《晨報》副刊。

（二）史料著作

1. 程顥、程頤：《二程集》，北京：中華書局 1981 年版。
2. 王夫之：《船山全書》，湖南：嶽麓書社 1996 年版。
3. 《籌辦夷務始末》（同治朝），北京：中華書局 2008 年版。
4. 馮桂芬：《校邠廬抗議》，上海：上海書店出版社 2002 年版
5. 鄭觀應：《鄭觀應集》上冊，上海：上海人民出版社 1982 年版，
6. 薛福成：《薛福成選集》，上海：上海人民出版社 1987 年版，
7. 張之洞：《張文襄公全集》，北京：中國書店 1990 年版。
8. 郭嵩燾：《郭嵩燾奏稿》，長沙：嶽麓書社 1983 年版。
9. 章太炎：《章太炎文集》，北京：線裝書局 2009 年版。
10. 康有爲：《康有爲政論集》湯志鈞編，北京：中華書局 1981 年版。
11. 康有爲：《康南海自編年譜》，樓宇烈整理，北京：中華書局 1992 年版。
12. 夏曉虹編：《追憶康有爲》，北京：生活‧讀書‧新知三聯書店 2009 版。
13. 梁啓超：《飲冰室合集》，北京：中華書局 1936 年版。

14. 梁啓超：《清代學術概論》，上海古籍出版社 1998 年版。

15. 譚嗣同：《譚嗣同全集》，北京：中華書局 1981 版。

16. 嚴復：《嚴復集》，北京：中華書局 1986 年版。

17. 王國維：《王國維遺書》，上海：上海古籍書店 1983 年版。

18. 孫中山：《三民主義》，長沙：嶽麓書社 2000 年版頁。

19. 陳獨秀：《獨秀文存》，合肥：安徽人民出版社 1987 年版。

20. 陳獨秀：《陳獨秀文章選編》，北京：生活・讀書・新知三聯書店 1984 年版。

21. 胡適：《胡適文集》，歐陽哲生編，北京：北京大學出版社 1998 年版。

22. 李大釗：《李大釗文集》，北京：人民出版社 1984 年版。

23. 魯迅：《魯迅全集》，北京：人民文學出版社 1981 年版。

24. 蔡元培：《蔡元培全集》，北京：中華書局 1984 年版。

25. 梁漱溟：《梁漱溟全集》，濟南：山東人民出版社 2005 年版。

26. 張君勱、丁文江等著：《科學與人生觀》，濟南：山東人民出版社 1997 年版。

27. 張君勱：《張君勱集》，北京：群言出版社 1993 版。

28. 張君勱：《憲政之道》，北京：清華大學出版社 2006 版。

29. 瞿秋白：《瞿秋白文集》，北京：人民出版社 1988 年版。

30. 何乾之：《何乾之文集》，北京：中國人民大學出版社 1989 年版。

31. 熊十力：《十力語要》，北京：中華書局出版社 1996 年版。

32. 中國社會科學院近代史研究所編：《五四運動文選》，北京：生活・讀書・新知三聯書店 1959 年版。

33. 《辛亥革命前十年間時論選集》，北京：生活・讀書・新知三聯書店 1963 年版。

34. 中共中央黨校黨史教研室編：《中共黨史參考資料》，北京：人民出版社 1979 年版。

35. 中國社會科學院近代史研究所編：《紀念五四運動六十週年學術討論會文選》，北京：中國社會科學出版社 1980 年版。

36. 葛懋春、李興芝編：《胡適哲學思想資料選編》，華東師範大學出版社 1981 年版。

37. 北京大學哲學系編：《西方哲學原著選讀》，北京：商務印書館 1981 年版。

38. 胡繩：《從鴉片戰爭到五四運動》，北京：人民出版社 1981 年版。

39. 鍾離蒙、楊鳳麟編：《中國現代哲學史資料彙編》，瀋陽：遼寧大學哲學系 1981 年版。

40. 彭明：《五四運動史》，北京：人民出版社 1984 年版。

41. 陳崧編：《五四前後東西文化問題論戰文選》，北京：中國社會科學出版社 1985 年版。

42. 蕭延中、朱藝編：《啓蒙的價值與局限——臺港學者論五四》，太原：山西人民出版社 1989 年版。

43. 王躍、高力克編：《五四：文化的闡釋與評價——西方學者論五四》，太原：山西人民出版社 1989 年版

44. 《中國社會科學》雜誌社編：《五四運動與中國文化建設——五四運動七十週年學術討論會論文選》，北京：中國社會科學出版社 1989 年版。

45. 郝斌、歐陽哲生主編：《五四運動與二十世紀的中國——北京大學紀念五四運動 80 週年國際學術研討會論文集》，北京：社會科學文獻出版社 1989 年版。

46. 俞吾金編選：《疑古與開新》，上海：上海遠東出版社 1995 年版。

47. 郭湛波：《近五十年中國思想史》，濟南：山東人民出版社 1997 年版，

48. 丁守和主編：《中國現代啓蒙思潮》，北京：社會科學文獻出版社 1999 年版。

49. 袁偉時編著：《告別中世紀：五四文獻選粹與解讀》，廣州：廣東人民出版社 2004 年版。

二、其他著作

1. 陳嘉明：《現代性與後現代性十五講》，北京：人民出版社 2006 年版。

2. 陳來：《傳統與現代：人文主義的視界》，北京：北京大學出版社 2006 年版。

3. 陳樂民：《歐洲文明十五講》，北京：北京大學出版社 2001 年版。

4. 陳萬雄：《五四新文化的源流》，北京：生活·讀書·新知三聯書店 1997 年版。

5. 陳序經：《東西文化觀》，北京：中國人民大學出版社 2004 年版。

6. 丁偉志、陳崧：《中西體用之間》，北京：中國社會科學出版社 1995 年版。

7. 鄧正來：《鄧正來自選集》，桂林：廣西師範大學出版社 2000 年版。

8. 封祖盛編：《當代新儒家》，北京：三聯書店 1989 年版。

9. 哈佛燕京學社主編：《啓蒙的反思》，南京：鳳凰出版傳媒集團·江蘇教育出版社 2005 年版。

10. 葛力：《十八世紀法國哲學》，北京：社會科學文獻出版社 1991 年版。

11. 賀麟：《文化與人生》，北京：商務印書館 1988 年版。

12. 高瑞泉：《天命的沒落：中國近代唯意志論思潮研究》，上海：上海人民出版社 2007 年版。

13. 何中華：《哲學：走向本體澄明之境》，濟南：山東人民出版社 2002 年版。

14. 何中華：《社會發展與現代性批判》，北京：社會科學文獻出版社 2007 年版。

15. 何中華：《重讀馬克思》，濟南：山東人民出版社 2009 年版。

16. 何卓恩：《殷海光與近代中國自由主義》，上海：上海三聯書店 2004 年版。

17. 姜義華：《「理性缺位」的啓蒙》，上海：上海三聯書店 2000 年版。

18. 江怡主編：《理性與啓蒙──後現代經典文選》，北京：東方出版社 2004 年版。

19. 李長之：《迎中國的文藝復興》，上海：商務印書館 1946 年版。

20. 李華興：《民主與近代中國》，上海：上海社會科學院出版社 2006 年版。

21. 李龍牧：《五四時期思想史論》，上海：復旦大學出版社 1990 年版。

22. 李澤厚：《中國近代思想史論》，北京：生活‧讀書‧新知三聯書店 2008 年版。

23. 李澤厚：《中國現代思想史論》，北京：生活‧讀書‧新知三聯書店 2008 年版。

24. 劉桂生：《時代的錯位與理論》，北京：清華大學出版社 1987 年版。

25. 劉軍寧：《民主與民主化》，北京：商務印書館 1999 年版。

26. 劉小楓：《現代性社會理論緒論》，上海：上海三聯書店 1998 年版。

27. 劉小楓、陳少明主編：《康德與啓蒙》，北京：華夏出版社 2004 年版。

28. 羅榮渠主編：《從「西化」到現代化》，北京：北京大學出版社 1990 年版。

29. 《馬克思恩格斯全集》，第 1～2 卷，北京：人民出版社 1956 年版。

30. 《馬克思恩格斯選集》，第 1～4 卷，北京：人民出版社 1995 年版。

31. 馬敏、朱英：《傳統與近代的二重變奏──晚清蘇州商會個案研究》，成都：巴蜀書社 1993 年版。

32. 牟宗三：《道德理想主義的重建──牟宗三新儒學論著輯要》，北京：中國廣播電視出版社 1992 年版。

33. 牟宗三：《中西哲學之會通十四講》，上海：上海古籍出版社 1997 年版。

34. 牟宗三：《中國哲學十九講》，上海：上海古籍出版社 1997 年版。

35. 龐樸：《文化的民族性與時代性》，北京：中國和平出版社 1988 年年版。

36. 錢穆：《中國文化精神》，臺北：三民書局 1973 年年版。

37. 錢穆：《民族與文化》，臺北：東大圖書館 1989 年版。

38. 秦英君：《科學乎 人文乎：中國近代以來文化取向之兩難》，開封：河南

大學出版社 2005 年版。

39. 邵漢明主編:《中國文化研究二十年》,北京:人民出版社 2003 年版。

40. 王先明:《近代新學:中國傳統學術文化的嬗變與重構》,北京:商務印書館 2000 年版。

41. 王元化:《九十年代反思錄》,上海:上海古籍出版社 2000 年版。

42. 汪暉:《無地彷徨——「五四」及其回聲》,杭州:浙江文藝出版社 1994 版。

43. 汪暉、陳燕谷編:《文化與公共性》,北京:三聯書店 1998 年版

44. 徐復觀:《中國人文精神之闡揚》,北京:中國廣播電視出版社 1996 年版。

45. 許紀霖編:《二十世紀中國思想史論》,上海:東方出版中心 2006 年版。

46. 許紀霖等編:《啓蒙的自我瓦解:1990 年代以來中國思想文化界重大論爭研究》,長春:吉林出版集團有限責任公司 2007 年版。

47. 許蘇民:《比較文化研究史》,雲南人民出版社 1992 年版。

48. 楊國榮:《理性與價值——智慧的歷程》,上海:上海三聯書店 1998 年版。

49. 袁偉時:《中國現代思想散論》,上海:上海三聯書店 2008 年版。

50. 葉秀山、王樹人主編:《西方哲學史》(學術版),南京:鳳凰出版社、江蘇人民出版社 2005 年版。

51. 趙林:《中西文化分野的歷史反思》,武漢:武漢大學出版社 2004 年版。

52. 張岱年、程宜山:《中國文化與文化論爭》,北京:中國人民大學出版社 1990 年版。

53. 張光芒:《啓蒙論》,上海:上海三聯書店 2002 年版。

54. 張利民:《文化選擇的衝突——「五四」時期東西文化論戰中的思想家》,北京:中國人民大學出版社 1990 年版。

55. 張世英:《天人之際:中西哲學的困惑與選擇》,北京:人民出版社 2007 年版。

56. 鄭大華:《梁漱溟與胡適——文化保守主義與西化思潮的比較》,北京:中華書局 1994 年版。

57. 鄭師渠:《晚清國粹派》,北京:北京師範大學出版社 1993 年版。

58. 朱謙之:《文化哲學》,北京:商務印書館 1990 年版。

59. 〔德〕黑格爾:《法哲學原理》,范揚、張企泰譯,北京:商務印書館 1961 年版。

60. 〔德〕黑格爾:《哲學史講演錄》,賀麟、王太慶譯,北京:商務印書館 1997 年版。

61. 〔德〕霍克海默、阿道爾諾:《啓蒙辯證法——哲學斷片》,渠敬東、曹衛

東譯，上海：上海人民出版社 2006 年版。

62. 〔德〕E·卡西爾：《啓蒙哲學》，顧偉銘等譯，濟南：山東人民出版社 2007 年版。

63. 〔德〕卡爾納普：《哲學和邏輯句法》，傅季重譯，上海：上海人民出版社 1962 版。

64. 〔德〕康德：《純粹理性批判》，藍公武譯，北京：商務印書館 1960 年版。

65. 〔德〕康德：《歷史理性批判文集》，何兆武譯，北京：商務印書館 1996 年版。

66. 〔德〕康德：《實踐理性批判》，韓水法譯，北京：商務印書館 1999 年版。

67. 〔德〕馬克斯·韋伯：《新教倫理與資本主義精神》，於曉、陳維綱等譯，北京：三聯書店 1987 年版。

68. 〔德〕馬克斯·韋伯：《儒教與道教》，王榮芬譯，桂林：廣西師範大學出版社 2008 年版。

69. 〔德〕奧斯瓦爾德·斯賓格勒：《西方的沒落》，陳曉林譯，黑龍江教育出版社 1988 年版。

70. 〔法〕福柯：《福柯集》，杜小眞編選，上海：上海遠東出版社 2003 年版。

71. 〔法〕霍爾巴赫：《健全的思想》，王蔭庭譯，北京：商務印書館 1966 年版。

72. 〔美〕艾愷：《最後的儒家──梁漱溟與現代中國的困境》，王宗昱， 冀建中譯，南京：江蘇人民出版社 2003 年版。

73. 〔美〕卡爾·貝克爾：《啓蒙時代哲學家的天城》，何兆武譯，南京：江蘇教育出版社 2004 年版。

74. 〔美〕杜維明：《儒家傳統的現代轉化》，北京：中國廣播電視出版社 1993 年版。

75. 〔美〕杜維明：《杜維明文集》，武漢：武漢出版社 2002 年版。

76. 〔美〕杜威：《新舊個人主義──杜威文選》，孫有中譯，上海：上海社會科學院出版社 1997 年版。

77. 〔美〕費俠莉：《丁文江：科學與中國新文化》，丁子霖等譯，北京：新星出版社 2006 年版。

78. 〔美〕費正清主編：《劍橋中華民國史》，北京：中國社會科學出版社 1994 年版。

79. 〔美〕郭穎頤：《中國現代思想中的唯科學主義（1900～1950）》，南京：江蘇人民出版社 2005 年版。

80. 〔美〕林毓生：《中國意識的危機──五四時期激烈的反傳統主義》，穆善培譯，貴陽：貴州人民出版社，1988 年版。

81. 〔美〕林毓生：《中國傳統的創造性轉化》，北京：三聯書店 1988 年版。

82. 〔美〕羅蘭·斯特龍伯格：《西方現代思想史》，劉北成、趙國新譯，北京：中央編譯出版社 2005 年版。

83. 〔美〕舒衡哲：《中國啟蒙運動——知識分子與「五四」遺產》，劉京建譯，北京：新星出版社 2007 版。

84. 〔美〕本傑明·史華茲：《尋求富強：嚴復與西方》，葉鳳美譯，南京：江蘇人民出版社 1990 年版。

85. 〔美〕詹姆斯·施密特：《啟蒙運動與現代性：18 世紀與 20 世紀的對話》，徐向東、盧華萍譯，上海：上海人民出版社 2005 年版。

86. 〔美〕汪榮祖：《康章合論》，北京：新星出版社 2005 年版。

87. 〔美〕愛德華·西爾斯：《論傳統》，傅鏗， 呂樂譯，上海：上海人民出版社 2009 年版。

88. 〔美〕余英時：《中國思想傳統的現代詮釋》，南京：江蘇人民出版社 1989 年版。

89. 〔美〕余英時：《錢穆與中國文化》，上海：上海遠東出版社 1994 年版。

90. 〔美〕余英時：《重尋胡適歷程：胡適生平與思想再認識》，桂林：廣西師範大學出版社 2004 年版。

91. 〔美〕余英時：《現代儒學的回顧與展望》，北京：生活·讀書·新知三聯書店 2004 年版。

92. 〔美〕余英時：《文史傳統與文化重建》，北京：生活·讀書·新知三聯書店 2004 年版。

93. 〔美〕余英時：《方以智晚節考》，北京：生活·讀書·新知三聯書店 2004 年版。

94. 〔美〕余英時：《民主制度與近代文明》，桂林：廣西師範大學出版社 2006 年版。

95. 〔美〕余英時：《人文與理性的中國》，上海：上海古籍出版社 2007 年版。

96. 〔美〕張灝：《危機中知識分子——尋求秩序與意義》，高力克、王躍譯，太原：山西人民出版社 1988 年版。

97. 〔美〕張灝：《梁啟超與中國思想的過渡（1890～1907）》，崔志海， 葛夫平譯，南京：江蘇人民出版社 2005 年版。

98. 〔美〕周策縱：《五四運動：現代中國的思想革命》，南京：江蘇人民出版社 2005 年版。

99. 〔日〕近藤邦康：《救亡與傳統——五四思想形成之內在邏輯》，丁曉強等譯，太原：山西人民出版社 1988 年版。

100. 〔英〕W·C·丹皮爾：《科學史及其與哲學和宗教的關係》，李珩譯，桂

　　　林：廣西師範大學出版社 2001 年版。

101. 〔英〕柯林伍德：《歷史的觀念》，何兆武、張文傑譯，北京：中國社會科學出版社 1986 年版。

102. 〔英〕羅素：《西方哲學史》，馬元德譯，北京：商務印書館 2004 年版。

103. 〔英〕約翰‧穆勒：《穆勒名學》，嚴復譯，北京：商務印書館 1981 年版。

104. 〔英〕卡爾‧皮爾遜：《科學的規範》，李醒民譯，北京：華夏出版社 1999 年版。

105. 〔英〕亞‧沃爾夫：《十八世紀科學、技術和哲學史》，周昌忠等譯，北京：商務印書館 1997 年版。

三、期刊論文

1. 畢春麗：《也論五四時期的「全盤化反傳統」與「過激主義」》，《東嶽論叢》1999 年第 2 期。

2. 蔡方鹿：《弘揚五四精神與建立社會主義新文化》，《社會科學研究》1989 年第 4 期。

3. 車玉玲：《啓蒙精神逆轉的理性根源》，《哲學研究》2002 年第 4 期。

4. 陳寶云：《道德的向度：學衡派「德化天下」思想探析》，《蘭州學刊》2006 年第 4 期。

5. 陳方正：《論啓蒙與傳統的關係——五四與日本啓蒙運動的反思》，《開放時代》1999 年第 5 期。

6. 陳方正：《試論新文化運動與歐洲文藝復興》，《中國文化》2007 年第 2 期。

7. 陳嘉明：《啓蒙的意義與現代性的合理性——福柯的「現代性的態度」》，《求是學刊》2006 年第 3 期。

8. 陳嘉明：《中國現代性研究的解釋框架問題》，《華東師範大學學報》（哲學社會科學版）2006 年第 3 期。

9. 陳樂民：《啓蒙在中國》，《開放時代》2006 年第 6 期。

10. 陳少明：《理性的喚醒——西方認識論衝擊下的中國近代哲學》，《哲學研究》1987 年第 12 期。

11. 陳思和：《「五四」與當代——對一種學術萎縮現象的斷想》，《復旦學報》（社會科學版）1989 年第 3 期。

12. 陳樹林：《啓蒙精神與現代性的内在關聯》，《學術交流》2004 年第 6 期。

13. 陳衛平：《從「會通以求超勝」到「西學東源」說——論明末至清中葉的科學家對中西科學關係的認識》，《自然辯證法通訊》1989 年第 2 期。

14. 陳衛平：《八十年的「五四」觀》，《華東師範大學學報》（哲學社會科學

版）1999 年第 3 期。

15. 陳衛平：《1980 年代的啓蒙：三種思潮與李澤厚——臺灣對大陸 1980 年代「文化熱」的評述》，《社會科學》2005 年第 7 期。

16. 陳先初：《現代性視野下的「科玄論戰」》，《湖南大學學報》（社會科學版）2006 年第 5 期。

17. 程玲娟：《略論五四時期的東方文化思潮》，《理論學刊》2004 年第 9 期。

18. 程志華：《超越「科玄論戰」——「科玄論戰」85 週年祭》，《陝西師範大學學報》（哲學社會科學版）2009 年第 5 期。

19. 董德福：《古今中西衡價值——論「學衡派」的文化觀》，《江蘇社會科學》1994 年第 3 期。

20. 董德福：《學衡派五四觀的哲學審視——兼論學衡派現代性訴求的獨特禀性》，《江蘇大學學報》（社會科學版）2005 年第 6 期。

21. 董國強：《論「問題與主義」之爭前後的李大釗思想》，《社會科學研究》2004 年第 4 期。

22. 董光璧：《移植、融合、還是革命？——論中國傳統科學的近代化》，《自然辯證法通訊》1990 年第 1 期。

23. 董濤：《五四救亡與啓蒙關係我見》，《晉陽學刊》2000 年第 3 期。

24. 鄧曉芒：《繼承五四，超越五四——新批判主義宣言》，《科學・經濟・社會》1999 年第 4 期。

25. 鄧曉芒：《西方啓蒙思想的本質》，《廣東社會科學》2003 年第 4 期。

26. 鄧曉芒：《20 世紀中國啓蒙的缺陷》，《史學月刊》2007 年第 9 期。

27. 丁國強：《啓蒙死了，啓蒙萬歲——近年來關於思想啓蒙的圖書掃描》，《社會科學論壇》（學術評論卷）2008 年第 3 期。

28. 樊洪業：《從「格致」到「科學」》，《自然辯證法通訊》1988 年第 3 期。

29. 樊洪業、李真：《科學家對五四新文化運動的貢獻》，《自然辯證法通訊》1989 年第 3 期。

30. 樊洪業：《17～18 世紀「中體西用」說的線索》，《自然辯證法通訊》1992 年第 6 期。

31. 方克立：《二十一世紀，能否淡化東化與西化之爭？》，《中國社會科學院研究生院學報》1999 年第 2 期。

32. 方敏：《中西文化比較視域中現代中國的啓蒙》《新疆社會科學》2005 年第 1 期。

33. 馮俊鋒：《啓蒙的式微與傳統精神的歸隱——對五四文化啓蒙運動的再評價》，《西南師範大學學報》（人文社會科學版）2006 年第 2 期。

34. 傅新毅：《啓蒙的現代性與現代中國的啓蒙》，《社會科學輯刊》1999 年

第 4 期。

35. 傅永軍：《理性缺位的總體性批判——論哈貝馬斯對〈啟蒙辯證法〉的批評》，《山東大學學報》（哲學社會科學版）2006 年第 6 期。

36. 高力克：《重評杜亞泉與陳獨秀的東西文化論戰》，《近代史研究》1994 年第 4 期。

37. 高力克：《啟蒙辯證法與中華現代性》，《浙江大學學報》1997 年第 1 期。

38. 高力克：《五四啟蒙的困境：在歷史與價值之間》，《浙江學刊》1999 年第 2 期。

39. 葛雍：《關於傳統文化與現代化之間歷史接合點的探尋——蕭萐父教授訪問記》，《天津社會科學》1988 年第 4 期。

40. 郭齊勇：《現代性與傳統的思考》，《開放時代》1999 年第 5 期。

41. 顧紅亮：《啟蒙與責任——康德和「五四」思想家的啟蒙觀》，《天津社會科學》2007 年第 1 期。

42. 顧昕：《唯科學主義與中國近現代知識分子》，《自然辯證法通訊》1990 年第 3 期。

43. 何曉明：《「五四」精神的文化反思》，《湖北大學學報》（哲學社會科學版）1989 年第 3 期。

44. 何曉明：《中國文化與歐洲啟蒙運動——兼論東西方文化交流的若干通則》，《社會科學戰線》1997 年第 3 期。

45. 何中華：《文化啟蒙與系統悖論》，《山東社會科學》1989 年第 2 期。

46. 何中華：《試論中國文化的啟蒙與超越——紀念五四運動 70 週年》，《文史哲》1989 年第 3 期。

47. 何中華：《現代新儒學演變的文化詮釋》，《山東大學學報》（哲學社會科學版）1990 年第 3 期。

48. 何中華：《傳統文化與現代化》，《山東社會科學》1993 年第 4 期。

49. 何中華：《讀書‧思考‧寫作三位一體》，《文史哲》1994 年第 4 期。

50. 何中華：《重估傳統》，《洛陽師專學報》1996 年第 4 期。

51. 何中華：《「科玄論戰」與 20 世紀中國哲學走向》，《文史哲》1998 年第 2 期。

52. 何中華：《文化哲學中的悖論芻議》，《哲學動態》1998 年第 1 期。

53. 何中華：《形而上學與現時代》，《齊魯學刊》2001 年第 3 期。

54. 何中華：《人文精神與現代性》，《江蘇行政學院學報》2002 年第 3 期。

55. 何中華：《試論價值的絕對性——從道德和宗教的層面看》，《學術研究》2003 年第 4 期。

56. 何中華：《啟蒙、道德與文學——一種可能的解釋》，《河北學刊》2004

年第 6 期。

57. 韓震：《關於現代性與後現代性的論爭》，《新華文摘》2002 年第 5 期。

58. 黃玉順：《「自由」的歧路——「五四」自由主義的兩大脫離》，《學術界》2001 年第 3 期。

59. 洪峻峰：《五四反傳統的實績與難題》，《廈門大學學報》（哲學社會科學版）1999 年第 3 期。

60. 洪峻峰：《從思想啓蒙到文化復興——20 年來「五四」闡釋的宏觀考察》，《廈門大學學報》（哲學社會科學版）2006 年第 5 期。

61. 江天驥：《科學主義和人本主義的關係問題》，《哲學研究》1996 年第 11 期。

62. 曠新年：《學衡派與現代中國文化》，《中國文化研究》，1994 年第 4 期。

63. 曠新年：《學衡派與新人文主義》，《北京大學學報》（哲學社會科學版）1994 年第 6 期。

64. 李登貴：《五四精神：重評還是重申？——五四精神與傳統文化學術座談會述評》，《哲學研究》1995 年第 5 期。

65. 李靖莉：《五四新文化運動與歐洲文藝復興運動比較》，《齊魯學刊》2001 年第 5 期。

66. 李平生、劉京希：《山東大學紀念五四運動 70 週年學術討論會紀要》，《文史哲》1989 年第 3 期。

67. 李秋麗：《現代化視野中的「科玄論戰」》，《理論學刊》2004 年第 8 期。

68. 李慎之：《重新點燃啓蒙的火炬——五四運動八十年祭》，《太平洋學報》1999 年第 4 期。

69. 李少兵：《愛國、啓蒙和文藝復興——五四運動的定性及其歷史解讀》，《北京師範大學學報》（社會科學版）2005 年第 3 期。

70. 李文義等：《試論科玄論戰的理論誤區》，《齊魯學刊》1994 年第 5 期。

71. 李醒民：《「五四」先哲的睿智：對科學和民主要義的洞見（上）》，《學術界》2001 年第 3 期。

72. 李醒民：《「五四」先哲的睿智：對科學和民主要義的洞見（下）》，《學術界》2001 年第 4 期。

73. 李醒民：《科玄論戰的主旋律、插曲及其當代迴響》，《北京行政學院學報》2004 年第 1 期。

74. 李俠：《簡評哈耶克對科學主義的批判》，《自然辯證法研究》2004 年第 2 期。

75. 李新宇：《重評五四啓蒙運動三題——兼評李澤厚諸先生之說》，《文史哲》2004 年第 4 期。

76. 李翔海：《從「科玄論戰」到「良知自我坎陷」》，《天津師大學報》1995年第 4 期。

77. 李怡：《反現代性：從學衡派到「後現代」？》，《中州學刊》2002 年第 5期。

78. 劉長林：《科玄論戰——重建人生哲學的理論衝突》，《探索與爭鳴》2000年第 10 期。

79. 劉長城：《科玄論戰的實質及雙方理論上的缺陷》，《山東省青年管理幹部學院學報》2002 年第 6 期。

80. 劉放桐：《西學傳入與「五四」前後中西文化和哲學的碰撞——西方哲學研究百年反思之一》，《東南學術》，2001 年第 2 期。

81. 劉夢溪：《王國維、陳寅恪與中國現代學術》，《文藝研究》2002 年第 3期。

82. 劉夢溪：《百年中國：文化傳統的流失與重建》，《南京師範大學文學院學報》2004 年第 1 期。

83. 劉曉辰、曹躍明：《近代中國啓蒙研究》，《爭鳴》1993 年第 1 期。

84. 劉正強：《論五四思想啓蒙運動與傳統文化——再評「五四全盤反傳統」論》，《雲南師範大學學報》1997 年第 1 期。

85. 樂黛雲：《世界文化語境中的〈學衡〉派》，《陝西師範大學學報》（哲學社會科學版）2005 年第 3 期。

86. 黎紅雷：《中法啓蒙哲學之比較》，《哲學研究》1987 年第 5 期。

87. 路新生：《論「體」「用」在中國近代的錯位》，《華東師範大學學報》（哲學社會科學版）1999 年第 5 期。

88. 柳媛、鍾明華：《論近代中國啓蒙的傳統思想資源》，《求索》2007 年第 7期。

89. 柳春暘、楊彧：《新文化運動與現代中國的思想啓蒙》，《天津師大學報》1989 年第 3 期。

90. 駱徽、王志紅、劉雪飛：《中西啓蒙運動比較初探》，《太原理工大學學報》（社會科學版）2004 年第 3 期。

91. 梁治平：《中國法律史上的民間法——兼論中國古代法律的多元格局》，《中國文化》1997 年 Z1 期。

92. 敏澤：《關於傳統文化與現代化問題——紀念五四運動七十週年》，《哲學研究》1989 年第 4 期。

93. 敏澤：《論所謂「五四」啓蒙精神的「失落」和「回歸」》，《求是》1989年第 18 期。

94. 蒙培元：《20 世紀中國哲學的回顧與展望》，《泉州師範學院學報》（社會

科學版）第 2001 年第 3 期。

95. 馬漢廣：《啓蒙觀念的辯證發展——康德、霍克海默、福柯》，《學術交流》2006 年第 6 期。

96. 馬俊峰：《兩種思維框架的緊張與整合》，《中國人民大學學報》2009 年第 6 期。

97. 馬立新：《「五四」東西文化論戰新探》，《山東師範大學學報》（人文社會科學版）2004 年第 2 期。

98. 馬勇：《除了民主我們還需要什麼？——五四啓蒙運動的再檢討》，《民主與科學》1999 年第 2 期。

99. 歐陽軍喜：《五四新文化運動與儒學》，《教學與研究》1998 年第 7 期。

100. 歐陽軍喜：《五四新文化運動與儒學：誤解及其他》，《歷史研究》1999 年第 3 期。

101. 歐陽哲生、金安平：《五四運動與二十世紀的中國——北京大學紀念五四運動 80 週年國際學術討論會綜述》，《中國社會科學》1999 年第 4 期。

102. 龐樸：《近代以來中國人的文化認識歷程——兼論文化的時代性與民族性》，《教學與研究》1988 年第 1 期。

103. 龐樸：《以五四精神繼承五四精神》，《文史哲》1989 年第 3 期。

104. 彭繼紅、何爲：《「問題與主義」論戰中的馬克思主義中國化》，《湘潭師範學院學報》（社會科學版）2002 年第 1 期。

105. 彭先國：《中西啓蒙思潮差異論》，《求索》1997 年第 1 期。

106. 戚其章：《從「中本西末」到「中體西用」》，《中國社會科學》1995 年第 1 期。

107. 喬清舉：《「五四」：跨世紀的反思與超越——中央黨校哲學部紀念五四運動 80 週年學術座談會述要》，《哲學動態》1999 年第 6 期。

108. 任建中：《走向新的融合——1988 年「科學與文化」討論綜述》，《自然辯證法研究》1988 年第 5 期。

109. 沈連嫄：《論五四新文化運動的源流》，《唯實》1998 年第 10 期。

110. 沈衛威：《作爲文化保守主義批評家的胡先驌》，《江西社會科學》2005 年第 3 期。

111. 孫美堂：《從中西文化模式的差異看中國的啓蒙》，《天津社會科學》2001 年第 6 期。

112. 唐文明：《論作爲哲學問題的「啓蒙心態」》，《開放時代》1999 年第 4 期。

113. 湯一介：《略論百年來中國文化上的中西古今之爭》，《中國文化研究》2001 年第 2 期。

114. 湯一介：《關於文化問題的幾點思考》，《學術月刊》2002 年第 9 期。

115. 湯一介：《走出「中西古今」之爭，融會「中西古今」之學》，《學術月刊》2004 年第 7 期。

116. 王代莉：《開放的文化觀念──紀念新文化運動 90 週年國際學術研討會綜述》，《近代史研究》2008 年第 1 期。

117. 王東：《五四新文化運動若干問題辨析》，《哲學動態》1999 年第 4 期。

118. 王鳳才：《啓蒙精神的毀滅──霍克海默、阿多爾諾啓蒙觀析評》，《山東社會科學》2004 年第 9 期。

119. 王桂妹：《五四文化激進主義及其反思的歷史性檢視》，《江漢論壇》2005 年第 3 期。

120. 王立：《什麼是啓蒙：康德與福柯》，《社會科學戰線》2005 年第 5 期。

121. 王明生：《「問題與主義」之爭與馬克思主義中國化的萌芽》，《南京師大學報》2008 年第 1 期。

122. 王新生：《黑格爾市民社會理論評析》，《哲學研究》2003 年第 12 期。

123. 王毅：《「自由主義與近代中國（1840～1949）學術研討會」綜述》，《教學與研究》2008 年第 2 期。

124. 王元化：《科學地認識「五四」的時刻到來了》，《學術研究》1989 年第 1 期。

125. 王元化：《我對「五四」新文化運動的再認識》，《炎黃春秋》1998 年第 5 期。

126. 王元化：《對於五四的再認識答客問》，《開放時代》1999 年第 3 期。

127. 王元化：《現代精神與傳統思維方式》，《人民論壇》1999 年第 12 期。

128. 王元化：《關於中西哲學與文化的對話》，《文史哲》2002 年第 2 期。

129. 王元明：《實用主義在中國》，《哲學動態》2000 年第 3 期。

130. 王中江：《「新舊之辨」的推演與文化選擇形態》，《中國社會科學》1999 年第 4 期。

131. 吳重慶：《「科學」與「民主」在傳統文化中的厄運》，《開放時代》1989 年第 4 期。

132. 吳海江：《新文化運動時期的科學主義思潮：路向、特質及影響》，《自然辯證法研究》2008 年第 5 期。

133. 吳民祥：《「新人文主義」與東南學風──以「學衡派」與「新文化派」思想論爭爲中心》，《浙江師範大學學報》（社會科學版）2008 年第 1 期。

134. 吳煒，張靜：《解放與獨斷：科學在中國現代思想中的兩種面相》，《自然辯證法研究》2008 年第 3 期。

135. 吳效馬：《近五年來國內五四運動史研究述略》，《教學與研究》2004 年第 5 期。

136. 伍醒、高冰冰:《五四啓蒙嬗變原因探析》,《江西社會科學》2003 年第 2 期。

137. 魏屹東:《科學主義的實質及其表現形式》,《自然辯證法通訊》2007 年第 1 期。

138. 徐嘉:《「體用」範式下的近現代倫理啓蒙》,《中國哲學史》2007 年第 2 期。

139. 徐勝萍:《海外與港臺「五四」運動史研究綜述,《東北師大學報》(哲學社會科學版) 1994 年第 2 期。

140. 徐友漁:《對啓蒙的消解和捍衛》,《社會科學論壇》2005 年第 1 期。

141. 徐宗良:《論現代化進程中科學的困窘與解蔽》,《自然辯證法研究》2000 年第 1 期。

142. 邢榮:《現代性的內在矛盾》,《哲學動態》2002 年第 5 期。

143. 熊呂茂:《梁漱溟與「五四」新文化運動》,《長沙電力學院學報》(社會科學版) 2002 年第 2 期。

144. 熊呂茂:《五四時期中西文化論爭研究述評》,《嶺南學刊》2007 年第 1 期。

145. 夏林:《從現代性的基礎看兩種啓蒙及其歷史表現》,《人文雜誌》2006 年第 3 期。

146. 衣俊卿:《評現代新儒學與後現代主義思潮》,《教學與研究》1996 年第 2 期。

147. 喻大華:《晚清文化保守思潮論綱》,《遼寧師範大學學報》1999 年第 1 期。

148. 于建勝:《康有爲、章太炎、王國維師法西學之異同》,《山東師範大學學報》(人文社會科學版) 2002 年第 2 期。

149. 余紀元:《中西哲學比較與哲學論證》,《江海學刊》1996 年第 6 期。

150. 郁振華:《科學和玄學:幾種典型進路的考察》,《學術月刊》1999 年第 5 期。

151. 葉秀山:《康德之「啓蒙」觀念及其批判哲學》,《中國社會科學》2004 年第 5 期。

152. 顏炳罡:《五四・新儒家・現代文化建構》,《文史哲》1989 年第 3 期。

153. 顏炳罡:《論傳統文化的繼承與創新》,《哲學研究》1992 年第 9 期。

154. 嚴家炎:《五四新文化運動與傳統文化》,《魯迅研究月刊》1995 年第 9 期。

155. 閻潤魚:《近代中國唯科學主義思潮評析》,《教學與研究》2000 年第 10 期。

156. 閻潤魚：《比較視野下的新啟蒙運動》，《中國人民大學學報》2003 年第 6 期。

157. 殷明耀：《論近代以來中西文化關係中體用概念的演變》，《天中學刊》2007 年第 3 期。

158. 楊春時：《五四精神的命運》，《學習與探索》1989 年第 3 期。

159. 楊國榮：《從中西古今之爭看中國近代方法論思想的演變》，《福建論壇》（人文社會科學版）1988 年第 1 期。

160. 楊國榮：《科學的泛化及其歷史意蘊——五四時期科學思潮再評價》，《哲學研究》1989 年第 5 期。

161. 楊國榮：《20 世紀初科學主義的多向度展開》，《學術月刊》1998 年第 3 期。

162. 楊國榮：《作為普遍之道的科學——晚清思想家對科學的理解》，《科學·經濟·社會》1998 年第 4 期。

163. 楊國榮：《科學與科學主義》，《上海社會科學院學術季刊》1999 年第 2 期。

164. 袁偉時：《回答對新文化運動的三大責難——獻給「五四」85 週年》，《探索與爭鳴》2004 年第 8 期。

165. 苑銀和：《保守與激進——中國傳統道德現代轉型的兩大特徵》，《南都學壇》2005 年第 2 期。

166. 朱洪軍、陳敏：《論五四啟蒙運動嬗變之內因》，《青海社會科學》2005 年第 1 期。

167. 朱水湧：《現代性與五四新文化運動》，《廈門大學學報》（哲學社會科學版）1999 年第 3 期。

168. 朱曉進：《重讀「五四」》，《江蘇社會科學》1999 年第 3 期。

169. 朱玉湘等：《十年來五四運動史研究述評》，《文史哲》1989 年第 3 期。

170. 朱玉湘：《五四啟蒙運動初探——兼評「五四啟蒙運動中斷論」》，《煙臺大學學報（哲學社會科學版）》1997 年第 2 期。

171. 朱英：《關於中國市民社會問題的幾點商榷意見》，《中國社會科學季刊》（香港）1994 年春季卷（總第 7 期）。

172. 朱志敏、寧敏峰：《90 年代國內五四運動研究述評》，《教學與研究》1999 年第 5 期。

173. 朱志敏：《八十餘年來國內五四運動研究》，《中共黨史研究》2006 年第 2 期。

174. 趙凱榮：《科玄論戰以來關於中國文化之科學形態的研究及其意義——馮、胡、李、楊縱論》，《中國哲學史》2001 年第 4 期。

175. 趙立坤：《論 18 世紀啓蒙理性》，《湘潭大學社會科學學報》2001 年第 6 期。

176. 趙立坤：《論啓蒙時代的歷史觀》，《史學理論研究》2002 年第 4 期。

177. 趙林：《從西方文化的歷史發展看科學與宗教的辯證關係》，《文史哲》2007 年第 2 期。

178. 趙彤：《創新與中國的新文化》，《社會科學戰線》2003 年第 1 期。

179. 趙衛東：《由生命哲學到康德——張君勱先生道德與知識關係思想的演變》，《理論學刊》2005 年第 12 期。

180. 張寶明：《從「五四」到「文革」：道德形而上主義的終結——對一個「啓蒙」與「反啓蒙」命題的破解》，《河北學刊》2003 年第 3 期。

181. 張寶明、張光芒：《百年「五四」：是「文藝復興」還是「啓蒙運動」？——關於五四新文化運動性質的對話》，《社會科學論壇》2003 年第 11 期。

182. 張岱年：《傳統文化與現代化》，《北京大學學報》（哲學社會科學版）1989 年第 3 期。

183. 張利民：《文化差異的本質與根源：陳獨秀梁漱溟胡適的思考與困惑》，《社會科學與實踐》1994 年第 3 期。

184. 張立文：《現代化的文化啓蒙》，《復旦學報》1989 年第 3 期。

185. 張立文：《論傳統與現代化的契合》，《南京社會科學》1990 年第 6 期。

186. 張立文：《國學的新視野和新詮釋》，《中國人民大學學報》2006 年第 1 期。

187. 張天行：《五四啓蒙思想家的化約傾向與突破》，《中國哲學史》1999 年第 2 期。

188. 張文建：《學衡派的文化保守主義及其影響》，《史學理論研究》1995 年第 4 期。

189. 張雪萍：《2000 年以來國內五四運動研究熱點述評》，《黨史研究與教學》2004 年第 3 期。

190. 張豔：《新啓蒙運動對「五四」的反思和超越》，《學術論壇》1997 年第 4 期。

191. 張政文：《康德黑格爾啓蒙觀的差異與文化批判》，《哲學研究》2005 年第 12 期。

192. 張政文：《康德與福柯：啓蒙與現代性之爭》，《哲學動態》2005 年第 12 期。

193. 鄭大華：《重評「五四」前後的東西文化論戰》《湖南師範大學社會科學學報》2003 年第 4 期。

194. 鄭大華：《對保守與激進的辯證思考》，《中州學刊》2004 年第 3 期。

195. 鄭大華：《重評學衡派對五四新文化運動的批評》，《廣州大學學報》（社會科學版）2005 年第 1 期。

196. 鄭大華、伏炎安：《20 世紀 90 年代以來五四東西文化論戰研究述評》，《廣州大學學報》（社會科學版）2006 年第 4 期。

197. 鄭東升：《近十年來關於「問題與主義」之爭研究綜述》，《錦州師範學院學報》2003 年第 5 期。

198. 鄭秋月：《從反思啓蒙心態到儒家價值的普世化期盼——杜維明啓蒙觀探微》，《北方論叢》2007 年第 6 期。

199. 鄭師渠：《「古今事無殊，東西跡豈兩」——論學衡派的文化觀》，《近代史研究》1998 年第 4 期。

200. 鄭一明：《必須繼續高舉「民主」與「科學」的旗幟——紀念「五四」70 週年學術討論會紀要》，《哲學動態》1989 年第 6 期。

201. 鄒詩鵬：《遮蔽與解蔽：走出啓蒙的當代困境》，《天津社會科學》1997 年第 2 期。

202. 周建超：《「五四」啓蒙與文化現代化》，《江蘇社會科學》2001 年第 6 期。

203. 周武：《論「五四」啓蒙的內在衝突》，《社會科學》1989 年第 5 期。

204. 曾曉平：《康德的啓蒙思想》，《哲學研究》，2001 年第 5 期。

205. 翟永明：《試論五四啓蒙思潮的局限》，《東嶽論叢》2004 年第 2 期。

206.〔美〕杜維明、黃萬盛：《啓蒙的反思》，《開放時代》2005 年第 3 期。

207.〔美〕杜維明、黃萬盛等：《「啓蒙的反思」學術座談》，《開放時代》2006 年第 3 期。

208.〔美〕顧明棟：《對中西比較研究中一些文化理論問題的思考》，《江蘇社會科學》2007 年第 3 期。

209.〔美〕沃勒斯坦：《作為一種文明的近現代世界體系》，《國外社會學》1991 年第 5 期。

四、英文文獻

1. Owen, Scientism, Man and Religion, The Westminster Press, 1950.

2. Tom Sorell, Scientism： Philosophy and the infatuation with Science, London and New York, 1991.

附錄一：從五四新文化運動看中國文化 啟蒙的特殊性

〔摘要〕作爲中國語境中的啟蒙事件，五四新文化運動表現爲東西方文化比較視域下的文化變革，它蘊含著中國文化啟蒙所特有的糾結。外源性啟蒙、救亡壓倒啟蒙、「第三條道路」和市民社會的不成熟，構成中國文化啟蒙的獨特表徵。超越「啟蒙」與「傳統」的二元對立這一思維樊籬，逐漸成爲啟蒙的批判性反思的一種共識與論域。在這種反思中，中國文化逐步凸顯出主體性啟蒙的建構走向。

〔關鍵詞〕五四新文化運動；啟蒙；傳統；文化主體性啟蒙

五四新文化運動是一個頗具象徵意味的文化啟蒙事件。作爲一種外源性啟蒙，它是在中西文化碰撞、衝突中發生的，表現爲東西方文化比較視域下的文化變革。它所揭櫫的「民主」與「科學」旗幟和人的解放的文化啟蒙意義，呈現出不同於西方啟蒙運動的文化特質，深刻地影響著中國現代文化的建構和發展。在一定意義上，對五四新文化運動的啟蒙本身的反思，折射著中國文化未來發展的變遷趨向。

一、啟蒙與五四新文化運動

眾所周知，有關啟蒙的定義很多，對於啟蒙與啟蒙運動的區別也多有學者提及，但 17 世紀中後期至 18 世紀的西方啟蒙運動無疑是啟蒙最典型的外

顯文化形式，其主要特點是：

第一，人權代君權。中世紀歐洲各國君主宣揚「君權神授」，基督教教會則通過對君權的滲透加強自身的政治力量。啓蒙運動時期，以洛克、孟德斯鳩、盧梭等爲代表的思想家號召消滅君主專制、貴族特權，追求個人自由、權利平等和政治民主。洛克用「天賦人權」說來反對「君權神授」，認爲人民是主權者，人們通過社會契約建立的國家就是爲了保護人們的生命、自由、財產等自然權利。孟德斯鳩創立「三權分立」說。盧梭則是「人民主權」論的集大成者，認爲當每一個人通過社會契約把所有權利轉讓給作爲整體的人民時，整體人民就是主權者，主權者的統一意志被稱爲「公意」，擁有決定一切的絕對權威，政府不過是臣民與主權者之間的中間體。盧梭主權在民的思想在法國大革命中成爲羅伯斯比爾領導的雅各賓派的理論旗幟。1776 年美國的《獨立宣言》和 1789 年法國的《人權宣言》作爲綱領性文件標誌著君權失去絕對權威，天賦人權、主權在民等啓蒙思想在政治、法律領域發揚光大，對歐美資產階級革命起到了推動作用。第二，人本代神本。在中世紀，上帝是宇宙的終極存在、最高本質，人在上帝之中才能獲得完全的拯救。隨著近代自然科學的發展和地理大發現，歐洲各國商品經濟逐漸繁榮，人們關注的中心開始由天上轉向了人間。啓蒙運動張揚人的理性，以理性爲最高權威，反對宗教專制，形成了影響廣泛的思想解放運動。英國啓蒙思想家培根、洛克、霍布斯等雖然沒有直接否定上帝，但理性法則幾乎抽空了上帝的內涵。法國啓蒙運動的宗教批判則相當激烈，伏爾泰貶損上帝是「妖怪」、「騙子」，教皇、教士、神甫都是「文明的惡棍」、「兩足禽獸」，孟德斯鳩怒斥教義的荒誕，盧梭譴責宗教戰爭與迫害，「百科全書派」狄德羅、拉美特利、愛爾維修、霍爾巴赫建立無神論和機械唯物主義學說，猛烈批判上帝的虛妄，呼籲尋求現世的幸福與快樂。狄德羅在《百科全書》中說：「人是我們應當由之出發並應當把一切都追溯到他的獨一無二的端點。」〔註1〕第三，科學代信仰。隨著哥白尼《天體運行論》的問世，近代自然科學誕生，天文學、動物學、植物學、醫學、解剖學等領域都取得了一系列重大的發現。伽利略、牛頓等偉大科學家建立起來的科學方法與理論則使得自然科學得到迅速發展。它不僅爲西方工業革命奠定了堅實物質基礎，在精神領域也開始驅逐傳統宗教信仰。

〔註 1〕 轉引自〔英〕亞·沃爾夫：《十八世紀科學、技術和哲學史》（上），周昌忠等譯，商務印書館 2009 年版，第 18 頁。

在啓蒙的歷史語境中，「宗教被認爲是人類生活中一切落後的和野蠻的東西的一種職能」。〔註 2〕啓蒙者主張一切制度和觀念要在理性的法庭上受到批判和衡量，他們以理性爲旗幟，反對宗教信仰，提倡科學，宣稱「只有科學、理性和自由才能促進人們的改造和幸福。」〔註 3〕

按照康德的定義，「啓蒙運動就是人類脫離自己所加之於自己的不成熟狀態」。〔註 4〕啓蒙就是通過理性發現人的自我，用理性來重塑人的主體性。康德把啓蒙理性提升爲一種批判理性。福柯繼而在當代在場的意義上重新建構啓蒙的內涵，把啓蒙的消極批判轉化爲積極批判，認爲「可以連接我們與啓蒙的繩索不是忠實於某些教條，而是一種態度的永恆的復活——這種態度是一種哲學的氣質，它可以被描述爲對我們的歷史時代的永恆的批判」。〔註 5〕在福柯那裡，對啓蒙的批判並不在於消除啓蒙中的理性精神，而在於從現代性對人的內在解構危機中走出來，重新激活啓蒙的批判精神。

與西方啓蒙運動相比，20 世紀初中國發生的五四新文化運動同樣體現著對人的主體性地位的覺醒，同時由於外源、後發的緣故，具體內容有所不同，表現爲尊崇科學與民主的理性精神、反對綱常名教的思想宰制兩個方面。

作爲啓蒙精神的重要表徵方式，科學和民主實質上仍是通過理性確立人的主體性。科學試圖建立對對象的認知與把握的理性方式，從而確立人在自然中的主體性地位；民主則意味著人與人的關係擺脫統治與被統治、壓制與奴役的性質，從而建立起人在主體際性意義上的平等權益地位。陳獨秀呼籲「國人而欲脫蒙昧時代，羞爲淺化之民也，則急起直追，當以科學與人權並重」，〔註 6〕認定「德」、「賽」兩先生「可以救治中國政治上道德上學術上思想上一切的黑暗」。〔註 7〕胡適則指出新思潮的意義在於一種「評判的態度」，

〔註 2〕〔英〕柯林武德：《歷史的觀念》，何兆武、張文傑譯，中國社會科學出版社 1986 年版，第 87 頁。

〔註 3〕〔法〕霍爾巴赫：《健全的思想》，王蔭庭譯，商務印書館 1980 年版，第 17 頁。

〔註 4〕〔德〕康德：《歷史理性批判文集》，何兆武譯，商務印書館 2009 年版，第 23 頁。

〔註 5〕〔法〕米歇爾·福科：《什麼是啓蒙》，汪暉譯，汪暉、陳燕谷主編：《文化與公共性》，生活·讀書·新知三聯書店 2005 年版，第 433～434 頁。

〔註 6〕陳獨秀：《敬告青年》，《獨秀文存》，安徽人民出版社 1987 年版，第 9 頁。

〔註 7〕陳獨秀：《〈新青年〉罪案之答辯書》，《獨秀文存》，安徽人民出版社 1987 年版，第 243 頁。

把尼采的「重估一切價值」作爲評判態度的最好解釋，要人們不盲從任何傳統的權威，對現存的制度風俗、聖賢教導、行爲準則和精神信仰進行理性的清算，從這些外在引導或強制力量中解放出來，以便發掘出具有理性能力的主體，眞正運用自己的理性去理解、去判斷，從而凸顯人作爲主體的地位。五四新文化運動中新文化派先驅對理性的尊崇態度，發出振聾發聵的時代強音，極大地喚起了文化的覺醒。

在五四新文化運動中，陳獨秀率先把矛頭指向儒家「三綱」之說，認爲政治倫理都不外是重階級尊卑的三綱主義；李大釗批評中國歷史是「鄉愿與大盜結合」的記錄；魯迅在《狂人日記》中控訴封建禮教「吃人」的本質；「隻手打倒孔家店的老英雄」吳虞則直指家族制度是專制主義的根據。胡適就禮教與儒學的關係尖銳抨擊孔子之道，「正因爲二千年吃人的禮教法制都掛著孔丘的招牌，故這塊孔丘的招牌——無論是老店，是冒牌——不能不拿下來，搥碎，燒去！」〔註8〕新文化派痛斥綱常名教對人的思想宰制，猛烈攻擊封建專制以實現人的解放，確實是驚世駭俗的啓蒙壯舉。然而，他們沒有對儒學在思想、政治制度、倫理教化等層面的不同內涵進行區別，而是把封建專制與作爲傳統文化主體的儒學簡單化約爲一個整體一起進行批判。

不同於新文化派對傳統化約式的否定，梁漱溟則揭示孔子的仁的、剛的、生動活潑、不計利害的眞精神，開啓現代新儒家之先河；「科玄論戰」的玄學派代表人物張君勱自覺對人生觀與科學進行劃界，在提倡科學與民主，反對專制思想的同時，對傳統懷有溫情與敬意，勉力呵護、發明；堅持把文化傳統看做生命的維繫與生發，是現代新儒家一貫堅持的原則；五四新文化運動後熊十力的新唯識論、馮友蘭的新理學、牟宗三的道德的形而上學、20世紀50年代「須肯定承認中國文化之活的生命之存在」的文化宣言，都是要重新復活傳統儒家「生命的學問」。文化保守主義者將傳統作生命觀，新文化派對傳統作化約的整體性否定，這是兩者在認同啓蒙的前提下最大的不同。

五四新文化運動通過對民主與科學的高揚和對封建的綱常名教的批判挺立起人的主體性，凸顯人的理性精神；西方啓蒙運動則是通過理性對宗教神學的批判確立人的理性力量。兩者啓蒙的內容有所不同，但實質都是通過理性發現人的自我，人的發現是中西啓蒙運動的共同目標。

〔註 8〕胡適：《〈吳虞文錄〉序》，歐陽哲生編：《胡適文集》（第 2 冊），北京大學出版社 1998 年版，第 610 頁。

二、中國文化啓蒙的特殊性

時至今日，在經歷了五四新文化運動以及 20 世紀 80 年代的思想解放運動之後，中國啓蒙仍任重道遠。作爲中國文化啓蒙的思想原點，五四新文化運動已蘊含著中國文化啓蒙的特質，這正是五四新文化運動留給我們的最重要的思想資源。

（一）外源性啟蒙

儘管啓蒙精神備受質疑，但依然是引領人類文化發展的基本方向。在某種意義上，啓蒙體現著在文化時代性意義上不同文化形態之間的可通約性。啓蒙運動是西方文化的自我調節、自我完善，通常被稱爲內源性的啓蒙。相比之下，中國文化啓蒙則是外源性的。五四新文化運動是中國近代以來在遭受西方文明侵略的歷史背景下發生的，啓蒙的動因來源於外在的救亡使命，啓蒙所需要的理性資源也不是追求德性的中國傳統文化所固有的。在時代性的轉換中，中國啓蒙的外源性使得文化難以實現格式塔式整體的轉換與超越，難免造成科學和民主的泛化。理性的缺位使科學和民主難以逾越陳獨秀所說的「倫理的覺悟」層面並落實到社會的現實變革中。

中國文化啓蒙的這種外源性，決定了五四新文化運動中中國人不得不面臨的文化民族性的糾結。文化的民族性是一種特定的民族文化同其他文化比較中所顯示出來的不可替代的規定性，體現著不同民族文化之間的不可通約的一面。受西方實證主義思潮的影響，自嚴復以來，文化進化論是文化啓蒙者不證自明的理論前提。「東西文化論戰」中的新文化派把東西文化看作古與今、舊與新的關係，完全拋棄了民族性維度。這種單向線性的文化進化觀念必然得出全盤西化的結論。在「科玄論戰」中，科學派對科學方法萬能的信仰僭越了科學與哲學的界限，在最能代表中國文化特質的人生觀領域豎起科學的旗幟，試圖用文化的時代性取代民族性，實質上是「全盤西化」主張的延續。梁漱溟曾敏銳地指出，「新運動只是西洋化在中國的興起」，〔註9〕一語道破新文化派文化時代性的基本預設。中國現代文化的發展歷史早已證僞了全盤西化理論的虛妄。其實，從洋務時期中西學割裂的「中西之爭」，到維新時期「新舊之爭」基礎上的中西會通，都在試圖找到中國文化時代轉換中的民族性的維度，玄學派對人生觀的維護正是科學派科學視野所遮蔽的民族性

〔註9〕梁漱溟：《東西文化及其哲學》，《梁漱溟全集》（第 1 卷），山東人民出版社 1989 年版，第 539 頁。

維度。

（二）救亡壓倒啟蒙：國家民族本位取代個體意識

西方啟蒙推進到人的主體性層面，張揚人的理性精神，成為英、法、德等不同國家共享的理念。它強調天賦人權，主張維護個人的生命、自由、財產的權利，追求個人的幸福與享樂。經濟學上追求個人利益最大化的「經濟人」預設最富有代表性。受西方啟蒙運動的影響和啟示，五四新文化運動的啟蒙者也同樣注意到張揚個性一面。陳獨秀在《東西民族根本思想之差異》中指出：「舉一切倫理，道德，政治，法律，社會之所向往，國家之祈求，擁護個人之自由權利與幸福而已。」〔註10〕周作人倡導「重新要發現人，去闢人荒」的「人的文學」。胡適推崇典型的個人主義的易卜生主義，號召人們去除國民的奴性、追求獨立自由的人格。所有這些在當時的思想界都產生了很大的影響。

但由於面臨國家和民族的存亡危機，中國的啟蒙並未像西方啟蒙運動那樣進入到更深層的理性和自由去探討啟蒙的意義，而是把啟蒙定位於科學和民主這樣一種實證的範疇，與國富民強的祈望直接地聯繫在一起。因此，中國文化啟蒙的功用性十分明顯。孫中山有一段話精確地刻畫了國人的這種心理，他說：「如果專拿自由平等去提倡民氣，便是離事實太遠，和人民沒有切膚之痛，他們便沒有感覺；沒有感覺，一定不來附和。」〔註11〕在救亡圖存的時代主題支配下，推崇個人主義的啟蒙思想家也漸漸用國家、民族的需要取代了個性的追求。他們在強調民主概念中個人價值的同時，將民主的目標指向富國強民，更注重民主在政治、經濟、社會領域的解放意義。胡適的「社會不朽論」強調的是個體作為「小我」只有融入到永遠不朽的「大我」中才能實現自身的不朽價值；陳獨秀在《人生真義》中同樣認為個體生滅無常，只有社會才是真實的存在。作為一種對歷史情境的描述，李澤厚提出的「救亡壓倒啟蒙」說頗能道出中國啟蒙遭遇的特殊困境與矛盾。救亡與啟蒙矛盾的實質是國家民族本位與弘揚個性兩種價值觀念的衝突。在現實壓力下，救亡佔據了主導。

（三）啟蒙反思中的「第三條道路」

西方啟蒙運動以人權代君權、以人本代神本、以科學代宗教，通過理性

〔註10〕陳獨秀：《獨秀文存》，安徽人民出版社1987年版，第28頁。
〔註11〕孫中山：《三民主義》，嶽麓書社2000年版，第102頁。

精神的發揚確立人的主體地位。然而弔詭的是，啓蒙對理性的過度推崇又恰恰使啓蒙走向了自己的反面。20 世紀初爆發的第一次世界大戰，使得啓蒙精神所造就的現代文明的弊端暴露無遺，繼而造成了反啓蒙思潮的湧起。但貫穿於西方啓蒙和反啓蒙中的批判的氣質和態度卻一以貫之，在總體上呈現出線性發展特點。

作爲外源性啓蒙，中國文化的啓蒙則不得不面對晚了兩個世紀的時代錯位，共時態地遭遇啓蒙同反啓蒙的糾葛。20 世紀初，中國對西方文化的引進多是通過日本「轉口輸入」，當時譯述之風盛行，且以多爲貴。西方近代思想包括啓蒙與反啓蒙的思潮、流派同時湧入國內，國人如饑似渴地從西方文化中尋找強國富民之道，饑不擇食，難免食洋不化。除了紛繁複雜的西學帶來的思想衝突困惑外，耳聞目睹的現實更使人感到困惑不解。當新文化派熱烈地頌揚西方文化之時，第一次世界大戰爆發了，這顯示著啓蒙內含的人的發現與剝奪的雙重性。杜威、羅素、杜里舒來華訪問，他們對西方文化的反思與批判同樣引人深思。俄國十月革命的勝利又似乎透露著另一種曙光。這些世界範圍內的文化變遷，深深觸動著五四新文化運動中尋求文化出路的先驅者。西方文明不再僅僅意味著體現人的主體性的民主和科學，還有喪失人性的殘酷殺戮和災難。因此，國人不得不對啓蒙精神進行批判性的反思。這種反思構成了民主與科學旗幟之外的另一種思想之維，成爲中國文化啓蒙不同於西方啓蒙線性展開的特異之處。

正是對啓蒙的反思透顯出文化保守主義者對中國啓蒙特殊性的恰當把握。遊歷歐洲回國的梁啓超慨歎「科學萬能」夢的破滅；梁漱溟從世界文化的走向中肯定中國文化的復興；學衡派汲取白璧德的新人文主義，提倡「昌明國粹，融化新知」；曾親師柏格森、倭鏗的張君勱以宣傳兩人哲學爲己任，而爲玄學派之先鋒，力求在科學萬能的社會趨向中捍衛玄學的價值。文化保守主義者對啓蒙的歷史局限性和內在危機的反思，使其以生命的方式看待自身文化傳統的承續，顯示著深刻的思想價值。然而，他們的「返本開新」的內在超越之路，依然停留在學理上的可能性，回歸傳統的歷史進路亦無法實現對傳統和啓蒙精神的雙重超越。

早期馬克思主義者在宣傳西方文化的同時，又保留了對西方近代文化弊端的批判態度，力圖實現對傳統和啓蒙精神的雙重超越，尋找所謂「第三條道路」。李大釗認爲東西文化如同車之兩輪、鳥之兩翼，各有自己的價值與

缺陷。他說：「第一文明偏於靈；第二文明偏於肉；吾寧歡迎『第三』之文明，蓋『第三』之文明，乃靈肉一致之文明，理想之文明，向上之文明也。」〔註12〕對第三文明的嚮往，已隱含著對傳統與啓蒙的超越。另一位早期馬克思主義者瞿秋白在文化選擇上也經歷了類似的心路歷程。他在《赤都心史》中寫道：「新文化的基礎，本當聯合歷史上相對待的而現今時代之初又相補助的兩種文化：東方與西方。現時兩種文化，代表過去時代的，都有危害的病狀，一病資產階級的市儈主義，一病『東方式』的死寂。『我』不是舊時代之孝子順孫，而是『新時代』的活潑稚兒。」〔註13〕瞿秋白既反對固守狹隘的民族文化，也反對一味求新的西化傾向，而是主張以東西文化爲基礎建立新文化。早期馬克思主義者與文化保守主義者雖然汲取了不同的西學資源，有著不同的致思取向，但在對啓蒙歷史後果的反思上卻是一致的，雖然充當了科學派的同路人，但他們對於新文化的理解上已突破全盤西化的思維定式，意識到新文化要實現對傳統文化和西方啓蒙運動開啓的近代文化的雙重超越，必須尋求「第三條道路」。「第三條道路」用先進的文化去完成傳統文化和西方文化的雙重超越的理路在當今中國文化建設中依然有著重要的理論價值和現實指導意義。

（四）市民社會的不成熟

西方啓蒙所塑造的理性精神滲透到社會各個領域，商品經濟的發達和政治的民主化進程在社會結構上表現爲市民社會的逐步成熟。可以說，市民社會以商品經濟的發達爲基礎，是建立在社會契約關係之上的，它以維護個人的基本權益爲目的，是啓蒙所塑造的理性精神在社會組織形式上呈現的現實形態，奠定了現代文化的社會結構性基礎。它與國家的關係也折射出理性的個體與類存在物之間的博弈關係。相比之下，五四新文化運動開啓的中國啓蒙顯然缺少成熟的市民社會這一現實基礎。

從社會結構看，中國傳統的家國同構的社會不利於市民社會的形成。它源於傳統文化中「修身、齊家、治國、平天下」的社會理想。家與國之間的邏輯遞進關係一旦作爲經驗共時的聯繫，國家就被看做家的放大，兩者之間的差異變得模糊不清。個人是作爲家庭的或國家的成員、部份而存在。在希

〔註12〕李大釗：《「第三」》，《李大釗文集》（上），人民出版社 1984 年版，第 184 頁。

〔註13〕瞿秋白：《赤都心史》，《瞿秋白文集》（第 1 卷），人民文學出版社 1985 年版，第 213 頁。

賢希聖的追求中，個人通過內在超越的工夫達成道德人格的完滿，凸顯的是人的精神性原則。如此一來，個人的特殊利益尤其是個人的私欲即被看做應被超越並克服的對象。人與人之間的倫理規範建立在以「孝」爲基礎的家族制度之上，個人依附於血緣關係，構成整個血緣關係上的一個聯接，國家作爲家庭的放大，國家、群體的利益永遠高於個人利益。西方市民社會對家庭的取代，是西方現代社會關係的主要表徵，其現代意義集中體現在黑格爾的法哲學思想中。在黑格爾看來，市民社會作爲獨立的單個人的聯合，「是通過成員的需要，通過保障人身和財產的法律制度，和通過維護他們特殊利益和公共利益的外部秩序而建立起來的」。〔註14〕市民社會中的個人在與他人的區別中成爲他自己，個人特殊利益之間的關聯割斷了家庭的自然紐帶。僅從人的自我意識與作爲現代性表徵的市民社會的關係來講，對人的肉體性原則的肯認構成了市民社會中人的自我意識形式。西方市民社會打破傳統家庭中的自然關係，建立起個人之間的利益關係，是現代社會關係的重要特徵。但市民社會那種個人特殊利益的社會關係在中國傳統的家國同構的社會結構中始終難覓蹤影。

在中國現代文化中，對於市民社會的認識也表現出不同於西方文化的一種路徑。首先，它主要是表現爲一種文化上的覺醒。五四新文化運動中新文化派對傳統倫理和家族制度的批判、對民主和個人解放的宣揚，似乎隱約認識到了市民社會與以血緣爲基礎的傳統社會關係的不同。從陳獨秀的「自主自由之人格」和胡適的易卜生式個人主義中，可以看到擺脫家庭成員身份、強調個人作爲區別於他人的自己的印記的傾向，如《玩偶之家》主人公娜拉的那句名言即「首先我是一個人，跟你一樣的一個人」。然而，正像魯迅對「娜拉走後怎樣」的設想與懷疑，獨立的個人更多是強調精神、人格方面的內涵，在傳統的社會中並不能結合成某種個人利益的共同體，構成一種獨立的社會力量。其次，在外源、後發的現代化過程中，中國社會的變革必然表現爲一種自上而下的政治、經濟、社會結構等各層面的調整，國家在其中扮演著主體的角色，迥異於西方市民社會與政治國家相互分離的展開過程。再次，中國傳統經濟方式是以農業爲根本的自然經濟，新中國建立後又經歷了計劃經濟階段，經濟改革後由於系統悖論的存在，經濟的發展一度陷入放與收的循

〔註14〕〔德〕黑格爾：《法哲學原理》，范揚、張企泰譯，商務印書館 1961 年版，第174 頁。

環，市場經濟的發展狀況尚無法爲市民社會的建立提供有力的世俗基礎。

三、啓蒙的走向：啓蒙的反思與文化主體性啓蒙的明朗

自五四新文化運動以來，啓蒙一直就在中國文化話語中佔據優勢，後來的啓蒙倡導者也基本延續了五四時期的新文化派以啓蒙爲唯一文化嚮導的理路。與此相應，現代新儒家從熊十力、梁漱溟到牟宗三、唐君毅等人，在肯認啓蒙價值的同時，仍堅持把傳統作爲新文化的生發基點。啓蒙與傳統的二元對立構成了中國文化發展縈繞的線索。隨著中國現代化成就帶來的文化自覺性的增強、西方學者及後現代主義對啓蒙的批判、以杜維明等爲代表的現代新儒家第三代學者對多元現代性及反思啓蒙思想的闡釋、當代學人對西方啓蒙與傳統關係的深入研究，二元思維樊籬逐漸被突破。對啓蒙自身廣狹義的釐定成爲思想深化的客觀要求，啓蒙的反思逐漸成爲一種共識和共同論域。隨之而來的是，在啓蒙的反思構成啓蒙倡導者與傳統秉持者共同的思維視角的同時，文化主體性啓蒙進一步明朗。

（一）「啟蒙」的廣狹之分

如果以啓蒙爲基本維度和座標，或許可以把人類的文化啓蒙進程粗略地分爲三個階段：一是沒有勇氣運用自己的理性，如西方中世紀神性對人性的壓抑，神的指引是救贖的全部旨意。二是有勇氣運用自己的理性，把啓蒙理性提升爲批判理性，其標誌是康德在《什麼是啓蒙》中給出啓蒙的經典答案。三是在有勇氣運用自己的理性之後，保持對當下的理性批判，把啓蒙的本質提升到對歷史時代永恆的批判層次，其標誌責是福柯的《何謂啓蒙》。從康德和福柯對啓蒙的不同定義中可以看到啓蒙內涵的進化，這表現出後現代性對現代性的某種延續，也是啓蒙在其自身可能的內涵空間的拓展。不論是康德還是福柯，給我們昭示的都是啓蒙的實質在於通過理性發現人的自我，歸根結底是人的自我批判精神。

啓蒙的內涵是在不斷變化、豐富中的，而這在中國文化啓蒙中又呈現出某種歧義性，尤其是作爲歷史事件的西方啓蒙運動與啓蒙自我批判的精神的含混不清常常造成能指與所指的錯位，所以區分啓蒙不同的內涵十分必要。筆者認爲，可以將啓蒙區分爲廣狹義兩類，廣義的啓蒙即指從康德到福柯一脈相承的批判理性，狹義的啓蒙則僅僅指西方啓蒙運動對西方現代文明的塑

造與影響。不瞭解前者，我們對於中國的文化啓蒙就無法突破啓蒙與傳統二元對立思維的窠臼，無法擺脫啓蒙的「敲詐」。同樣地，不瞭解後者，則無法理解理性精神對中國文化啓蒙的眞實歷史內涵和意義，從而不能充分地經受啓蒙的洗禮，流於傳統的獨角戲。我們既要瞭解廣義啓蒙，以便眞正領會啓蒙的深邃意義，從簡單地由後現代性與中國傳統的表面相似性來否定啓蒙的正當價值的誤區中解放出來；又要看到狹義啓蒙在中國現代社會與文化建設中的啓示意義，把握中國文化當前的啓蒙任務與內容。

（二）二元思維的突破與啟蒙反思視域的認同

西方啓蒙運動以來理性精神發現的人的主體性無疑代表著人的覺醒，但發現的「人」只是賓格意義上的而非主格意義的「人」。具有諷刺意味的是，從神性中拯救出來的「人」，不過是異化的「人」，而非眞正意義上的「人」。「從『人的發現』到『人的剝奪』，其辯證法意味就在於它們都根植於同一個文化事件，那就是啓蒙精神。」〔註15〕理性的獨斷化必然導致啓蒙走向自身的反面，這是啓蒙的悖論所在。霍克海默所謂人「墮落到一種新的野蠻狀態」、馬爾庫塞的「單向度的人」、福柯的「人之死」等表述，都揭示著啓蒙由「人的發現」到「人的剝奪」的歷史結果。「啓蒙並沒有實現當初對主體救贖的承諾，反而加深了主體的異化。」〔註16〕啓蒙悖論顯現啓蒙通過主客體分離建立起來的理性原則本身具有內在的局限性，這就客觀地要求我們重新審視作爲思維一極的啓蒙的座標意義。現代西方哲學對啓蒙的反思與批判，也啓示著建立啓蒙的反思之維的必要性。它對啓蒙的回答有兩種不同立場的分疏：「哈貝馬斯認爲啓蒙的任務還沒有完成與從福柯到德里達解構啓蒙以來的理性」〔註17〕。兩種立場雖有所不同，但對啓蒙精神及其歷史後果採取的批判態度是一致的。啓蒙的悖論及其批判，提醒著中國文化啓蒙作爲一種空間上的外源性啓蒙和時間上的後啓蒙，要認清西方啓蒙所昭示的「他者」之維的兩面性。這是作爲「外源—後發」型啓蒙的優勢所在，也是啓蒙的批判精神賦予我們的歷史任務。

〔註15〕何中華：《啓蒙、道德與文學——一種可能的解釋》，《河北學刊》2004年第6期。

〔註16〕邱根江：《現代性：在神話與啓蒙之間》，《山東社會科學》2010年第7期。

〔註17〕《啓蒙的反思——杜維明、黃萬盛對話錄》，哈佛燕京學社主編：《啓蒙的反思》，江蘇教育出版社2005年版，第15頁。

　　五四新文化運動對啓蒙的理解並不是思維範式意義上的，啓蒙與傳統二元對立思維定勢一直影響著中國文化啓蒙的抉擇與發展。新文化派的胡適提出了「懷疑一切」口號，把懷疑的對象僅僅指向了傳統，並沒有指向他所仰慕的科學。對於文化保守主義的詰難，他曾反駁道：「中國此時還不曾享著科學的賜福，更談不到科學帶來的『災難』。」〔註18〕與當今啓蒙推崇者啓蒙優先的思維缺陷可謂一脈相承。由於啓蒙價值的片面發展，缺乏對啓蒙負面意義的反思，新文化派以當下現實需求遮蔽、消解文化抉擇的理性態度，用文化的時代性差距代替中西文化時代性與民族性差異的全部內涵來爲自身進行辯護，既放棄了避免西方啓蒙弊端的文化自覺，又失去了文化生化的民族根基，缺乏邏輯的一致性和歷史的具體內涵，頗有捉襟見肘之窘迫。與之不同，文化保守主義者對啓蒙的歷史局限性和內在危機的反思，正是其學理正當性之所在，它以生命看待自身文化傳統的承續，顯示著深刻的思想價值。然而其「返本開新」的內在超越之路依然停留在學理上的可能，回歸傳統的歷史進路亦無法實現對過去傳統和啓蒙精神的雙重超越。從這個意義上講，新文化派與文化保守主義都沒有走出思維範式的禁錮，因爲前者用西方文化中最顯著的特色科學與民主，把批判的矛頭指向傳統，卻遺漏了對仰慕的科學與民主的批判的吸收；後者則在後現代對現代性消解的共鳴中守成。中國啓蒙之所以不斷反覆中斷，二元對立思維的禁錮是一個重要原因。

　　西方啓蒙的確是以斷裂的當下意識與傳統相區別的，故此才有別於傳統。但我們應該超越啓蒙心態，在更宏闊而深邃的西方文化歷史的大時段中把握兩者的聯繫。西方啓蒙與傳統的關係或傳統間的關係受到學界關注，傳統的積極意義得到凸顯。在文化啓蒙道路的選擇上，走出啓蒙與傳統的二元對立，啓蒙的反思視域也被越來越多的學者所認同。對於中國文化來講，啓蒙與傳統的關係則更爲複雜，至少包含以下幾個方面：中國文化傳統與西方文化傳統；西方啓蒙與西方啓蒙批判的關係；中國文化傳統與五四新文化運動開啓的文化啓蒙的關係；中國文化啓蒙與西方啓蒙、西方啓蒙批判的關係；中國傳統對啓蒙的反思與西方啓蒙的批判的關係等等，對每一個方面都需要展開細緻的研究。

〔註18〕胡適：《〈科學與人生觀〉序》，歐陽哲生編：《胡適文集》第 3 冊，北京大學出版社 1998 年版，第 154 頁。

（三）在啟蒙的反思中建構自身文化主體性啟蒙

隨著啓蒙與傳統二元對立思維的破冰，中國文化啓蒙的主體日趨明朗。大致地講，中國文化主體有兩種特質：一是德性優先。中國文化傳統本身不是完全沒有理性的，但其特質不在於理性，而在於德性。二是中國文化有著高度的融攝力。在西方學者所謂的「軸心時代」，中國文化與西方文化一樣，形成了自己獨特的文化特質、文化基因，對外來的文化有其高度的融攝力，對自身文化發展具有持久的塑造力。中國文化傳統一脈相承，有其自身的一貫之道。中國文化主體的特質決定了中國文化啓蒙之路必須以中國文化主體來接受啓蒙的洗禮。啓蒙在中國不同於在日本、韓國或其他國家，並非是全盤西化可以奏效的。

中國文化啓蒙是在中西文化交流的背景下進行的，並不是單純的高勢位文化向低勢位文化的擴延。從消極意義上看，中國文化啓蒙缺少啓蒙所需要的理性精神資源，可謂是「先天不足」。而救亡圖存的時代主題使得國家、民族的本位意識取代了個體意識，市民社會的不成熟也無法爲啓蒙提供現實的經濟基礎，又可謂是「後天失調」。但從積極角度看，中國啓蒙又蘊含著超越西方啓蒙的可能性與必要性。中國啓蒙作爲後發的啓蒙，是在啓蒙的反思中建構自身文化主體性的啓蒙，可以避免西方啓蒙工具理性的片面、極端性發展，而全球化潮流及其帶來的世界範圍內的問題也要求中國文化作爲文化共同體的一員，貢獻自身的文化智慧。正如羅蒂所說：「在一切非西方的文化間，中國的文化無疑是最古老、最具影響力，也是最豐富多彩的。人們或許因此而可以希望，在西方理解自身過程中最近發生的變化，將有助於西方知識分子從中國方面多多獲益。」〔註19〕

現代新儒家對中國文化主體視如生命的呵護自不必說，新自由主義派林毓生轟動一時的「傳統的創造性轉化」主張也是以中國自身文化爲主體，從張岱年先生的「綜合創新論」到方克立先生的「馬魂、中體、西用」，更加凸顯了文化的民族主體性。方克立指出：「從中、西、馬三『學』的關係來說，體現民族主體性的是『中學』或中國文化。它是中國新文化建設的運作主體、生命主體、創造主體和接受主體，中、西、馬『三流合一』、綜合創新所創造出來的新文化還是中國文化，所以說只有它才是主體文化。」〔註20〕文化主

〔註19〕〔美〕理查・羅蒂：《哲學和自然之鏡》中譯本作者序，李幼蒸譯，生活・讀書・新知三聯書店 1987 年版，第 16 頁。

〔註20〕方克立：《關於文化體用問題》，載《社會科學戰線》2006 年第 4 期。

體的凸顯並不是傳統的簡單回歸，文化主體表面似是現代新儒家主張的顯現，但實際上有著更深刻的思想史意義。因為它是經歷了百餘年的論爭之後，在脫離了二元對立思維泥潭後現代新儒家、馬克思主義哲學派和啓蒙倡導者在文化主體問題上達成的文化共識。雖然眞正實現傳統的創造性轉換仍是任重道遠，但文化主體性啓蒙的明朗無疑是中國文化啓蒙的一個新起點，它預示著中國文化未來建構的走勢和趨向。

（載於《山東社會科學》2012 年第 12 期）

附錄二：從李大釗「第三文明」說看馬克思主義與儒學關係的重撰
〔註〕

〔摘要〕從文化比較視域考察馬克思主義與儒學的融合，必須突破以往實證性敘事方式和政治學術的壁壘，對二者關係進行重撰，才有可能真正把握融合的內涵。李大釗提出的「第三文明」說，是馬克思主義與儒學融合的起點。釐清「第三文明」說的文化背景和思想進路，有助於揭示馬克思主義同儒學相融合的實質，重新審視東西方文化融合的當代形態，進而看清儒學是融合的主體，兩者關係的重撰是融合由自發到自覺的契機。

〔關鍵詞〕李大釗；「第三文明」；馬克思主義；儒學；融合

以毛澤東思想為代表的中國化了的馬克思主義，彰顯出馬克思主義與中國傳統文化相融合的實踐成果和典型理論形態。與此形成鮮明對比的是，長期受意識形態影響，「中、西、馬」一度呈現三足鼎立局面，馬克思主義與以儒學為主體的中國傳統文化被人為地割裂為兩個相對獨立、隔閡的系統。目前，隨著馬克思主義中國化的深入推進和中華民族偉大復興的文化自覺，馬克思主義與儒學的融合逐漸成為當代最重要的文化課題。從文化比較的視域看，對二者融合的探討必須突破以往實證性敘事方式和政治學術的壁壘，重

〔註〕 基金項目：本文係許嘉璐先生主持的國家社會科學基金特別委託項目「馬克思主義與儒學」（批准號：11AHZ009）的階段性成果。

新梳理二者的關係，才能真正認識融合的內涵，在某種意義上說也就是對二者關係的重撰。早期馬克思主義者李大釗提出的「第三文明」說，是馬克思主義與儒學融合的歷史和邏輯起點。釐清「第三文明」說的文化背景和思想進路，有助於我們把握二者融合的特點，認清中國文化啟蒙的主體性與特殊性，在文化基因和文化原型層面上建立起意義世界的座標，以增強文化融合的自信與自覺。

一、李大釗「第三文明」說是在文化的世界主義和十月革命勝利影響下做出的新文化選擇

從文化比較視域探討為什麼是馬克思主義而不是其他外來主義被中國文化所接受，一個可能的辦法就是回歸到起點，從起點重撰東西文化衝突、碰撞中新文化探尋之路。這種重撰類似於利奧塔在《重撰現代性》中包含的兩層含義：回歸起點和深加工。〔註1〕回歸李大釗「第三文明」說，可以清晰看出在新文化選擇上世界主義思潮的座標意義、俄國十月革命的示範作用。

晚清以來，中國遭遇三千年未有之變局，在文化層面上的突出表現就是中西文化之爭。由嚴復翻譯的《天演論》傳入中國，其中的社會進化論思想充當了最初論爭的理論基礎。社會進化論打破了守舊派「夷夏之別」的文化中心論，但一味用文化的時代性作為判別文化優劣的依據，隱含的是在肯定文化時代性的單一維度而遮蔽了民族性維度，尤其對中國傳統文化的主體——儒學進行了嚴厲的抨擊，這集中體現在新文化運動「打倒孔家店」和對西方「德、賽」兩先生的推崇。在新文化派那裡東方文化與西方文化之間的優劣似乎在進化論的支撐下顯而易見，胡適就主張全盤西化。但弔詭的是，當國人自認為找到了文化的病根時，第一次世界大戰爆發，戰爭給人類帶來的巨大災難和「巴黎和會」上西方列強對中國利益的粗暴踐踏，使人們耳聞目睹了西方現代文明先天的內在弊端和強權醜態，這啟示國人必須重新審視孕育出現代文明的西方文化。

中西文化都積弊重重，那麼創造新文化的路在哪裡呢？李大釗利用傳統文化資源構想出具有超越中西文明弊端、帶有理想色彩的「第三文明」。1916年，他發表《「第三」》一文認為：「第三者，理想之境，復活之境，日新之境，

〔註1〕 參見〔法〕讓─弗朗索瓦・利奧塔：《重撰現代性》，汪民安等主編：《現代性基本讀本》（上冊），河南大學出版社2005年版，第140頁。

向上之境，中庸之境，獨立之境也。第一文明偏於靈，第二文明偏於肉；吾寧歡迎『第三』之文明。蓋『第三』之文明，乃靈肉一致之文明，理想之文明，向上之文明也。」「蓋『第三』之說，乃剛柔適宜之說，中庸之說，獨立之說也。」他用儒學的中庸之道來闡釋「第三」的內涵，使新文化的期許富有哲學意味。在此文中，李大釗還不能肯定這種超越中西文化弊端，靈肉一致的新文明能否變為現實，他說，「顧『第三』者，有其理想而無其實境。」但又預見這是人類進步之階，是新文化努力的方向，「老子有言：『一生二，二生三，三生萬物。』故『第三』之境，實宇宙生生之數，人間進步之級，吾人當雄飛躍進以向『第三』。」〔註2〕

俄國十月革命取得勝利，使布爾什維克所尊奉的馬克思主義顯示出「改變世界」的巨大力量。李大釗敏銳地從新生的俄羅斯文明中看到了「第三文明」變為現實的可能性。1918 年 7 月，他發表《東西文明根本之異點》和《法俄革命之比較觀》，明確把俄羅斯文明稱為「第三文明」。李大釗指出，「東洋文明與西洋文明，實為世界進步之二大機軸，正如車之兩輪、鳥之雙翼，缺一不可。而此二大精神之自身，又必須時時調和、時時融會，以創造新生命，而演進於無疆。有今言之，東洋文明既衰退於靜止之中，而西洋文明又疲命於物質之下，為救世界之危機，非有第三文明之崛起，不足以渡此危崖。俄羅斯之文明，誠足以當媒介東西之任。」〔註3〕將東西文明的根本不同，歸於東方文明是靜的文明，西方文明是動的文明，的確從精神氣質上抓住了兩者的特質。在李大釗看來，東西文化之間不再是社會進化論框架下明顯的優劣關係，而是被視為車之兩輪、鳥之雙翼，是必不可少的，但相對於理想的「第三文明」而言的，又都居於一偏。在新文化的選擇，他已不在局限於中國文化自身，而是立足於世界文化的發展方向，所謂救世界之危機即是指救世界文化之危機。李大釗從文明史和地理環境等多角度進行了文化分析，認為英法文明臻於熟爛，德國已呈盛極而衰之勢，俄羅斯文明最遲，發展空間與潛力最大，且俄國居歐亞之交，兼歐亞文明特質，所以「世界中將來能創造一兼東西文明特質，歐亞民族天才之世界的新文明者，蓋捨俄羅斯人莫屬。」〔註4〕他認為俄羅斯革命不僅預示著俄羅斯自身的發展，還預示著世

〔註2〕 李大釗：《「第三」》，《李大釗全集》第 1 卷，人民出版社 2013 年版，第 340 頁。

〔註3〕 李大釗：《東西文明根本之異點》，《李大釗全集》第 2 卷，人民出版社 2013 年版，第 311 頁。

〔註4〕 李大釗：《法俄革命之比較觀》，《李大釗全集》第 2 卷，第 332 頁。

界歷史的走向，所謂「俄羅斯之革命，非獨俄羅斯人心變動之顯兆，實二十世紀全世界人類普遍心理變動之顯兆。」〔註5〕可見此時李大釗對新文化的探索，不僅僅局限於中國新文化的路向，而是在更宏大的世界文化視野上，去把握世界文化的整體性發展潮流。俄國十月革命的勝利，揭橥了「第三文明」現實可能性，恰恰爲李大釗的思想昇華提供了契機，使其對中國新文化的選擇，不再囿於中體西用的窠臼來確定世界文化的走向，成爲中國新文化選擇的基本前提和思想座標。

立足於世界文化潮流探尋新文化之路，在當時也並非李大釗獨有的見解，美國學者唐·普賴斯和張灝都曾指出轉變一代「世界主義」的思想傾向。以現代新儒家梁漱溟爲例，他正是將世界主義與儒學傳統相結合，而建立起現代新儒家。梁漱溟說：「從已往到未來，人類全體的文化是一個整東西，現在一家民族的文化，便是這全文化中占一個位置的。所以我的說法在一句很簡單的答案中已經把一家文化在文化中的地位、關係、前途、希望統通表定了。」〔註6〕他將世界文化劃分爲西、中、印三個階段，此處的西、中、印代指三個階段文化的典型形態，並非僅指一種民族文化的復興，表示整個世界文化共同趨向某種文化精神。對文化世界主義潮流不同的認識和把握是導致新文化運動之後文化流派不同走向的一個學理原因，正是因爲對這種世界主義潮流認知不同，對推動歷史、文化發展動力的不同理解，而對世界文化的走向有著不同的展望，進而對新文化開出不同的選擇道路。文化世界主義應該說是馬克思所謂「歷史向世界歷史轉變」的時代背景下文化的一種特有屬性，是文化時代性和民族性之外的世界文化整體性屬性，表現在世界文化作爲整體所具有的時代特徵對其中所處文化的某種不可抗拒的影響。世界主義成爲繼社會進化論之後文化選擇的另一個重要理論根據。

1918 年底，李大釗又陸續發表文章，熱情歌頌十月革命的勝利，再次重申俄羅斯革命在世界革命中的意義，明確指出俄國革命勝利的理論指南是馬克思主義。他認爲未來的世界文化潮流是靈肉一致的「第三文明」，俄國十月革命取得勝利後，繼而認定「第三文明」的現實版就是俄羅斯文明，俄羅斯革命所尊奉的馬克思主義就是到達「第三文明」彼岸的理論指南。由此可見，「第三文明」說起初是李大釗超越中西文明弊端的一種文明理想，是一種主

〔註5〕 李大釗：《法俄革命之比較觀》，《李大釗全集》第 2 卷，第 332 頁。
〔註6〕 梁漱溟：《東西文化及其哲學》，《梁漱溟全集》第 1 卷，山東人民出版社 2005 年版，第 353 頁。

觀的期許；俄羅斯文明從人類文明史和地理環境上看都可以兼容中西文明之優勢，這又是一種客觀的考察。十月革命的勝利促成了李大釗思想上主客觀認知的結合，從而認定俄羅斯文明即是所追求的靈肉一致的「第三文明」。

在對世界文化發展方向有了自信的把握後，李大釗認為中西文化要反省自身的不足，自覺容納自身沒有而對方富有的精神，以便趨於「第三文明」，明確指出「所謂本身之覺醒者，即在東洋文明，宜竭力打破其靜的世界觀，以容納西洋之動的世界觀；在西洋文明，宜斟酌抑止其物質的生活，以容納東洋之精神的生活而已。」〔註7〕「第三文明」說的理論意義在於正確把握了世界文化的發展方向，旗幟鮮明地揭櫫出馬克思主義是順應世界文化發展趨勢的理論指南，從而奠定了馬克思主義中國化的基礎。所以說，「第三文明」說是在文化的世界主義和十月革命勝利影響下做出的新文化選擇方向。

世界文化的時代特徵對文化道路的選擇起著重要作用，李大釗對此有著高度的文化自覺。他在就義前所寫的《獄中自述》中指出：「今日之世界，乃為資本主義漸次崩頹之時期，故必須採用一種新政策。」〔註8〕他在自述中認為，日本明治維新的成功在於順應了當時資本主義興盛的潮流，中國民族解放事業不選擇日本的西化模式，也正是因為世界文化潮流已改變，所以要採用新的政策。可見，世界文化的走向是早期馬克思主義者選擇新文化方向的重要學理依據。

二、「第三文明」所尊奉的馬克思主義是中國文化的現實選擇

「第三文明」所尊奉的馬克思主義，作為西學思潮的一部份，在上世紀20年代迅速傳播、發展、交匯，成為中國最重要的外來文化資源，不僅得益於俄國十月革命的偉大示範作用和中國革命的實踐需要，也是在諸多的文化爭論中中國文化的現實選擇。它集中體現在與實驗主義、基爾特社會主義、無政府主義的三次文化論爭中。在這三次文化爭鋒中，李大釗以「第三文明」所尊奉的馬克思主義為指南，有力地駁斥了不切合中國國情實際的文化改良主張，闡明了只有馬克思的科學社會主義才是符合中國國情的文化選擇，凸

〔註7〕 李大釗：《東西文明根本之異點》，《李大釗全集》第 2 卷，人民出版社 2013 年版，第 311～312 頁。

〔註8〕 李大釗：《獄中自述》，《李大釗全集》第 5 卷，人民出版社 2013 年版，第 298 頁。

顯了馬克思主義與中國文化的親和性，堅定了用馬克思主義改造中國社會和文化的決心。

　　早期馬克思主義者李大釗與自由主義者胡適在新文化運動時期曾爲推崇科學與民主並肩作戰，但在「問題與主義」之爭中，終因主義的不同而分道揚鑣。李大釗通過論爭，明確了要不要主義，要什麼主義，如何運用主義，從而爲馬克思主義植根到中國的文化土壤奠定了初步基礎。他申明主義存在的合法性，認爲「應該使這社會上可以共同解決這個那個社會問題的多數人，先有一個共同趨向的理想、主義，作他們實驗自己生活上滿意不滿意的尺度（即是一種工具）。那共同感覺生活上不滿意的事實，才能一個一個的成了社會問題，才有解決的希望。」〔註9〕李大釗旗幟鮮明地表明自己信仰馬克思創立的科學的社會主義，堅信它是世界文化的一大變動，是中國文化所需要的主義。李大釗在主義的應用上，主張主義與實境的結合，認爲「一個社會主義者，爲使他的主義在世界上發生一些影響，必須要研究怎麼可以把他的理想盡量應用於環繞著他的實境」〔註10〕。他進而指出了馬克思主義與中國文化結合的理論依據。李大釗在主義與實境的結合上，注意到主義在實踐和理論兩個方面實境的結合，開啓了馬克思主義在社會和文化領域的雙重運用。他提出，「一面認定我們的主義，用他作材料、作工具，以爲實際的運動；一面宣傳我們的主義，使社會上多數人都能用他作材料、作工具，以解決具體社會問題。」〔註11〕李大釗「誓向實際的方面去作」，將馬克思主義的理論落實到實際的運動，從而爲中國革命指引了的正確方向；他率先用馬克思主義唯物史觀分析中國經濟與文化關係，拿起馬克思主義的思想武器分析問題，爲中國文化把脈問診。與李大釗相比，自由主義者胡適有著明顯不同的致思進路。1919 年底，胡適發表文章，提出「研究問題、輸入學理、整理國故、再造文明」十六字方針，欲將新文化引向單純的理論研究方向，這自有其價值，但胡適想要解決的社會問題，想要再造的文明怎麼可能單憑頭腦內而不落到實際的研究就能奏效呢？

　　1920 年，梁啓超遊歷歐洲歸來，目睹西方文明弊端，發表了有名的《歐遊心影錄》，催使國人科學萬能夢醒。同年 9 月，英國哲學家羅素來華講學並

〔註9〕李大釗：《再論問題與主義》，《李大釗全集》第 3 卷，人民出版社 2013 年版，第 49 頁。

〔註10〕李大釗：《再論問題與主義》，《李大釗全集》第 3 卷，第 51 頁。

〔註11〕李大釗：《再論問題與主義》，《李大釗全集》第 3 卷，第 54 頁。

宣揚的基爾特社會主義，得到梁啓超與張東蓀等人的認同。1921 年 3 月，李大釗連續發表一系列文章，對這種僞社會主義進行了有力的批駁。他指出，基爾特社會主義只能使統治階級得利，「在現存制度下謀求實業的興盛，實質上就是要使我國的統治階級與各國的資本階級結合起來，這樣只能加強統治階級的力量，而決不會帶來其他任何好結果，這是顯而易見的」〔註 12〕。針對基爾特社會主義者提出的中國產業不發達，不適合發展社會主義的狡辯，李大釗從多方面對社會主義與發展實業的關係進行了論證。李大釗打破了基爾特社會主義者將發展實業與走資本主義道路劃等號的僵化思維，從世界經濟的整體發展潮流中把握中國經濟組織選擇社會主義道路的可行性。

20 世紀初，劉師復、李石曾、吳稚暉等受日法無政府主義思想的影響，大力宣揚無政府主義。無政府主義早期有解放思想的積極作用，但它主張個人的絕對自由，反對建立無產階級專政，成爲抵制馬克思主義、妨礙黨組織健康發展的障礙。李大釗 1921 年初發表了《自由與秩序》，對無政府主義的極端個人主義和虛無荒謬進行了批判，他指出：「試想一個人自有生以來，即離開社會的環境，完全自度一種孤立而岑寂的生活，那個人斷沒有一點的自由可以選擇，只有孤立是他唯一的生活途徑。這種的個人，還有什麼個人的意義！」〔註 13〕李大釗認爲自由與秩序、個人與社會是不可分離的，「眞正合理的個人主義，沒有不顧社會秩序的。眞正合理的社會主義，沒有不顧個人自由的」〔註 14〕。通過與自由主義、基爾特社會主義、無政府主義等思想的論爭，早期馬克思主義者李大釗增強了對非馬克思主義的辨別能力，駁斥了它們不符合中國文化實際的種種主張，更加堅定了把馬克思主義作爲中國文化旗幟的信心。從文化選擇的角度看，李大釗「第三文明」說舉起的馬克思主義，作爲世界文化的發展方向，在與各種主義和思潮的多次論爭中顯示了在中國文化中的強大的解釋力和親和力，成爲中國文化多次篩選後的現實選擇。

三、「第三文明」啓示下馬克思主義與儒學關係的重撰

對馬克思主義與儒學的重撰，就要以李大釗「第三文明」說爲起點，從

〔註12〕李大釗：《中國的社會主義及其實行方法的考察》，《李大釗全集》第 3 卷，第 328 頁。
〔註13〕李大釗：《自由與秩序》，《李大釗全集》第 3 卷，第 326 頁。
〔註14〕李大釗：《自由與秩序》，《李大釗全集》第 3 卷，第 327 頁。

中西文化比較視域，用全新的眼光重新梳理二者之間文化交流、融會關係，對二者的融合從時代高度加以解讀。

（一）「第三文明」是馬克思主義與儒學融合的起點。長期以來，馬克思主義與儒學的關係一直被定位為以衝突為主，如有的學者認為：「在 20 世紀的約 80 年時間中，中國馬克思主義對待儒學的態度是前 60 年排斥、批判，後 20 年逐漸改變了態度，與儒學對話，借鑒儒家思想的內容豐富自身，並與儒學實現多元文化下的雙向互動。」〔註15〕應該說，作為一種意識形態和學術爭論領域上的判斷，這種觀點是不錯的，在學界也很有代表性。但這種觀點又是頗為外在、局限的，停留在二者關係的實證性敘事。如果換一種視野，將馬克思主義與儒學都作為一種哲學與文化來看，二者的融合肇始於早期馬克思主義者對馬克思主義的接受和傳播，標誌性起點即是李大釗所提出的融匯東西文化的「第三文明」說。

李大釗在「第三文明」說中擎起馬克思主義大旗，率先將馬克思主義作為理論旗幟和革命行動指南，是馬克思主義運用到中國文化和社會領域中的起點。以此為起點，經歷百年艱苦卓絕的奮鬥，馬克思主義指導中國革命與建設、改革開放取得了偉大的成就，在中國文化土壤中結出了以毛澤東思想為典型代表的中國化馬克思主義理論之果，這是二者融合在個體上的完美呈現。從文化交流的角度來看，馬克思主義中國化是西學東漸取得的最偉大成果，儒學作為傳統文化的主體，為馬克思主義提供了豐厚的文化土壤，二者在實踐層面的融合成就了中國特色社會主義。儒學作為中華民族的人倫日用之道，在馬克思主義的指導下，也呈現出不同於傳統儒學的面貌，其中既有與馬克思主義相通約表現出的相互認同與汲取，也有與馬克思主義的相互補充與發明。二者的進一步融合必將為中華民族的偉大復興奠定良好的歷史和文化基礎。所以說，「第三文明」即是馬克思主義與儒學融合的起點。

（二）馬克思主義與儒學的融合是東西文化融合的當代形態。從文化時代背景上看，自遭遇西方「他者」文化以來，中國文化一直處於自我反思和文化啟蒙之中，融合西方文化，努力進行傳統的創造性轉化是主要的文化走向。李大釗的「第三文明」說是在東西文化調和主張中確立的，後將俄羅斯文明作為「第三文明」來追求，標誌著中國文化由「以西為師」轉為「以俄

〔註15〕徐慶文：《排斥、對話與互動——20 世紀中國馬克思主義儒學觀的變遷》，《文史哲》2010 年第 6 期。

為師」，正是其文化觀合乎歷史和邏輯的發展，是東西文化融合大框架之內的深化。

李大釗對待東西文化的態度，不同於當時的全盤西化論，也不同於文化保守派。在他的文化觀中，東西文化各有千秋，相待互成，是世界進步的二大機軸；二者又都各有其弊，東方文化衰退於靜止，西方文化疲命於物質。「第三文明」最初是融合東西文化優勢，補救兩者弊端的一種理想形態，帶有哲學意蘊。李大釗所具有的文化世界主義的超邁視野和俄國十月革命的實踐力量，使他很快找到了「第三文明」的現實版。「第三」之旨意主要取於儒學的中庸之道，也說明了以儒學為主體的傳統文化在對馬克思主義的選擇中所起到的重要作用。正如有學者所說的，「李大釗在最初接受馬克思主義時，就是要把俄國的馬克思主義作為實現東西方優秀文化創造性綜合的一個中介，作為實現中華民族復興的一條現實可行的道路。」〔註16〕

馬克思主義與儒學的融合由「第三文明」開啓，經百年的中國革命與建設、改革開放取得理論和實踐的累累碩果，二者融合的一面而不是衝突的一面已然成為當代重要的文化課題。對馬克思主義與儒學的融合機理的探尋，是時代賦予我們重撰二者關係的宏大視野和理論高度，也是為中華民族偉大復興而應有的文化自覺和責任。從這個意義上說，二者的融合就是東西文化融合的當代形態。

（三）由中國文化啓蒙的特殊性所決定，二者的融合的主體是儒學。李大釗在《東西文明根本之異點》中提出，「對於東西文明之調和，吾人實負有至重之責任，當虛懷若谷以迎受彼動的文明，使之變形易質於靜的文明之中，而別創一生面」〔註17〕。可見，他主張調和須以中國文化為主體。現代新儒家向來以對儒學主體地位的守持為要旨，梁漱溟強調，「新芽之發還是要從老根上發，否則無從發起。」〔註18〕甚至自由主義者胡適在新文化要達到的目標上，也說過：「中國的舊文化的惰性實在大的可怕，我們正可以不必替『中國本位』擔憂……將來文化大變動的結晶品，當然是一個中國本位的文化，那是毫無可疑的。」〔註19〕可見，在對待東西文化融合的文化主體

〔註16〕 李存山：《破除對馬克思主義與儒學的「夷夏之辨」》，載崔龍水、馬振鋒主編：《馬克思主義與儒學》，當代中國出版社1996年版，第7頁。

〔註17〕 李大釗：《東西文明根本之異點》，《李大釗全集》第2卷，第312頁。

〔註18〕 梁漱溟：《精神陶練要旨》，《梁漱溟全集》第5卷，山東人民出版社2005年版，第505頁。

〔註19〕 胡適：《試評所謂「中國本位的文化建設」》，《胡適全集》第4卷，安徽教育

上，早期馬克思主義者、現代新儒家和自由主義者實際上並沒有太大的分歧，都是贊成以中國文化爲主體來吸取西方文化，儘管選擇的道路不同。

對中國文化而言，馬克思主義與儒學的融合不僅是馬克思主義中國化的深化，更是儒學進行創造性轉化的契機，這是由文化啓蒙的特殊性決定的。相對於西方文化啓蒙來說，中國文化啓蒙是一種後發、外源性文化啓蒙，現實基礎薄弱，缺乏成熟的市民社會，救亡與啓蒙雙重任務同在，救亡曾一度是時代的主題，面臨著對傳統文化和西方文化的雙重超越。這種特殊性決定了中國文化啓蒙的雙重座標：啓蒙與啓蒙的反思，也決定了中國文化必須突破「非中即西」的二元對立思維模式，挺立起文化的主體性，如李大釗所說，「必須採用一種新政策」，通過儒學自身高度的融攝力，在與馬克思主義的融合過程中實現文化傳統的更新，對世界文化做出新貢獻。

（四）馬克思主義與儒學關係的重撰是二者融合由自發到自覺的契機。馬克思主義與儒學關係離不開對馬克思主義者儒學觀和現當代新儒家馬克思主義觀的考量，然而二者關係的內涵又遠不止後二個方面。當代港臺新儒家劉述先有儒家三分法：（1）精神的儒家，指孔孟、程朱、陸王的大傳統。（2）政治化的儒家，指由漢代董仲舒、班固以來發展成爲朝廷意理的傳統，以綱常爲主。（3）民間的儒家，指在草根層面依然發生作用的信仰與習慣，重視家庭、教育的價值，維持勤勞、節儉的生活方式。〔註20〕這種三分法與學界熟知的文化三層分類（觀念的、制度的、物質的）大致匹配。如果借用這種三分法來回顧馬克思主義與儒學的關係，可以看到，自新文化運動以來對儒學的批判主要是在政治化儒家和精神的儒家層面，就民間的儒家而言，儒學依然是中華民族安身立命的主要精神支撐，並沒有缺位。政治化的儒家在以馬克思主義爲主流的意識形態中，仍然可以發揮積極作用，現當代新儒家對馬克思主義多持隔閡態度，但並不能完全代表儒學與馬克思主義的互動關係。儒學的核心在精神層面的儒家傳統，這個層面的儒學並沒有自覺地去會通馬克思主義；從對立到融合話語體系的轉變，也從一個側面也反映了馬克思主義與儒學的融合在精神層面長期處於自發狀態。儒學應該繼續秉持對中國文化的生命觀態度，以本體論的姿態去自覺匯通馬克思主義，或者說將儒

出版社 2003 年版，第 582～583 頁。
〔註20〕參見劉述先：《儒家思想開拓的嘗試》，中國社會科學出版社 2001 年版，第 16 頁。

學與馬克思主義的融合提升爲一種文化自覺，因爲二者在精神層面的自覺融合，尤其是儒學在精神層面的自覺轉化，才能將融合的成果擴充到文化的逐個層面。這是中國文化復興的重要條件，是儒學創造性轉化必經路程，而對馬克思主義與儒學關係的重撰正是這種由自發到自覺的一個契機。

（載於《山東社會科學》2015 年第 11 期）

附錄三：傳統文化的重估與文化主體的確立

〔摘要〕對傳統文化的重估折射著國人對中西之爭的艱辛探索，也體現著理性與價值縱橫交錯的複雜關係。在當今的時代背景下，「全盤西化」漸失話語，馬克思主義哲學派力主民族文化的主體性，與本位文化派具有了更多共同的語境和思想的融合，三足鼎立的局面已發生改變，馬克思主義與傳統文化的融合成爲時代的主要特徵，傳統文化主體性的確立同時意味著中西文化眞正實現交融的開始。

〔關鍵詞〕傳統文化；文化主體性；中西文化；文化融合

自近代中西文化遭遇以來，圍繞著中華民族的命運與文化走向，中西之爭就成爲歷代知識分子苦苦求索的命題。中西之爭的核心即是對中國傳統文化的不斷重估。基於對傳統文化在中國現代文化建設中地位和作用的不同認識，學術界長期呈現出文化本位派、全盤西化派、馬克思主義哲學派三足鼎立的局面。在當今時代背景中，傳統文化日益突顯出文化主體地位，全盤西化日漸銷聲匿跡，馬克思主義哲學派主張民族文化的主體性，在傳統文化主體的確立上與文化本位派形成共識。對傳統的重估代表著國人對中西之爭的艱辛探索，也折射出理性與價值縱橫交錯的複雜關係，文化主體的確立也意味著中西文化眞正實現交融的開始。

一、中國文化主體性日益凸顯的時代背景

中西文化遭遇後，中國傳統文化真正遇到了「他者」，文化進化論和全盤西化論盛行之時，中國傳統文化在文化比較語境中一直處於客體地位，曾長期被作爲一個對象化的客體受到審視與批判。當今時代，中國文化客體化的地位正在改變，人類共同的存在境遇需要多元文化的資源與價值，中國文化的自覺也透現出主體性的挺立，傳統文化的主體性日益凸顯。

首先，從世界文化範圍看，西方文化的現代性危機需要中國傳統文化作爲解決人類共同問題的資源。西方啓蒙精神從神性中拯救出的「人」只是賓格意義上的「人」，理性的獨斷化導致由「人的發現」到「人的剝奪」的啓蒙內在悖論，西方文化暴露的現代性危機以及後現代對現代性的解構急需從處於世界歷史之列的非西方民族文化中汲取資源與價值。中國傳統文化作爲一種原生的、恒久的、富有融攝力的文化，其「天人合一」、「和而不同」、「陰陽互補」等具有普世性價值的文化資源可以爲西方文化擺脫危機提供重要資源，中西文化相互參照、互爲主體。如同美國哲學家理查‧羅蒂所說：「在一切非西方的文化間，中國的文化無疑是最古老、最具影響力，也是最豐富多彩的。人們或許因此而可以希望，在西方理解自身過程中最近發生的變化，將有助於西方知識分子從中國方面多多獲益」〔註1〕其次，從中國文化自身的發展來看，20世紀80年代「文化熱」傳統文化重新開始引起人們的關注，海外學者林毓生關於傳統的創造性轉化主張得到極大的響應，現代新儒家、學衡派等主張中國文化本位的思想受到關注。90年代「國學熱」興起，同時傳統在後現代對西方現代性的解構中尋找到共同點，傳統文化作爲一種矯正啓蒙的文化資源價值顯示出自身的特質與魅力。再次，從文化自覺意識來看，自21世紀以來，瞭解傳統文化，自覺把握文化的主體性逐漸成爲國人的文化意識，著名社會學家費孝通解釋道：「文化自覺只是指生活在一定文化中的人對其文化有『自知之明』，明白它的來歷，形成過程，所具的特色和它發展的趨向，不帶任何『文化回歸』的意思。不是要『復歸』，同時也不主張『全盤西化』或『全盤他化』。自知之明是爲了加強對文化轉型的自主能力，取得決定適應新環境、新時代時對文化選擇的自主地位。」〔註2〕

〔註1〕〔美〕理查‧羅蒂：《哲學和自然之鏡》，中譯本作者序，李幼蒸譯，北京：三聯書店1987年版，第16頁。

〔註2〕費孝通：《文化與文化自覺》，北京：群言出版社2010年版，第195頁。

文化自覺意識的增強意味著對自身傳統本體意義上的體認，這種體認將自身文化存在與傳統合二為一，構成了傳統文化的內在生命力。

二、全盤西化的失語及其學理缺陷

毋庸置疑，中國文化是在西方啟蒙造就的現代性的侵蝕下走向現代的，中西文化之間存在著巨大的時代性張力，文化的時代性要求是文化變遷的主導力量。如馬克思所說：「工業較發達的國家向工業較不發達的國家所顯示的，只是後者未來的景象。」〔註3〕進化論在世界文化的走向上是有其真實性的。就文化的走向來說，不論是西化派，還是保守派，都是沒有異議的，問題在於如何走向現代？中西之爭從某種意義上說就是文化主體之爭，創造新文化的主體是中國傳統文化還是西方文化？在時代性張力下，從張之洞意在補救的「中體西用」，到康梁致力於匯通的「即中即西」，再到五四新文化運動崇尚民主與科學的全盤反傳統思潮及胡適、陳序經等人全盤西化的主張，對於承載中國自身文化生命的傳統文化，也由本體論轉向知識論的拷問，傳統文化被作為一個與自身無涉的客體來批判與鞭撻。

今天，中國文化的發展歷程早已證偽了用西方文化替代中國文化的可能性，全盤西化的主張已近銷聲匿跡，然而全盤西化派在學理上存在的缺陷仍需進一步澄清，才不會重蹈覆轍。全盤西化派的學理缺陷主要表現在三個方面。

一是遮蔽文化民族性的一元、單向文化進化觀。受文化進化論的影響，全盤西化派用文化時代性遮蔽了文化的民族性，唯西方是瞻，缺乏對西方啟蒙精神的理性批判。在「科玄論戰」中，胡適曾對於玄學派對科學萬能論的批判進行辯解：「中國此時還不曾享著科學的賜福，更談不到科學帶來的『災難』。」〔註4〕他用文化的時代性差異取代中西文化之異的全部內涵，無視文化民族性的內涵和價值，無視中國文化啟蒙作為一種外源、後發性啟蒙所可能具有的避免理性獨斷化後果的積極意義，最終因缺乏中西文化的接榫而流於虛無。

二是非此即彼的二元對立思維和文化體用論的誤用。嚴復曾譏笑「中體

〔註3〕 《馬克思恩格斯全集》（第23卷），北京：人民出版社1972年版，第8頁。
〔註4〕 胡適：《科學與人生觀序》，歐陽哲生編，《胡適文集》（第3冊），北京：北京大學出版社1998年版，第154頁。

西用」是「牛體馬用」，胡適等新文化派也是基於「體用不二」的原則，堅持將西方文化作為新文化之體，並將中西文化之間的差異比作「水火冰炭」。陳獨秀「要擁護那德先生，便不得不反對孔教、禮法、貞節、舊理論、舊政治；要擁護那賽先生，便不得不反對舊藝術、舊宗教。要擁護德先生又要擁護賽先生，便不得不反對國粹和舊文學。」〔註5〕這在思維方式上與極端保守派如出一轍，是二元對立思維加文化體用論誤用的結果。文化比較中的體用與本體論上的體用不是完全對等的，更為重要的是，體用不二原則根本無法解釋文化的發展與變遷。如果說對文化體用論在中西文化碰撞的早期起到了一定的積極作用，但後來這種思維模式無形中鉗制了從現實中探索中國文化變遷機制的動力。

三是矯枉過正的邏輯錯誤。胡適認為：「文化自有一種『惰性』，全盤西化的結果自然會有一種折衷的傾向……我們不妨拼命走極端，文化的惰性自然會把我們拖向折衷調和上去的。」〔註6〕當今的啓蒙推崇者仍存在的思維缺陷，如有學者認為「中國文化在將來的發展肯定只能是一個『雜交品種』，而絕對不可能『全盤什麼化』。但如果我們不強調『應該怎麼樣』，那就連雜交品種也得不到，只能是退化品種。」〔註7〕全盤西化派把矯枉過正作為對付文化惰性的手段，但是矯枉過正的手段並不一定得到正面的結果，兩者不存在必然的邏輯關係。

全盤西化派在中西文化的比較中，主張中國文化的全盤西化，缺乏對啓蒙內在悖論的理性反思，放棄了避免西方現代性危機、超越啓蒙心態的文化自覺，又喪失了在文化現實發展中文化生化的民族根基和主體，雖然把文化啓蒙視為「重估一切價值」的評判態度，但這一評判的態度從未指向自身的主張，注定無法實現西方啓蒙精神的超越。時至今日，全盤西化已漸失語，用文化的時代性代替中西文化差異的邏輯錯誤和文化生化根基的缺失已證偽了用西方文化代替傳統文化創造新文化的可能性，同時也從反面證明了只有傳統文化才能擔當起新文化的主體。

〔註5〕陳獨秀：《〈新青年〉罪案之答辯書》，《獨秀文存》，合肥：安徽人民出版社1987年版，第242～243頁。
〔註6〕胡適：《獨立評論》第142號《編輯後記》，歐陽哲生編，《胡適文集》（第11冊），北京：北京大學出版社1998年版，第671頁。
〔註7〕《附鄧曉芒先生致趙林先生函》，《中國圖書評論》，2007年第2期。

三、馬克思主義哲學派對民族文化主體性的凸顯及與本位文化派的融合

馬克思主義哲學批判地繼承了人類文化歷史的優秀成果，是從近代文化自身中孕育出的一種富有實踐性、革命性的批判力量。馬克思主義哲學與中國現代化建設和文化發展的結合造就了中國特色的社會主義的實踐成果和馬克思主義的中國化。馬克思主義中國化在文化層面的核心命題就是馬克思主義哲學與中國傳統文化的結合問題。對兩者的關係，學術界存在著對立論、融合論、解讀論等不同看法。

馬克思主義哲學派在馬克思主義與傳統文化的關係中，主張突出民族文化的主體性，在文化主體問題上與文化本位派日益達成共識，兩者的融合必將推動中國文化新局面的開闢。張岱年的綜合創新文化論頗具代表性。他主張中西馬三流合一，並認為：「一個健全的民族文化體系，必須表現民族的主體性。民族的主體性就是民族的獨立性、主動性、自覺性。」〔註8〕方克立發展了張岱年的綜合創新思想，提出把「馬魂、中體、西用」作為中國文化發展的現實道路，指出：「所謂『中學為體』就是以有著數千年歷史積澱的自強不息、變化日新、厚德載物、有容乃大的中國文化為運作主體、生命主體、創造主體和接受主體，堅持民族文化主體性的原則。」〔註9〕在文化主體的選擇上，馬克思主義哲學派和以現代新儒家為代表文化本位學派沒有根本性分歧。

文化主體的確立，正是體現了文化本位派守持傳統文化的價值與現實意義。無論是上世紀50年代末牟宗三、唐君毅等發表的《為中國文化敬告世界人士宣言》，視中國文化作生命觀，肯認中國文化之活的生命，還是本位文化派對傳統命脈的守持與珍視，最重要的一點就是都是以中國傳統文化為開創新文化的主體，這也是文化本位派與全盤西化派最大的分歧。而今，全盤西化漸失話語，馬克思主義哲學派明確傳統的文化主體地位，與本位文化派具有了更多共同的語境和思想的融合，三足鼎立的局面已發生改變，馬克思主義與傳統文化的融合成為時代的主要特徵。

〔註 8〕 張岱年：《中國文化發展的道路》，《張岱年自選集》，北京：首都師範大學出版社 2008 年版，第 596 頁。

〔註 9〕 方克立，《馬魂、中體、西用：中國文化發展的現實道路》，《北京大學學報（哲學社會科學版）》，2010 年第 4 期。

四、重估傳統的人類本體論意蘊及其思考

在人類本體論意義上，對傳統的不斷重估折射出理性與價值的悖論與衝突。中國文化主性善論，將人視爲具有內在道德自覺的生命存在，追求安身立命的內在超越，傾向於將傳統視爲自身文化生命，這在現代新儒家最爲典型。西方文化主性惡論，把人當作理性的主體，具有認知的外在追求，傾向於對傳統的超越取向。中西文化表現出價值與理性不同的特質，中西之爭折射出理性與價值的衝突，歸根結底是人的存在二重性之間的分裂表徵。而人的肉體存在和精神存在的二重性除了相互區別、分離的一面，還有相輔相成的一面，人的精神存在離不開肉體存在的載體，人的肉體存在也因爲精神存在而提升了人的靈秀與尊嚴。從人類本體論意義上，中西文化又具有相反相成的關係。從這一意義上說，在傳統的重估中，把傳統作爲文化的創造主體，是突破理性與價值悖論的一種文化抉擇。

傳統文化主體的確立還意味著二元對立思維的突破。在思想文化領域，長期存在著「非此即彼」的二元對立思維定勢。在這種思維模式中，中學與西學、傳統與現代、保守與激進、啓蒙與反啓蒙、傳統的精華與糟粕等等都被置於思維的兩極，非此即彼，排除了其他的可能性選擇。二元對立只以衝突的形式表現出兩極的不同，在兩極之間喋喋不休地爭論，而無助於文化發展的現實機制的有益探索。時至今日，全盤西化早已不在引領學術的潮頭，學界對文化主體的思考日趨冷靜、理智，人們意識到全盤西化造成文化主體的遺失和文化認同的危機，而文化主體的確立是中西文化眞正實現交融的前提。因爲只有確立了文化主體， 才能眞正在現實中創建對傳統文化和西方文化進行甄別、選擇、涵化的生成機制。

傳統的重估與文化主體的確立象徵著中國文化發展歷史和邏輯某種意義上的合題。就中國文化發展歷史而言，經歷了五四新文化運動對傳統文化的全盤否定和「文化熱」、「國學熱」對傳統的熱情，國人對於傳統在中國文化啓蒙中擔當的主體角色趨於理性和清醒，傳統文化主體的確立不在是某些學派的主張，而是國人的一種共識，是中國文化啓蒙賦予的歷史重任。從邏輯上看，對傳統的重估糾正了全盤西化的偏頗，超越了極端保守派對傳統的固守，突破了二元對立思維的禁錮，在中西文化比較的視域中重新對傳統的價值進行定位。傳統文化在中國文化啓蒙中的主體性體現著中國文化啓蒙不同於西方文化啓蒙的特質，也標誌著中國文化啓蒙擺脫百年中西之爭邁出的重

要一步。同時，中國文化啓蒙的進程也是中西文化融合的表徵，因爲世界歷史進程中的中國文化啓蒙注定是文化交融的一種典範。當然，文化主體的確立僅僅意味著中西文化走向眞正融合的開始，中國文化啓蒙新的起點。中西文化眞正的融合、傳統文化的創造性轉換依然任重道遠。同時，對文化主體的認識要避免三類誤區。首先，把傳統文化作爲文化主體，並不是簡單認同現代新儒家的主張。現代新儒家的「內聖開新外王」的理路還只是停留在邏輯上的可能，並未文化生化的現實可能性。其次，文化主體的確立也不等同於對傳統文化的完全保留與接納。傳統可以分爲本體論意義上的文化傳統與知識論意義上的傳統文化，應注意傳統、文化傳統與傳統文化之間的聯繫和區別。再次，警惕傳統文化的後現代解讀。中國文化走向世界，確立文化的主體性，不等於放棄中國現代性的構建，樹立啓蒙的反思的理性座標，既要超越啓蒙的心態，又要保持傳統與後現代時代之異的清醒。

（載於《濱州學院學報》2012 年第 2 期）

後　記

　　十餘年前，我作為一個懵懂的學生有幸忝列於何中華先生門下攻讀博士學位，先生的諄諄教誨今日依然迴響在耳畔，每每想起，心中總是湧動著無盡的感動。教誨似海，難報師恩！從選題的確定，資料的收集整理，到文章框架的敲定，成文後的修改潤色，先生都是耳提面命，耐心教導，為我指點迷津，使我的學術視野不斷開闊，給予我寫作的信心和勇氣。受教多年，何先生身上體現的學者的擔當與良知，學術的真誠與嚴謹深深感染著我，激勵著我繼續前行。「高山仰止，景行行止」，先生的教誨是我一生的財富。

　　由衷地感謝王新春先生、丁原明先生、顏炳罡先生。在我攻讀學位期間有幸聆聽先生們的教誨，使我領略到中國哲學的博大精深，先生們嚴謹的治學與高尚的品格使我深受教益。衷心地感謝劉大鈞先生、林忠軍先生、劉玉建先生、沈順福先生給我提出的寶貴意見。

　　感謝師母郁秀雲女士對我及家人的關愛。感謝我的母親、丈夫和兒子在論文寫作期間對我的支持和無私的奉獻。感謝我的領導和同事給予的大力支持。感謝郝書翠、李娟、郭繼民、胡勇、王維等學友對我的幫助與鼓勵。

　　對「五四」新文化運動的再思考屬於東西文化比較研究領域，需要深厚、廣博的東西文化及其哲學基礎，開闊、宏大的學術視野。由於自身學力尚淺，力有不逮，論文中還有許多不足之處。近幾年，在何先生的指導下，圍繞五四啟蒙與傳統主題又做了一些的思考，不揣譾陋，後綴為附錄，也算是一點彌補。淺陋至極，懇請各位專家批評指正。

　　最後，特別感謝花木蘭文化事業有限公司和楊嘉樂女士對本書出版的大力支持！

穆允軍
2017 年 10 月